KB234008

권력과
리더십6

권력과 리더십**6**

초판 1쇄 | 2000. 9. 26.
지 은 이 | 송기도 편
편   집 | 편집부
마 케 팅 | 이태준
펴 낸 이 | 최은자
기   획 | 강준우
펴 낸 곳 | 인물과사상사

등   록 | 1998. 3. 11(가제17-204호)
주   소 | 서울특별시 강동구 성내동 434-10 광명빌딩 3층
전   화 | 02) 471-4439
팩   스 | 02) 474-1413
우   편 | 134-600 서울 강동우체국 사서함 164호
전자우편 | 하이텔·천리안·나우누리 - personak
E-mail | personak@hitel(chollian, nownuri).net
홈페이지 | http://inmul.co.kr

값 9,000원

ISBN 89-88410-33-5 04300
      89-88410-06-8 (세트)

파손된 책은 교환하여 드립니다.

권력과 리더십6

[내실있는 세계화를 위한 저널룩]

인물과
사상사

'편견의 안경'을 벗어 던지자

외국에 나가면 다 애국자가 된다는 말이 있다. 맞는 말이다. '우물 안 개구리'가 우물을 뛰쳐나가 더 넓은 세상을 만나게 되면 처음에는 모든 것이 신기하다가 말 다르고 물 다른 객지생활의 어려움이 하나 둘 더해지면서 차츰 자신이 지금까지 살아왔던 우물 안이 그리워지는 것이다. 그래서 국내에서는 느끼지 못했던 사람들도 외국에 나가면 애국자가 되는 것이다.

다른 나라 사람들이 코리아를 알아주느냐 알아주지 않느냐 하는 것은 한국 여행자의 자존심에 대단히 중요한 문제다. 또 코리아를 알더라도 어떻게 알고 있느냐 하는 것도 대단히 중요하다. 만약 외국인이 코리아에 대해 전혀 모르거니와 아주 잘못된 지식을 가지고 있다면, 그리고 아무리 설명을 해줘도 못 믿겠다는 반응을 보이면 우리 기분이 어떨까?

그런데 우리는 다른 나라 사람들이 우리 나라를 제대로 알아주기를 몹시 바라는 만큼 우리와 비슷하거나 우리보다 못 사는 다른 나라를 제대로 알고자하는 노력을 충분히 기울이고 있는가? 아니 어떤 나라에 대해서는 전혀 잘못 알고 있거나 우쭐하는 마음으로 그 나라를 터무니없이 깔보고 맹목적으로 무시하고 있지는 않은가?

우리에게는 치졸한 졸부근성이 있는 것은 아닐까? 우리의 GNP가 조금 올랐다고 다른 나라를 GNP로만 평가하려는 못된 버릇이 있는 것은 아닐까? 그리하여 우리보다 GNP가 높은 나라는 올려다보고 우리보다 GNP가 낮은 나라는 내려다보는 이중 기준을 갖고 있는 것은 아닐까? 하긴 1997년 IMF로 상징되는 경제위기를 겪으며 우리의 GNP가 반으로 줄었으니 이젠 졸부도 아니고 내려다볼 국가도 많이 줄어들었다.

세계 속의 우리의 좌표는 어디인가. 세계은행이 2000년 9월 12일 발표한 '세계 개발보고서'에 따르면 한국의 1999년 국민총생산액(GNP)은 3천9백79억 달러로 스페인(5천5백16억 달러), 인도(4천4백22억 달러), 멕시코(4천2백88억 달러)에 이어 세계 13위에 올랐다. 그러나 1인당 국민소득은 8천4백90달러로 세계 51위다. 이는 세계 1위인 스위스(4만80달러)의 약 1/5 수준이며, 일본(3만2천2백30달러)이나 미국(3만6백 달러), 싱가포르(2만9천6백10달러)의 1/4수준이다. 또 한국의 총외채는 1천3백90억9천7백만 달러(1998년)로 지난 90년의 3백49억8천6백만 달러에 비해 무려 1천억 달러가 늘었으며, '국제투명성기구'(TI)의 2000년 보고서에 의하면 한국은 90개 조사대상 국가 중에서 48위를 차지해 아직도 부패가 만연한 국가로 분류되고 있다. 다시 말해, 세계 속 우리의 좌표는 선진국보다는 제3세계 국가에 더 가깝게 있는 것이다.

우리의 세계화는 극도로 편향되어 있다. 우리는 유럽이나 미국 또는 일본이라는 창을 통해 세계를 이해하는 잘못을 범하고 있다. 그것도 내려다본다. 우리는 반성해야 한다. 동남아시아와 중동, 아프리카, 중남미 그리고 최근 러시아와 동유럽 국가들에 대한 우리의 시각이 그렇지 않은가? 우리는 마치 미국인이나 일본인이 된 것처럼 행세하고 있지는 않은지 생각해봐야 한다.

우리는 멕시코나 칠레에 가서 유창한 영어로 미국의 윌슨 대통령이나 루즈벨트 대통령, 또는 레이건 대통령의 업적을 신나게 이야기하는 어리석음을 저지르고 있지 않은지 생각해 볼 일이다. 이것은 마치 멕시코나 칠레 사람이 한국을 방문해 일본어로 '도요또미 히데요시'나 '이또 히로부미'를 칭

찬하는 것과 같다. 위험하지야 않겠지만 어리석기 짝이 없는 일이다. 몰라도 뭘 한참 모르는 짓이다.

이제 미국과 일본이 만들어준 '편견의 안경'을 벗어 던지자. 그리고 우리의 두 눈으로 직접 제3세계의 국가들을 바라보자.

축구 이야기 하나 하자. 한국 축구는 아시아 최강의 축구팀이다. 최근 10년 이상 연속으로 월드컵 본선과 올림픽 출전권을 획득했다. 더 이상 자세한 설명이 필요 없다. 그런데 월드컵이나 올림픽 본선에만 나가면 맥을 못 쓰고 1회전에서 탈락한다. 꼭 '우물 안 개구리'와 같다. 그런데 정작 문제는 1회전 시합을 시작하기 전 우리와 같은 조에 속한 팀에 대한 전력 분석과 이들을 대하는 보도 태도이다.

항시 그랬듯이 xx 국가와 oo국가를 제물로 해서 2승을 올려 8강에 올라간다는 전략이다. 그리고 1패를 당한 후에도 정신 못 차리고 아직도 xx국가를 이기고 oo국가와 비기는 전략으로도 8강 진출이 가능하다고 이야기한다. 덧붙여 축구공은 둥글기 때문에 차봐야 안다고 말한다. 정말 그럴 가능성이 있어서 그런 것인지 아니면 그것을 바라기 때문에 그렇게 말하는 것인지 쉽게 이해가 안 된다. xx국가와 oo국가 축구팀에 대한 다양한 정보를 알고나 있는지 모르겠다. 축구 강국인 독일·브라질·이탈리아·아르헨티나·영국 등에 대해서는 잘 알고 있고 또 싸워 이길 수 없다고 지레 겁먹고 있으면, 전통적 축구 강국이 아니라고 우리 스스로 생각하는 국가들인 스페인·칠레·나이지리아·볼리비아 등에 대해서는 대수롭지 않게 생각하고 있다. 그들이 최근에 어떤 변신을 했는지 중요하지 않다. 그들은 그저 2류일 뿐이다. 마치 우리가 제3세계 국가에 대해 다 알고 있는 것처럼 말하고 행동하는 것이나 마찬가지다.

우리는 제3세계 국가에 대한 대중의 이해를 돕기 위해 인물 위주의 방식을 택해 지금까지 5권의 책을 출판했다. 한 인물을 통해 그 인물이 살고 있는 나라의 중요한 이모저모를 전달하기 위해 그 나라에서 '권력'을 갖고 '리더십'을 발휘하고 있는 인물을 다룬 것이다. 제1권에서는 멕시코의 세디요 대통령, 쿠바의 카스트로, 이라크의 사담 후세인, 코피 아난 유엔 사무총장 등 8명의 현존 정치인(정치권력)을 대상으로 했다. 그러나 2권부터 4권까지는 정치인 이외에도 기업가(경제권력), 시민운동가(사회권력), 지식인이나 연예인(문화권력)을 포괄하는 광의의 권력과 리더십의 인물을 다루었다. 그러나 너무나 많은 권력가 인물들을 시대를 떠나 다루다 보니 내용이 피상적이 됐다.

따라서 5권부터는 다시 현역 정치인 중심으로 다루게 됐으며, 이번에 출간된 제6권은 『권력과 리더십』 1권과 같은 원칙을 가지고 쓰여졌다. 다시 말해, 오랫동안 해당 지역을 연구해온 전문학자들이 동남아, 아프리카, 중남미, 러시아와 동구 국가 현역 정치 지도자에 대해 쓴 글이다. 8편의 글에서 다루고 있는 인물들은 바즈페이 인도 대통령(고홍근), 리콴유 싱가포르 선임장관(양승윤), 푸틴 러시아 대통령(정은숙), 쿠츠마 우크라이나 대통령(홍완석), 셍고르 세네갈 전 대통령(이한규), 머독 언론황제(김승수), 폭스 멕시코 대통령 당선자(송기도), 모스꼬소 파나마 대통령(송기도) 등이다.

앞으로도 이 작업은 계속될 것이다. 적어도 1년에 2~3차례 제3세계 현역 정치지도자를 중심으로 다룰 것이다. 물론 가끔은 정치지도자가 아니지만 그에 못지 않은 권력을 갖고 있는 언론인이나 국제기구의 인물들도 다룰 것이다. 이 모든 일들이 쉬운 작업은 아님을 잘 알고 있다. 그러나 이 작업이 21세기 지금 이 시점에 우리 나라에 필요한 일이라는 것도 잘 알고 있다.

찌는 듯한 무더위 속에서 구슬땀을 흘리며 글을 쓰고 옥고를 보내주신 여러 교수님들께 무엇보다 먼저 감사드리며, 더불어 어려운 여건 속에서도 『권력과 리더십』이 계속 출판될 수 있도록 배려를 해주신 '인물과사상사'의 강준우 사장님께도 깊은 감사드린다.

2000년 9월
필자들을 대표하여 송기도 씀

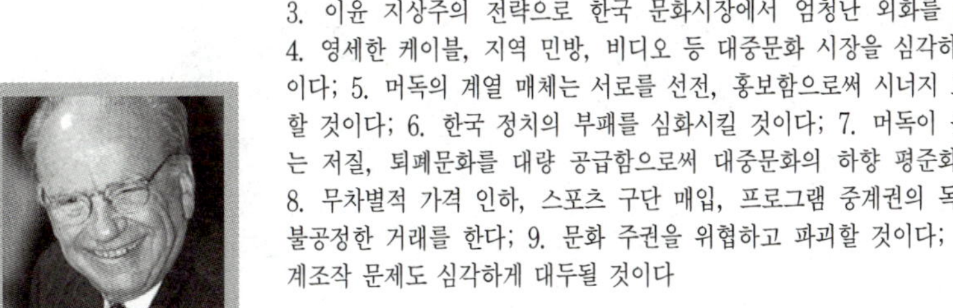

비센떼 폭스

'멕시코 주식회사'의 새 사장

송 기 도
전북대 정치외교학과 교수

한국외국어대 서반어과를 졸업하고, 스페인 국립 마드리드대학에서 정치학 석사와 박사 학위를 받았다. 1987년부터 전북대 정치외교학과 교수로 재직 중이며, 1990년 스페인 외무부 초청 교수로 스페인에, 1993~1994년에는 미주기구 초청 교수로 칠레에, 1995년에 미국 국무부 초청으로 아메리카대학에 다녀왔다. 역서로 『눈까마스: 아르헨티나 군사 독재의 실상』(서당, 1998), 저서로 『콜럼버스에서 후지모리까지: 중남미의 재발견』(강준만과 공저, 개마고원, 1994) 등이 있다.

◇ 국명: UNITED MEXICAN STATES(멕시코)

◇ 수도: 멕시코시티(CIUDAD DE MEXICO)

◇ 면적: 1,958,201㎢(세계 12위로 한반도의 약 9배, 남한의 약 20배 크기임)

◇ 민족: 혼혈 75%, 백인 14%, 원주민(INDIO) 10%, 기타 1%

◇ 인구: 9,640만 명(98년 현재)

◇ 언어: 스페인어(ESPANOL)

◇ 종교: 가톨릭 89.7%, 신교 4.9%

◇ 기후: 저지대는 고온다습한 반면, 고지대는 온난하며 연평균 15~18°C임,
　　　　멕시코시티는 고산기후(해발 2,400m)를 보이고 있어 연중 기후가
　　　　비슷하며, 우기(6월~11월)에는 오후에 한 차례씩 소나기가 내림.

'완벽한 독재'의 붕괴

2000년 7월 2일. '국민행동당'(PAN)[1]의 폭스(Vicente Fox Quesada) 후보가 집권 여당인 '제도혁명당'(PRI)의 라바스띠다(Francisco Labastida) 후보를 물리치고 대통령에 당선됐다. 71년 동안 집권해왔던 '제도혁명당'이 선거에서 패배한 것이다. 그 순간을 멕시코인들은 결코 잊지 못할 것이다. 마치 베를린 장벽이 무너지는 것과 같은 사건이었다. 개표가 진행된 지 5시간이 지난 저녁 11시가 조금 넘어 세디요 대통령이 TV에 출연해 폭스 후보의 승리를 인정했다. 또한 라바스띠다 후보도 기자 회견실에 나와 폭스의 승리를 인정했다.

역사의 흐름이 바뀌는 순간이었다. 1910년 멕시코 혁명 이후 처음으로 변화다운 '변화'를 실감한 날이었다. 이는 1997년 12월 18일 김대중 후보의 선거 승리로 50년 만의 여야간 정권교체가 이루어졌을 때 우리가 느꼈던 것과는 비교가 되지 않을 정도였다. 선거기간 동안 폭스 자신도 '제도혁명당'을 이긴다는 것은 달에 가는 것보다 어렵다고 이야기하곤 했다. 그런데, 꿈이 현실이 되었다. 폭스는 대통령이 되었으며 『타임』지의 표지에 실린 정치인이 됐다. 20세기가 1910년의 멕시코 혁명으로 시작되었다면, 21세기는 선거혁명으로 시작되었다. 폭스 당선자의 홈페이지(www.vicentefox.org.mx)의 첫 화면은 "이제 21세기 혁명이 시작됐다. 희망의 혁명. 우리 모두 승리했다"로 시작하고 있다.

7월 2일의 선거는 멕시코 역사에서 가장 깨끗하고 공정했으며 67%라는 높은 투표율을 보였다. 이번 선거에서 보수 우익의 '국민행동당' 폭스 후보는

---

1) 폭스는 '변화를 위한 동맹'(Alianza por el Cambio)의 대통령 후보다. 이 동맹은 제1야당인 '국민행동당'(PAN)과 '멕시코 녹색생태당'(PVEM)이 선거를 앞두고 연합한 것이다. 그러나 두 당 간의 차이가 비교되지 않을 정도로 크고 또 폭스가 '국민행동당' 후보였기 때문에 사람들은 폭스를 '국민행동당' 후보로 인식하고 있다. 이 글에서도 편의상 폭스를 '국민행동당' 후보라고 쓰고 있다.

43.43%를 획득해 36.88%를 얻은 집권여당의 라바스띠다 후보를 여유 있게 제치고 대통령에 당선됐다. 그리고 '멕시코를 위한 동맹'(Alianza por México)의 까르데나스 후보는 17.0%를 얻는 데 그쳤다. 또한 동시에 치뤄진 500명의 의원을 뽑는 하원선거에서(〈표 1〉 참조) '국민행동당'은 지난 97년 의원선거보다 99석이 많은 221석을 획득했다. '제도혁명당'은 211석을 획득해 34석이 줄었으며, 까르데나스가 이끄는 '민주혁명당'(PRD)은 68석으로 의석수가 반으로 줄었다. 또한 멕시코 시장 선거와 2곳의 주지사 선거 모두 야당의 승리로 끝났다.

〈표 1〉 2000.7.2. 선거결과 정당별 상·하의원 의석수

	하원	상원
Alianza por el Cambio [*1)]	221(122)	51(30)
PRI	211(245)	61(73)
Alianza por Mexico [*2)]	68(128)	17(16)

참조: www.cnn.com/WORLD/election.watch/americas/mexico3.html
(괄호 안은 1997년 7월 6일 의회선거 결과 정당별 의석수)

*1) "변화를 위한 동맹"은 "국민행동당"(PAN)과 "멕시코 생태환경당"(PVEM)의 연합
*2) "멕시코를 위한 동맹"은 "민주혁명당"(PRD), "노동당"(PT), "사회연합당"(PAS), "민주주의 통합당"(CD), "민족주의 사회당"(PSN)의 연합

인구 2천만 명의 멕시코 시장 선거는 '멕시코를 위한 동맹'의 '민주혁명당' 후보인 오브라도르가 39%를 획득해 무난히 당선됐다. 멕시코 정치서열 제2위의 자리라는 멕시코 시장은 까르데나스에 이어 '민주혁명당'이 계속 차지한 것이다. 그러나 '국민행동당'은 시장 선거에는 패했지만 시의회를 완전

히 장악했다. 전체 의석 79석 중 47석을 차지한 것이다. 반면 71년을 집권했던 '제도혁명당'은 겨우 5석을 차지하는 참패를 당했다. 대통령 선거 패배와 함께 엄청난 충격이었다.

'역사적 변화', 그러나 이런 단순한 표현만으로는 7월 2일의 멕시코 선거 결과를 설명하기에 부족하다. 세계의 모든 언론들은 멕시코의 변화를 대서특필했다. 『뉴욕 타임스』지는 표지에 "정부 여당은 패배를 인정하다", 『LA 타임스』는 "정부 여당은 역사적 선거에서 패배하다", 『시카고 트리뷴』지는 "유권자들이 '제도혁명당'의 71년 지배를 종식하다", 프랑스의 『르몽드』지는 "71년의 '제도혁명당'의 지배가 끝나다", 아르헨티나의 『끌라린(Clarin)』지는 "'제도혁명당'이 71년만에 권력을 잃다", 칠레의 떼르세라(La Tercera) 통신은 "멕시코 71년만에 정권교체"라고 보도했다. 멕시코 선거 결과에 대한 국내외 보도에서 주(主)관심사는 선거에 승리한 폭스나 '국민행동당'이 아니라 선거에 패배한 '제도혁명당'이었다.

사실 '제도혁명당'은 단순한 정당이 아니다. 71년 동안 멕시코를 통치해 왔던 당으로 1910~1917년 세계 최초의 사회주의 혁명이었던 멕시코 혁명을 제도적으로 뒷받침하고 혁명 후 자체 권력투쟁을 종식시키기 위해 만들어진 정당이었다. '제도혁명당'은 모든 사회 세력을 흡수해 조합주의적 성격을 띠었다. 따라서 정당이라기보다 하나의 거대한 국가 체제였다. 그리고 그 체제는 71년을 지탱해왔다. 멕시코 국기의 붉은색, 흰색, 녹색의 3색을 당기(黨旗)로 해 당과 국가를 동일화시켰으며, 당의 이익이 곧 국가의 이익이었다. 쉽게 말해 '제도혁명당'이 곧 멕시코였고, 멕시코가 곧 '제도혁명당'이었다. 그런데 완벽했던 '제도혁명당'이 무너진 것이다. 한 개인의 독재가 아니라, 지난 71년 동안 구축해왔던 '완벽한' 독재 권력이 모래성 무너지듯 허물어진 것이다.

대통령 당선이 확정된 직후 폭스는 수천 명 지지자들의 환호 속에 상기된 표정으로 "오늘부터 새로운 역사가 시작됐다"고 선언했다. 군중들은 "오이!"

71년 만에 민주적인 정권교체를 이룬 멕시코 시민들(『대한매일』, 2000년 7월 4일).

(Hoy; 오늘이라는 스페인어)를 쉬지 않고 외쳤다. '제도혁명당' 제국은 종말을 맞았다. 아무도 예상치 못한 일이 벌어진 것이다. 설마 했던 일이 벌어진 것이다. 71년 동안의 장기 지배에 지친 유권자들이 변화를 갈구하며 대거 선거에 참여해 역사의 흐름을 바꿔버린 것이다. '민심은 천심'이었다. 그것도 예상을 벗어나 야당의 폭스 후보가 손쉽게 승리했다. 21세기를 들어서자마자 멕시코인들은 장기집권과 부정부패, 그리고 지켜지지 않는 수많은 공약들을 남발한 '제도혁명당'을 권좌에서 끌어내렸다. 이로써 '제도혁명당'이 기록한 중남미 최장기 집권 기록은 이제 53년째 권좌에 있는 파라과이의 꼴로라도 (Colorado)당에게 넘어갔다.

멕시코를 이해하기 위한 키워드: 멕시코 혁명

멕시코와 멕시코 정치를 이해하기 위해 가장 좋은 방법이 무엇일까? 두말할 것 없이 멕시코 정치를 관통하고 있는 큰 축을 보면 된다. 멕시코인의 머리와 가슴속에 항시 담아져 있는 생각. 그것은 바로 1910년에 발발한 멕시코 혁명이다. 이후 멕시코 혁명은 지난 90년 간 멕시코의 모든 것을 결정하는 주요한 키워드가 되어왔다.

폭스의 선거 승리로 멕시코의 21세기가 시작되었듯이, 멕시코의 20세기는 7년간에 걸친 민중 혁명으로 시작됐다. 다시 말해, 과거와의 단절로 20세기가 시작된 것이다. 1910년 발발한 멕시코 혁명은 34년 동안 지속된 디아스 (Porfirio Diáz)의 독재정치에 대항해 나타난 것이었다. 어떤 의미에서 디아스 대통령은 멕시코의 근대화를 달성한 독재자였다. 그러나 자유주의 경제정책의 신봉자들이었던 테크노크라트들에 의해 주도된 근대화는 사회 경제적으로 많은 문제를 안고 있었다. 지나치게 외국자본-특히 미국-에 의지하고 또 이들에게 특혜를 주다보니 내국인의 불만이 쌓이게 되었다. 당시 자주 인용되던 '멕시코는 외국인의 어머니이고 멕시코인의 계모'라는 자조 섞인 말은 이 같은 멕시코의 왜곡된 경제 성장을 잘 말해주고 있었다. 외국인들이 멕시코 농지의 중요 부분을 대부분 차지하고 경제를 장악했다. 대다수 민중인 메스티조(혼혈인)와 인디언은 소수의 백인 대지주와 외국자본에 완전히 종속되었고, 디아스 독재 정권은 이를 발전이라는 명분으로 지원했다. 이에 따라 멕시코 민중의 불만은 갈수록 커져만 갔던 것이다.

1910년 디아스 대통령의 부정선거에 항의해 촉발된 멕시코 혁명은 이후 7년간의 내전을 거쳐 일단락 됐다. 이후 성립된 혁명정부는 정치적으로는 대통령의 '재선 금지' 그리고 경제적으로는 '토지와 지하자원의 국가 소유'를 1917년 헌법에 명문화했다. 또한 대규모 농지개혁과 기업의 국유화 그리고 사회복지 프로그램을 적용했다. 그런 의미에서 1910년 멕시코 혁명이 1917년 러시아의 볼세비키 혁명보다 먼저 일어난 세계 최초의 사회주의 혁명이라고 할 수 있다. 어쨌든 멕시코는 혁명을 통해 전체 인구의 60%에 이르는 혼혈인인 메스티조가 지배하는 '메스티조 국가'로 바뀌었다. 그러나 이는 공식적으로 그렇다는 것이지 실제적으로 아직도 멕시코의 정치와 경제를 좌우하는 사람들은 전체 인구의 15%를 차지하고 있는 백인들이다.

아이러니하게도 대통령의 장기 독재에 저항해 발발한 멕시코 혁명은 대통령에게 더 많은 권한을 부여했다. 강력한 대통령을 중심으로 정치적 결속과 정치 안정을 모색한 것이다. 그러나 동시에 '대통령 재선 불가' 원칙을 천명함으로써 일인 장기독재를 예방했다. 다시 말해, 그 누구의 도전도 받지 않는 멕시코 대통령의 막강한 권력은 6년이라는 시간에 의해서만 제한된 절대권력이었다. 그 결과는 노벨문학상 작가인 옥따비오 빠스가 지적한 대로 71년간에 걸친 '멕시코식 정치안정'이었다. 제2차 세계대전 이후 대부분의 중남미국가들이 쿠데타와 독재로 악순환되는 정치 불안정을 겪었지만 놀랍게도 멕시코는 예외였다.

그러나 디아스식 1인 장기독재는 없어졌지만 '제도혁명당'에 의해 일당독재가 70년 간 지속되면서 멕시코는 다시 과거로 '회귀'하였다. 멕시코 민족주의를 바탕으로 한 혁명 정신과 목소리는 경제 발전을 이유로 '제도혁명당' 정부가 미국과의 관계를 강화하면서 점차 약해져 갔다. 특히 1994년 북미자유무역협정(NAFTA)체결 등을 통해 수출입의 80%가 미국 시장에 의존하는 등 멕시코의 대미의존도가 갈수록 늘어나면서 멕시코 혁명을 통해 나타난 멕시코 민족주의와 반미정서는 사라져 버렸다.

'6년의 절대군주'

대통령이 누구냐에 따라서 어느 정도 국가의 운명이 좌우되긴 하지만 그 정도가 멕시코처럼 심한 나라는 없다. 다시 말해, 대통령의 권한이 그만큼 막강하다는 이야기다. 멕시코 대통령은 '6년의 절대군주' 또는 1492년 콜럼버스가 신대륙에 도착하기 전 멕시코를 중심으로 번창했던 아스떼까(Azteca) 제국 황제인 몬떽수마의 권력과 비교된다.

대통령은 멕시코 정치제도의 중심으로 여타 다른 정치기관에 비해 절대적인 우위를 점하고 있다. 대통령은 멕시코 정치 피라미드의 정점으로 행정부의 수장일 뿐만 아니라 멕시코 정치제도의 실질적인 수장이다. 권위의 중심이면서 동시에 모든 세력간의 균형을 잡아주는 역할을 하고 있다.

실질적으로 대통령의 6년 단임을 처음으로 관례화시킨 까르데나스(Lázaro Cárdenas, 1934~1940) 대통령 이후 모든 역대 대통령들은 그 임기 동안 막강한 절대권력을 행사하였다. 물론 절대권력 행사라는 측면에서 보면 임기가 4개월도 채 남지 않은 현 세디요 대통령은 전임자들이 행사했던 영향력을 자의에 의해서든 타의에 의해서든 제대로 발휘하지 못하고 있다. 그러나 다른 시각에서 보면 대통령에게 주어진 절대적인 권력의 행사를 스스로 자제하고 또 다른 기관에 넘겨 제도화함으로써 멕시코 민주주의 발전을 촉진시켰다고 할 수 있다.

1917년 혁명헌법에 의해 입법부나 사법부보다 우월한 강력한 대통령 중심제가 시행됐다. 멕시코 헌법 제80조는 "멕시코 행정부의 최고권력은 멕시코 대통령 한 사람에게 부여된다"고 규정하고 있다. 따라서 멕시코 대통령은 헌법의 규정에 따라 최고의 통수권자로서 행정부의 모든 권한을 갖고 있는 것이다.

각부 장관의 임면과 외교·통상에 대한 통제권, 재무성의 고위관료에 대한 임명, 군 장교에 대한 임명과 군의 배치, 전쟁 선포권 등 군부에 대한 철저한 통제권을 가지고 있다. 또한 법률제정·공포·시행권을 갖고 있으며, 법률안에 대한 거부권 등 권한을 가지고 있다. 또 대통령은 국가 공기업과 언론에 필요한 경우에 관여할 수 있고 사법부 법관과 공기업 관리들을 임명할 수 있다.

그러나 멕시코 대통령은 앞에 설명한 법적 권한보다도 더 중요한 정치적 권한, 즉 초헌법적 권한을 갖고 있다. 다시 말해, 대통령은 '제도혁명당'의 실질적인 총재로서 차기 대통령 후보를 지명한다. 후계자 지명은 완전히 대통령 개인의 결정에 의하며, 이 같은 결정에 그 누구도 불평하거나 이의를 제기할 수 없다. 1929년 '제도혁명당' 창당 이래 세디요 대통령까지 후계자 지명은 멕시코에 있어 하나의 정치 관례로 이어져 왔고, 이에 반발하여 당을 탈당하고 대통령에 출마해 정치적으로 성공한 사람은 하나도 없었다. 88년 데 라 마드리드 대통령이 살리나스를 '제도혁명당' 대통령 후보로 지명하자 까르데나스가 이에 반발하여 탈당하고 대통령 선거에 출마했지만 실패로 끝났다.

또 대통령은 주지사, 상원의원, 대다수 하원과 지방의원들에 대한 실질적인 임명을 할 수 있다. 물론 이들은 선거를 치뤄야 하지만 88년 선거까지 '제도혁명당'은 거의 모든 선거에서 95% 이상을 차지하여 왔다. 따라서 지난 70년 간 당의 '공천은 곧 당선'을 의미하였다. 그러니 어떤 정치인이 감히 공천권자인 대통령의 말을 거역할 수 있겠는가.

1994년 경제관료 출신인 세디요도 역시 전임 대통령인 살리나스의 지명에 의해 갑작스럽게 '제도혁명당'의 대통령 후보가 되었다. 꼴로시오 '제도혁명당'의 대통령 후보가 선거 과정에서 암살당하자 '대타'로 지명된 것이다. 세디요 후보는 선거 과정에서 이 같은 '비민주적인 관례'를 깨겠다고 선언했다. 쉽게 말해, 대통령의 권한을 스스로 포기한다는 이야기이다. 그리고 대통령이 된 세디요는 '제도혁명당'의 대통령 후보는 공개적인 당내 자유경선을 통해 선출될 것이라고 수차에 걸쳐 강조했다. 하지만 많은 사람들은 그 말을 정말로 믿지는 않았다. 그런데 정말 그렇게 한 것이다. 야당을 인정하고 민주적인 제도들을 하나, 둘 정착시켜 나간 것이다.

재선 불가 원칙

아스떼까 황제의 권한에 비유되는 대통령의 권한은 '재선 불가 원칙'에 의해서만 철저하게 제한받고 있다. 다시 말해, 막강한 대통령의 권한을 제한하는 가장 확실하고 분명한 것은 '시간'뿐인 것이다. 그 누구도 임기를 연장할 수 없다. 헌법 제83조에 "대통령은 12월 1일 그 직무를 시작하며 6년간 수행한다. 국민투표에 의한 선출이건 또는 의회에 의한 임시 또는 대행이건 한 번 선출된 대통령은 어떤 경우이든지 어떤 이유에서든지 결코 다시 그 직을 맡을 수 없다"고 명확히 규정하고 있다.

멕시코 혁명의 슬로건이 '공정선거와 재선반대'였다. 따라서 혁명이 성공하자 혁명정부는 '재선 금지' 원칙을 1917년 헌법에 삽입하였다. 그러나 두 번째 혁명정부 대통령이었던 오브레곤은 재선 금지원칙을 무시하고 1928년 선거에 출마해 대통령에 재선되었다. '재선 금지' 원칙이 유린된 것이다. 그러나 오브레곤은 두 번째 임기를 시작하기 직전 암살당해, 재선은 됐지만 재선에 따른 권력을 행사하지는 못하고 말았다.

1933년 대통령의 임기가 4년에서 6년으로 고쳐진 후 지금까지 12명의 대통령이 선출되었다. 7년 임기의 불란서 대통령 다음으로 세계에서 가장 긴 임기의 멕시코 대통령들은 재임기간 동안 모두 막강한 권한을 행사하였고 임기 중 재선에 대한 소문이 나돌기도 했지만 어느 대통령도 재선을 위해 헌법을 고치지는 않았다. 특히 알레만(Alemán) 대통령과 에체베리아(Echeverria) 대통령, 그리고 살리나스(Carlos Salinas de Gortari) 대통령 때는 재선을 위한 많은 소문이 있었다. 그러나 어느 대통령도 재선을 시도하지 못했다.

살리나스는 88년 선거에서 역대 대통령 선거 중 가장 저조한 50.5%의 득표로 당선되었지만 이후 지속적이고 안정된 경제 성장으로 정치적 분열을 극복하였다. 그리고 살리나스의 업적은 혁명 이후 최고의 대통령으로 평가되는 라자로 까르데나스의 치적과 비교될 정도였다. 살리나스의 개혁은 고르바초프의 Perestroika(개혁)에 비교되어 Salinastroika라는 용어로 포장되어 설명되었으며, 국민의 높은 지지를 받았다. 1991년 가을 멕시코에서는 살리나스 초기 3년간의 경제적 성공에 힘입어 "Uno, dos, tres, Salinas otra vez"(하나, 둘, 셋, 살리나스를 다시 한번)이라는 구호가 나돌았으며, 언론들도 공개적으로 살리나스의 재선 가능성에 대해 논평하였다.

이후 살리나스의 재선 출마 논의는 92년 가을까지 계속되었으나 결국 멕시코 정치의 철칙이자 상징인 '재선 금지 원칙'에 의해 더 이상 확대되지 못하고 사라지고 말았다. 이는 같은 시기 아르헨티나의 메넴(Carlos Menem) 대통령과 페루의 후지모리(Alberto Fujimori) 대통령이 각각 경제적 성공을 바탕으로 재선 금지 원칙을 깨고 헌법을 수정하여 연임을 추진하고 대통령에 당선된 것과 비교하면, 멕시코에서 '재선 금지 원칙'이 가지는 정치적 비중을 느끼게 한다.

멕시코에서는 그 누구도 어떤 이유로든지 대통령을 두 번 할 수 없다. '공정선거'에 관한 혁명정부의 공약은 휴지조각이 되어 버렸지만, '재선 금지' 공약은 혁명 이후 지금까지 철저히 지켜지고 있으며, 이는 멕시코 정치의 가장 중요한 첫 번째 철칙인 것이다.

제도혁명당 대통령들의 이념적 교체

34년 간 멕시코를 통치했던 디아스(Porfirio Díaz) 대통령은 "불쌍한 멕시코야, 너는 신으로부터 멀리도 떨어져 있고, 미국으로부터는 가까이도 있구나"라며, 멕시코가 세계 최강대국 미국의 인접국으로서 겪을 수밖에 없는 숙명적인 운명을 한탄하곤 했다. 미국과 3,200km에 달하는 기나긴 국경을 갖고 있는 멕시코의 지정학적인 조건이 국가의 운명을 결정했던 것이다. 마치 중국과 국경을 접하고 있는 우리 나라가 과거 수천 년 동안 대륙에서의 변화에 따라 나라의 역사적 운명이 결정됐던 것과 같다.

멕시코는 1846년 미국과의 전쟁으로 국토의 반을 뺏겼다. 텍사스의 독립을 부추긴 미국과의 전쟁에서 패배한 멕시코는 1848년 미국과 과달루뻬-이달고(Gudalupe-Hidalgo) 평화조약을 맺었다. 이 조약에 의해 멕시코는 한반도의 9배에 해당하는 땅인 텍사스, 캘리포니아, 뉴멕시코, 네바다, 아리조나, 유타주와 콜로라도주의 일부를 1천5백만 달러를 받고 미국에 팔아야만 했다. 쉽게 말해, 미국에게 국토의 반을 강탈당한 것이다.

1910~1917년 혁명 기간에도 미국의 직접적인 개입으로 수많은 고통을 겪었다. 초창기 혁명정부는 미국과 일부 서구 열강들에게 합법적인 정부로 인정받지 못했고, 특히 미국의 압력에 의해 국제사회에서 고립되어 있었다. 멕시코는 1923년 칠레 산티아고에서 열린 제5차 범미주회의에 초청받지 못했고, 국제연맹에도 가입할 수 없었다. 결국 혁명정부는 미국의 압력에 굴복하여 미국의 경제적 이익을 보호한 1923년 부까렐리(Bucareli) 조약에 서명하고 나서야 국제사회에서 합법적인 정부로 인정받을 수 있었다. 미국이 혁명정부를 인정해 주는 대가로 헌법 제27조에 명시된 석유와 농업에 관한 국유화 규정을 미국 국적의 회사에 대해서는 적용치 않는다는 것이 부까렐리 조

약의 주요 내용이었다. 이 같은 역사적 경험을 통해 멕시코인들의 반미정서가 뿌리 깊이 자리잡게 되었으며, 동시에 미국과의 관계가 어떠해야 하는지를 배워 왔다.

다시 말해, 멕시코 대통령들은 국민의 반미정서를 고려해 미국으로부터 자율적이고 독립적인 정책을 보여주어야만 했다. 대통령이 지나치게 친미적인 모습을 보이거나 친미정책이 계속될 때 정부는 반미감정이 큰 국민들의 저항에 부딪치게 되는 것이다. 그러나 동시에 미국의 정책에서 벗어나 독자적인 노선을 수행하기도 쉽지 않다. 미국의 눈 밖으로 크게 벗어나면 미국으로부터 수많은 직, 간접의 압력을 받기 때문이다.

이는 멕시코 대외정책의 딜레마로 현실적으로 미국과 가장 많은 관계를 갖고 있으면서도 미국과 적당한 거리를 유지해야 하는 것이다. 미국은 '너무 멀리해서도 안 되며 또한 너무 가까이 해서도 안 되는' 국가인 것이다. 마누엘 뗄요 외무장관은 멕시코 외교정책의 80% 이상이 미국과의 관계라고 지적했다.

'제도혁명당'은 1929년 까예스 대통령에 의해 '국가혁명당'(PNR)이라는 이름으로 창설됐다. 당시 두 가지 커다란 목적이 있었는데, 첫째, 혁명에 참여했던 세력들간의 싸움을 종식시키는 것과 둘째, 권력 투쟁을 합법적으로 하도록 제도화하는 것이었다. 이는 이익의 조정에 의해 가능했다. 혁명의 여러 수장들은 정치 지도자로 변신했다. 이들은 '제도혁명당'에 충성을 맹서했으며, 이견을 봉쇄하고 상명하복의 질서를 유지했다. 혁명의 정통성을 제도화시키고 정치적·경제적·법적 시혜-복종관계가 형성됐다. 1970년대까지 멕시코 정치제도는 소위 '혁명가'(revolutionary family)들이 분열되지 않고 평화적인 방법으로 정권을 이양해가면서 이 같은 목적을 충분히 달성했다.

멕시코 혁명을 사회적 혁명으로 완수시킨 까르데나스 대통령은 역대 대통령 중 가장 많은 농지를 배분하였으며, 석유산업을 국유화함으로써 멕시코 혁명의 이념을 확실히 하였다. 1938년 까르데나스 대통령의 석유 국유화 조치에

빈센트 폭스 멕시코 대통령 당선
자와 클린턴 미국 대통령

미국 석유회사를 포함 영국 등 강대국들은 크게 반발했다. 세계 역사상 후진
국이 선진국의 기업을 국유화한 것은 처음이었다. 그러나 2차 세계대전 직전
의 상황과 선린정책을 편 루즈벨트 대통령은 이를 전면적으로 수용하였다.

까르데나스를 이은 보수 우파 성향인 까마쵸 대통령은 제2차 대전 중 멕시
코 노동력을 전쟁 중인 미국에 제공하는 브라세로(Bracero) 프로그램을 통해
수많은 젊은이들을 미국에 보내 미국과의 협조를 강화했다. 그리고 전쟁이
끝난 후 미겔 알레만 대통령은 외자 유치를 확대하는 등 보다 우경화하였다.
'제도혁명당'의 지배를 계속시키면서 대통령의 교체를 통해 변화를 시도해간
것이다.

이후 멕시코 대통령은 〈표 2〉에서 볼 수 있듯이 이념과 정책면에서 좌(로뻬
스 마떼오 1958~1964, 에체베리아 1970~1976, 뽀르띨요 1976~1982)와 우(디아스
오르다스 1964~1970, 데 라 마드리드 1982~1988, 살리나스 1988~1994, 세디요
1994~2000)로 커다랗게 구분지어 진다. 시계추가 좌우로 움직이는 것처럼 대
통령의 이념적 성향이 좌와 우로 바뀌는 것이다. 일반적으로 좌파 성향의 대
통령이 집권하였을 때 사회복지에 대한 정책이 보다 활성화되고 민족주의적
인 성향을 보이며, 우파 성향의 대통령은 미국과의 관계를 중시하는 현실적
인 고려를 우선하고 있다.

〈표 2〉 멕시코 대통령들의 이념적 분류(1934~2000)

좌	임기	우
라자로	까르데나스	1934~1940
	1940~1946	아빌라 까마쵸
	1946~1952	미겔 알레만
루이스 꼬르띠나	1952~1958	
로뻬스 마떼오	1958~1964	
	1964~1970	디아스 오르다스
루이스 에체베리아	1970~1976	
로뻬스 뽀르띠요	1976~1982	
	1982~1988	데 라 마드리드
	1988~1994 *	까를로스 살리나스
	1994~2000	에르네스또 세디요
	2000~2006	비센떼 폭스

앞서 설명했듯이, 한편으로는 세계 최강대국 미국의 존재를 의식하지 않을
수 없으며, 다른 한편으로는, 국민들의 반미정서를 의식하지 않을 수 없는 것
이다. 따라서 멕시코 정치에서 대통령의 집권기간이 어느 한쪽으로 계속적으
로 기우는 것은 그만큼 위험부담이 크다고 할 수 있다. 일반적으로 멕시코 대
통령은 좌에서 우로, 또 우에서 좌로 변화하며 이념적 교체가 이루어지는 것
이다. 이는 멕시코 정치의 하나의 관례로 이어져 내려왔다. '제도혁명당'은
지난 수십 년 간 이를 융통성 있게 조절해 왔다. 적어도 80년대 초까지는 그
랬다. 1970년에 취임한 에체베리아 대통령의 제3세계 정책과 1976년 취임한
로뻬스 뽀르띠요 대통령의 민중적 정책은 미국과 많은 마찰을 빚었다.

그러나 이는 친미적이고 보수적인 데 라 마드리드 대통령이 1982년 취임하
면서 상쇄됐다. 그리고 6년 후인 1988년 데 라 마드리드 대통령은 후계자로
보수 우파의 친미주의자인 살리나스를 지명했다. 이는 당내 좌파의 많은 반
발을 불러일으켰다. 관례에 비춰보면 좌파 성향의 대통령이 나왔어야 했다.
대통령의 이념적 교체시기를 놓친 것이다. 그리고 1994년 살리나스 대통령은

좌파 성향의 루이스 콜로시오를 후계자로 지명했다.

그러나 '공룡'이라고 불리우는 '제도혁명당' 내 기득권 세력인 극우파는 계속 집권하기 위해 좌파 성향의 대통령 후보인 꼴로시오가 대통령이 되는 것을 지켜보고 있을 수가 없었다. 꼴로시오 후보와 집권당 사무총장인 프란시스코 마시에우가 선거운동 기간 중에 암살됐으며, '대타'로 나선 친미주의자이자 우파 성향의 세디요가 대통령이 되었다. 따라서 지난 82년 이후 17년 동안 우파에서 계속해 집권을 한 셈이다. 결국, 이는 멕시코 정치가 혼란에 빠지게 되는 이유가 됐다. 살리나스 대통령 또는 늦어도 세디요 대통령 때는 다시 좌파적 성향을 가진 인물이 대통령이 됐어야 했다. 그리고 결국 '제도혁명당'은 권력을 우파인 '국민행동당'의 폭스에게 넘겨주고 말았다.

멕시코 정치의 모든 것을 차지했던 정당인 '제도혁명당'은 변하지 않기 위해 변신한 정당이었다. 다시 말해, '제도혁명당'의 유연성이 바로 71년 간 정권을 차지해 온 열쇠였다. 끄레스뽀 교수는 "'제도혁명당'은 아침에는 좌파이고, 오후에는 중도파이며, 저녁에는 우파로 변신하는, 나름대로의 생존 방법과 문화를 가진 정당이다, 이는 전통적인 독재나 70년대 중남미 군사독재와 비교가 안되며, 유일 정당체제인 큐바, 중국 또는 소련과도 다르다"고 지적했다. '제도혁명당'은 이데올로기적 유연성을 보이며 현실에 적응해갔던 것이다.

반면 '제도혁명당'은 민중주의적, 가부장적 특성과 부패를 제도화했으며, 과거 식민제국주의 시대의 스페인 정치 체제의 통제 방식을 모방했다. 국가의 모든 권력은 대통령에게로 집중되어 있다. 입법·사법권 등은 대통령에 부속된 장식일 뿐이었다.

멕시코의 대통령은 『타임』지가 지적한 바와 같이 단임에 의해서만 그 권한을 제한받는 '제왕적 대통령'(imperial presidency)이라고 이야기할 만큼 광범한 권력을 가지고 있다. 물론 '혁명가'의 묵시적 합의에 의해 후계자가 선정되는 것이 일반적이지만, 그렇지 못할 경우에는 정치적 갈등을 노출시키게 된다. 1988년 살리나스가 대통령 후보로 지명되기 전 한 유력지의 여론조사에서 살리나스는 7% 안팎의 지지를 받았을 뿐이었다. 바트레트나 마소에 대한 지지가 훨씬 많았다. 또 멕시코 노동연합(CTM)을 50년 가까이 이끌어온 벨라스께스 위원장을 포함해서 '제도혁명당' 내에서도 살리나스에 대한 지지는 크지 않았다. 그런데도 살리나스가 대통령 후보로 데 라 마드리드 대통령에 의해 지명되자 당 지도부는 분열되었다. 그리고 현 멕시코 시장인 까르데나스와 '제도혁명당'의 당수를 역임한 무뇨스 레도가 좌파 지지자들과 함께 탈당하여 새로운 정당을 만들었으며, 까르데나스는 대통령 선거에 출마했었다.

1994년 세디요의 살리나스 승계 또한 많은 정치적 갈등을 유발시키고 있다. 멕시코가 우에서 좌로 선회할 시점을 많이 지나쳐버린 것이다. 다시 말해, 지난 82년 이후 대통령의 이데올로기 진자가 한쪽으로만 치우쳐 있었고 이는 많은 사람들의 불만을 가중시키고 있었다. 그리고 97년 7월 선거에서 '제도혁명당'은 38.86%의 득표를 함으로써 70년 만에 처음으로 하원에서 과반의석 확보에도 실패하였다. 이는 단순히 '과반수 확보 실패'라는 단어로 표현하기에는 부족하다. 이때까지 '제도혁명당'은 주지사 선거, 국회의원 선거 등 모든 공직 선거에서 95% 이상을 차지하여 왔었다. 엄청난 변화가 일어난 것이다.

'제도혁명당'에서 이탈한 까르데나스를 중심으로 한 좌파가 만든 '민주혁명당'은 25.59%를 득표하였고 전통적 야당이었던 보수우파 '국민행동당'은 26.29%를 획득하여 의회는 3당 체제로 정립되었다. 그러나 '제도혁명당'과 '민주혁명당'의 득표를 합하면 65%에 달해, 결론적으로 당의 분열은 '제도혁명당'의 70년 간 패권적 지배를 종식시킨 것이 되었다. 그리고 이번 7월 2일의 선거에서 '제도혁명당'은 '국민행동당'의 득표에도 못 미치는 제2당으로 밀려났다. 71년 만의 일이다.

3년에 걸친 폭스의 대장정

이번 선거는 개표 직전까지도 승부를 알 수 없는 박빙의 접전이 펼쳐질 것으로 예상됐다. 사실 폭스가 일방적으로 쉽게 승리할 것이라고 그 누구도 예상치 못했다. 투표 열흘 전 실시된 최종 여론조사 결과[2] 각 후보별 지지율은 라바스띠다가 42%, 폭스 39%, 까르데나스 16%로 나타났다. 따라서 라바스띠다와 폭스가 오차한계(±2.5%) 내에서 치열한 경쟁을 하겠지만, 선거 막바지가 되면 항시 그래왔던 것처럼 집권당의 조직이 다시 살아날 것이기 때문에 라바스띠다가 결국은 승리할 것이라고 믿었다. 대부분의 선거 전문가들의 예상이 그러했다. 또한 주(駐)멕시코 한국 대사관도 그 같은 분석에 바탕을 두고 이번 대통령 선거가 역사상 가장 치열한 선거가 될 것이며, 집권당이 분열하고 야당이 연합해 단일 후보를 낼 경우 정권교체 가능성이 매우 높지만 그렇지 않은 경우는 여당이 재집권할 것이라는 선거 전망을 했다. 그러나 여당은 단합하고 야당은 분열됐지만 선거 결과는 폭스의 손쉬운 승리로 나타났다.

선거가 치열할 것이라는 예상은 경제에도 그대로 반영되어 나타났다. '제도혁명당'은 승리를 위해 인위적인 경기 부양책을 남발했으며, 멕시코의 화폐인 페소(peso)화는 대선 직전 한 달 동안 10%가 평가절하됐다. 외환 전문가들은 향후 멕시코 외환시장 추이는 이번 대선에서 누가 승리하느냐보다는 치열한 접전의 결과를 패자가 기꺼이 수용하고 정국운영에 협조할 것이냐에 달려 있다고 전망했다. 멕시코의 경우 대선을 치르는 해에는 반드시 경제위기에 빠진다는 징크스까지 있다. 현 대통령인 세디요가 당선된 1994년의 경우 멕시코는 국제통화기금(IMF)으로부터 구제금융을 받았다. 82년에도 대선 후 외환 보유액이 고갈돼 채무상환 불능상태까지 이르렀었다. 이번 선거는 대통령과 128명의 연방 상원의원, 500명의 연방 하원의원, 그리고 멕시코 시

---

2) 멕시코 선거법은 선거 3일 전부터 유세활동을 금지하고 있으며, 지지율 조사결과 발표도 선거 10일 전까지만 하도록 되어 있다.

장을 비롯해 일부 주지사와 지방의원을 선출하는 약 5억 달러의 돈이 소요된 선거였다.

폭스는 우리 나라 면적의 20배나 되는 멕시코[3]를 4번이나 순회하면서 일천 번이 넘는 미팅을 3년 동안 계속하는 동안 자연스럽게 야당의 대표주자로 떠올랐다. 폭스의 선거운동은 5백만 명으로 구성된 "폭스의 친구들"(Amigos de Fox)로 명명된 조직을 통한 순회 미팅과 집중적인 TV와 라디오 홍보로 이루어졌다. 그리고 폭스의 로고가 새겨진 수영복, 비치볼, T셔츠, 모자, 볼펜, 연필, 장화, 바지 등을 나눠주며 인지도를 높여갔다.

1999년 8월 폭스는 대통령에 출마하기 위해 과나후아또 주지사직을 사임했다. 그러나 폭스는 이미 2년 전인 97년 7월 6일, 까르데나스 '민주혁명당' 총재가 초대 민선 멕시코 시장에 당선된 그 날, 대통령 출마 선언을 했었다. 다시 말해, 차기 대통령 선거의 가장 강력한 후보인 까르데나스가 대통령이 되기 위한 중요한 고지를 점령한 순간 폭스 자신도 대통령직을 향한 출진 선언을 한 것이다.

그때부터 폭스는 매주 토요일과 일요일 한번도 빠짐없이 정치 모임을 가졌다. 처음에는 과나후아또주에서 시작해서 점차 그 범위를 전국으로 확대해 갔다. 그리고 이 같은 모임은 2년 간 계속되었는데, 선거를 1년 앞두고 주지사직을 사임하고부터는 정치 집회를 매일같이 가졌다. 대선을 향한 대장정이 본격적인 궤도에 들어간 것이다.

폭스는 자연스럽게 '국민행동당'[4] 내에서 차기 대통령 후보로 부상했다. 폭스의 대중적 인기와 당내에서의 지지가 너무 컸기 때문에 6년 전 대선에 출마했던 세발요나 루포 등 당내 지도자들도 일찌감치 경선을 포기해 버렸

---

3) 멕시코의 면적은 1,958,201㎢ 로 우리 나라(98,758㎢)의 약 20배나 된다.

4) '국민행동당'은 1939년 9월 16일 창당되었다. 이는 '제도혁명당'이 노동자와 농민을 당내 조직으로 흡수하며 거대화되자, 국가 사회주의적 정책에 반대하여 우파 지식인 모린(Manuel Gomez Morin)의 주도로 창당되었다. 1988년 창당 50년 만에 첫 주지사가 탄생할 만큼 '제도혁명당'의 일당독재에 제대로 대응하지 못했다.

다. 2000년이 시작되자마자 폭스는 '변화를 위한 동맹'의 공식 후보로서 선거전을 시작했다. 중소 상공인들과 현 '제도혁명당' 정부의 정책에 반대하는 일부 대기업들이 모아준 5천만 뻬소(우리 돈으로 약 6억 원)와 지난 2년간의 경험을 바탕으로 본격적인 선거전에 돌입한 것이다. 당시 돈을 기부한 대부분의 기업들은 정부의 보복을 우려해 익명을 요구했다. 또한 어떤 사람들은 사무실·자동차·집을 기증하기도 했고, 또다른 사람들은 선거본부에 자원해 선거 홍보와 유세 안내 등 무료 봉사를 했다.

폭스 후보는 연 7%의 경제성장을 약속했으며, 마르코스 사령관이 이끄는 치아빠스주의 인디언 반군인 사빠띠스따와 평화회담을 제의했다. 또한 부패 관리는 족쇄를 채워 공중에 공개하는 등 일벌백계로 처벌할 것임을 천명했다. 폭스는 보다 나은 멕시코를 위해 10가지 선거 공약[5]을 제시했다. 그러나 넓은 의미에서 이번 선거는 정당간 정책이나 공약의 싸움이 아니었고, 71년 간 지속된 '제도혁명당' 체제를 계속할 것인가 아니면 이를 종식시키고 변화를 수용할 것인가의 싸움이었다.

부정선거와 UN 선거 참관인단

선거 이틀 전 국제 참관인단 앞에서 연설한 폭스는 자신이 여론조사에서 앞서고 있지만 집권당인 '제도혁명당'의 선거 투·개표 부정 때문에 질지도 모른다는 두려움을 토로했다. 선거 기간 중 '제도혁명당'의 부정선거는 여야 간 주요 논쟁이었다. 폭스 후보는 미국의 『뉴스위크』지와의 인터뷰에서 '제도혁명당'은 창당 이후 지금까지 모든 선거에서 부정을 저질러왔다며, 이것이 '제도혁명당'이 71년 간 집권할 수 있었던 비법이었다고 지적했다. 그리고 세디요 대통령과 라바스띠다 후보 그리고 '제도혁명당'을 믿을 수 없기 때문

5) 폭스 후보가 제시한 공약은 ① 고용증대와 보다 나은 보수, ② 빈곤 극복과 부의 공정한 분배, ③ 공교육 질의 확대, ④ 부패와의 전면적인 투쟁, ⑤ 사회 안전보장, ⑥ 봉사하는 정부, ⑦ 지역 균형발전, ⑧ 새로운 인간 관계 정립, ⑨ 생태정부, ⑩ 국제사회에서 능동적 활동으로 요약된다.

에 '제도혁명당' 후보가 10% 이상의 차이로 이기지 않으면 선거 결과에 승복할 수 없다고 선언했다. 그러나 예상 밖으로 선거는 공정하고 평화스럽게 치뤄졌다. 멕시코 역사에서 가장 모범적인 선거였다. 유일한 선거 사고는 지방 몇 개 투표소에 벌떼[6]들이 날아들어 한바탕 소동이 벌어졌던 것이었다고 보도될 정도였다.

7월 2일의 선거는 멕시코 역사에서 가장 치열한 선거였다. 그리고 외국인을 포함 가장 많은 선거 참관인이 참여한 선거였다. 선거부정 의혹이 나도는 가운데 카터 전 대통령을 포함 미국, 캐나다, 유럽, 일본 등에서 온 외국인 860명을 포함 약 8만5천 명이 선거 참관인으로 활동하였다.

선거감시를 위해 멕시코에 온 외국의 비정부단체(NGO)들은 "멕시코 정부가 대선을 눈앞에 두고 '제도혁명당'의 득표활동을 지원하기 위해 농촌지역에 대한 연방보조금 지급전략을 세운 것은 투표의 신뢰성을 잃게 할 가능성이 있다"고 경고했다.

사실 유엔이나 외국의 선거 참관인단을 반길 나라는 별로 없을 것이다. 이는 자국의 선거관리위원회가 공정하지 못함을 인정하는 것이기도 했지만, 보기에 따라서는 내정 간섭으로도 비춰질 수 있기 때문에 정부로서는 쉽게 허용하기 어려운 것이다. 그러나 세디요 정부는 유엔의 선거 참관인단의 입국과 자유로운 활동을 허용했다. 그리고 이들이 선거과정을 지켜보고 이에 대한 정보를 유엔 인터넷 사이트(www.eleccionesmexico.un.org.mx)를 통해 전 세계에 알리도록 했다. 전 세계인이 멕시코 대선 과정을 유엔이라는 창을 통해 지켜볼 수 있게 한 것이다. 이는 지난 1988년 대통령 선거에서 부정선거로 패한 까르데나스 후보를 위시한 야당의 끈질긴 요구를 정부 여당이 받아들인 것이다. 당연히 세디요 대통령의 개혁조치에 의한 '양보'였다.

이번 선거기간 동안 폭스와 까르데나스 등 야당 후보에 의해 집권여당에 의한 부정선거 사례가 수차례 고발되었다. '멕시코 국영석유회사'(Pemex)의

---

6) 멕시코에서는 1년에 약 30명이 벌의 습격으로 사망한다.

시추 및 생산기술담당 책임자인 베론 라라씨는 회사가 노동자들에게 집권당의 라바스띠다 후보를 지지하라는 협박을 하고 있다는 내용의 항의서한을 회사 대표에게 보내고 이를 언론에 폭로했다. 지방에서는 집권당에 투표할 경우 50peso(약 5,900원)를 준다는 소문이 공공연하게 나돌았다.

멕시코시에서 발행하는 유일한 영자신문인 『The News』는 야당 후보인 폭스의 선거 캠페인에 대한 기사를 발행인의 지시로 싣지 못했다고 폭로했다. 이는 발행인이 집권당과 밀접한 관계에 있기 때문이었다. 삼류 싸구려 영화에나 나옴직한 일도 벌어졌다. '제도혁명당'은 치말우아깐이라는 소도시에서 1천5백 명의 여성을 모아 놓고 집권당에 투표하도록 독려했다. 그 과정에서 사람들의 관심을 끌기 위한 유흥 시간에 스트립 쇼를 벌인 것이다.

연방선거관리위원회(IFE: Instituto Federal Electoral)의 볼덴베르그 위원장은 대통령 선거에서 부정은 불가능하다고 단호히 말했다. 1988년 이전에는 32개 주지사가 모두 '제도혁명당' 소속이었다. 그러나 전체 인구의 50% 이상을 차지하는 주요 11개 주를 야당 주지사가 차지하고 있으며, 인구 2천만의 멕시코시를 포함, 수많은 도시를 야당이 지배하고 있는 상황에서 공권력에 의한 부정은 생각하기 어렵다는 것이다.

그러나 보다 근본적인 것은 선관위의 위상과 역할이었다. 1996년 세디요 대통령은 내무부 산하 조직이었던 선관위를 선거의 공정성과 투명성을 확보하기 위해 3억5천만 달러의 예산을 투입해 정부의 간섭을 받지 않는 독립기구로 발족시켰었다. 다시 말해, 연방선관위는 1988년의 부정선거와 같은 일이 다시 일어나지 않도록 모든 정당이 합의해서 만든 국가 직속기관이었다. 선관위는 갤럽(Gallup), GEA, 베루멘(Berumen)사 등 3개 여론조사 기관에 도시와 지방의 출구조사를 동시에 하도록 했다. 그리고 선관위는 3개 여론조사 기관의 발표가 일치할 때 승리를 선언하도록 했다. 이는 특정후보가 미리 선거의 승리를 주장해 사회적 혼란을 가져오지 않도록 하기 위한 것이었다.

그럼에도 선관위에 대한 불신이 존재하고 있었음은 사실이었다. 결과는 멕시코 역사상 가장 투명하고 공정한 선거로 평가됐다. 볼덴베르그 위원장은 전국 11만 3천4백23개 투표소에서 99.5%가 정상적으로 운영됐다고 발표했으며, 해외 참관인도 매우 정상적인 선거였다고 평가했다. 또한 선거가 끝난 후 폭스를 포함 야당 후보들도 더 이상 공정 선거에 대해서는 이의를 제기하지 않았다. 오히려 '제도혁명당'의 일부 당원들이 야당 주지사 지역에서 불법 선거가 있었다고 항의하는 작은 소동이 있었을 뿐이다.

선거의 분수령이 된 후보자간 TV 토론

지난 97년 우리 나라의 선거도 그랬듯이 대선 후보간 TV 토론회가 대선 판도에 큰 영향을 끼쳤다. 4월 25일 세계 무역센터(World Trade Center)에서 열린 첫 TV토론회에는 6명의 후보가 모두 참여했다. 토론회를 시작하기 전에 후보간 인신공격은 하지 않겠다는 약속과는 달리 토론회에서는 상호간 비난과 공격이 난무했다. 그 동안 인신 공격성 발언 등 폭스 후보의 공개 비난에 비교적 자제하는 편이었던 라바스띠다 후보는 TV 앞에서 폭스의 공약과 주지사 시절 치적을 조목조목 반박하며 감정을 억제하지 못하는 모습을 보였다. 반면 폭스 후보는 침착한 말투와 부드러운 인상으로 재치 있는 답변을 하면서, 신경질적인 반응을 보인 내무장관 출신인 집권 '제도혁명당'의 라바스띠다 후보를 압도했다. 카우보이 스타일로 대중적 이미지의 폭스 후보는 오히려 옷차림에 신경을 쓰는 등 상대후보에 대한 노골적인 비난을 삼가면서 여유 있게 대응하였다. 토론회 직후 멕시코 언론들은 폭스 후보가 라바스띠다를 "계집애같이 연약하다"고 조롱하면서 무모할 정도로 직설적인 남성미로 '모범생' 라바스띠다를 제압했다고 평했다. 결국 민중주의적 성향을 가지고 카리스마를 보인 폭스 후보가 대권에 한발 더 다가가게 되었다.

토론 후 실시된 여론조사에서 폭스 후보의 지지율이 치솟아 7~8% 이상 앞서고 있던 집권여당의 라바스띠다 후보의 지지율을 넘어서는 것으로 나타났다. 주요 주간지인 『쁘로세소』(Proceso)지는 1면 표지를 "'제도혁명당' 내 공황 엄습"이라고 썼다. 미국에 본부를 둔 여론조사 전문기관인 조그비 인터 네셔널이 1차 토론회 후 유권자 1천62명을 상대로 한 설문조사 결과 폭스 후 보의 지지율이 46.2%, 라바스띠다 후보의 지지율이 41.6%로 나타났다. 집 권여당인 '제도혁명당'은 말 그대로 '공황'에 빠져버렸다. 상상조차 할 수 없 는 일이 현실화 될 수 있다는 두려움이 엄습한 것이다. 라바스띠다와 폭스 후 보의 지지율은 지난 3월 말까지 47%와 39%로 일정한 거리를 유지하고 있었 다. 그러나 두 후보간 격차가 점차 줄어들어 TV 토론회 직후 지지율이 역전 되는 상황이 벌어진 것이다.

뻣뻣한 이미지로 대중성이 별로 없는 라바스띠다 후보[7]가 1차 TV 토론회 후 여론조사에서 지지율이 급격히 떨어지고 폭스 후보의 지지율이 급상승하 자 집권당에 비상이 걸렸고, 한때 후보 교체설이 나돌기도 했다. 마치 1997 년 12월의 선거를 앞둔 우리 나라와 비슷한 상황이었다고 할 수 있다. 당내 경선을 통해 선출된 신한국당 이회창 후보가 아들의 병역문제 등 난관에 봉 착하자 당내에서 후보 교체설로 시달렸던 것과 마찬가지였다. 그러나 말이 그렇다는 이야기지 어디 그게 쉬운 일인가.

결국 경선에 참여했다 낙선한 당내 고위당직자들이 당을 위해서 힘을 합치 기로 했다. 내무, 교육부 장관을 연임했던 바뜰레는 선거대책위원장에 그리 고 무릴요는 당 사무총장에 임명돼 선거 승리를 위해 단합했다. 바뜰레는 폭 스를 "매국노"라며 멕시코를 외국 자본에 넘기려 한다고 맹공했다. 그리고 최

---

7) 라바스띠다는 '제도혁명당' 창당 이후 처음으로 치뤄진 예비선거에서 승리했다. 세디요 대통령이
 공약했던 대로 제도혁명당이 대통령 후보를 현 대통령이 지명(dedazo)한 것이 아니라 당내 경선
 을 통해 선출한 것이다. 마드라소 따바스꼬 주지사, 바뜰레 뿌에블로 주지사 등 네 명의 후보가
 출마했으나 세디요 정부에서 농무 및 내무장관을 역임한 라바스띠다가 세디요 대통령의 총애를
 받는 것으로 알려져 경선에서 압도적으로 승리할 수 있었다. 전문 관료 출신인 라바스띠다 전 내
 무장관은 온건한 경제 전문가로서 시장 개방을 적극 지지하고 있으나 당내 개혁 및 민주화에는
 소극적이라는 비판을 받았다. 300개 선거구 중 272개 선거구에서 승리했다. 1999년 11월 20일
 당의 대통령 후보로 공식 선언됐다.

근 멕시코의 경제가 연평균 5%의 고속 성장을 하며 잘 나가고 있다는 것을 집중 홍보했다. 만일 선거에 패해 70년 넘게 유지해 온 정권을 뺏긴다면 어떤 일이 벌어질지 이는 생각조차 하기 싫은 일이 아닌가? 라바스띠다가 당장은 맘에 안 들어도 일단 선거에서 이기고 봐야 할 일이었다.

대선을 1개월 남기고 실시된 2차 TV 토론회에서 폭스, 라바스띠다, 까르데나스 등 유력 후보 세 명 간에 치열한 공방이 있었지만, 뚜렷한 승자를 가리지 못한 채 기존의 지지율을 확인하는 정도였다. 5개 채널과 150여 개 라디오 방송으로 전국에 생중계된 가운데 멕시코시 기술박물관에서 90분 간 진행된 토론회를 통해 부정부패와 경제, 교육정책, 치안대책 등 현안에 관한 대안 제시와 상대후보의 허점을 파고드는 형식을 취했으나 전반적으로 기대 이하였다. 1차 토론회와는 달리 뚜렷한 승자가 없었다. 멕시코 최대 민영 TV인 텔레비사(Televisa)가 토론회 직후 실시한 전화설문조사 결과에 의하면 응답자의 80% 이상이 '지지하는 후보를 바꾸지 않겠다'고 답했다. 부동층에 약간의 변화는 있었겠지만 지지율에는 크게 영향을 주지 않았다.

투표권이 없는 미국의 '유권자'

이번 선거의 특이한 것 중 하나가 미국에 거주하고 있는 멕시코인들을 대상으로 한 선거운동이었다. 대통령 후보들이 엘에이(L. A.)나 시카고 등 미국의 대도시에 가서 선거운동을 한 것이다. 쉽게 이해가 안 되는 일이다. 자기 나라 대통령 선거를 이웃 나라에 가서 선거운동을 한다? 예를 들면, 우리 나라 대통령 후보들이 한국 사람이 많이 살고 있는 일본의 오사까 또는 미국의 LA나 뉴욕에 가서 한국 사람들을 모아 놓고 선거운동을 한다는 이야기다. LA와 뉴욕에는 한국 사람들이 각각 50만 명이나 살고 있다. 이들이 국내에 있는 친척이나 친구들에게 전화로 연락한다고 생각해보자. 결코 만만치 않은 영향력이다. 선거전략상 그럴 듯하다.

멕시코는 미국과 3천2백km에 달하는 긴 국경을 갖고 있으며, 국경을 따라 수많은 '쌍둥이 도시'들이 있다. 그리고 미국 전역에는 수십만, 수백만이 아니라 무려 1천8백만 명의 멕시코 이민자가 있다. 이 중 6백만 명이 LA에 살고 있다. 인구수로만 계산하면 미국의 LA는 인구 2천만 명의 멕시코 시티에 이어 멕시코인이 세계에서 두 번째로 많이 살고 있는 도시다. 멕시코 제2의 도시가 미국의 LA인 것이다. 마치 마이애미가 쿠바 이민으로 가득 차 있듯이 어떤 의미에서 LA는 미국의 도시라기보다는 멕시코의 도시라고도 할 수 있다. 그리고 이들 멕시코인들은 매년 70~80억 달러를 멕시코로 송금하고 있다. 과거 수십 년 전부터 멕시코 경제가 수렁에 빠지지 않도록 지켜온 중요한 한 부분이었다.

이들은 수십 년 전부터 일자리를 찾아 미국 남부에 합법 또는 불법으로 이민 온 사람들이다. 이들은 농장과 공항, 관공서 등 사무실에서 청소 등 노동에 종사하면서 미국 사회의 하층계급을 구성하고 있다. 미국 하층계급은 전체 인구의 12.8%를 차지하고 있는 흑인과 12%를 차지하고 있는 히스패닉이다. 그리고 이들 히스패닉 중 60%가 멕시코 사람이다. 이들은 미국 사회에서 정치, 경제, 사회적으로 차별을 받으며 살고 있는 것이다. 따라서 이들은 반정부적, 반'제도혁명당'적일 수밖에 없는 것이다. 이들은 71년 동안 집권하고 있는 '제도혁명당'에 대해 불만이 많을 수밖에 없다. 정부, 즉 '제도혁명당'의 잘못된 정책으로 자신들이 고향을 떠나 미국에서 어려운 생활을 하고 있다고 느끼는 것이다.

이 같은 멕시코 이민자들의 정서를 잘 알고 있는 '제도혁명당'은 이들에게 투표권을 주지 않았다. 70년간을 집권하고 있는 정당의 입장에서 보면 이들에게 투표권을 준다는 것은 괜한 '긁어 부스럼'일 뿐이다. 한두 표가 아니라 정권이 좌지우지될 수 있는 것이다.

어쨌든 야당 후보들은 그 바쁜 와중에도 미국의 남부 주들을 순회하면서 선거운동을 했다. 투표권이 없는 이들을 위해 미국까지 선거운동에 나선 것이다. 이들의 '보이지 않는' 표를 의식한 후보들은 의회 3석을 LA와 시카고의 멕시코인들에게 배정하겠다고 약속했다. 폭스 후보는 일리노이스·캘리포니아주를 순회하면서 선거운동을 했으며, 캘리포니아주 상원에서의 연설을 통해 대통령에 당선되면 이들 이민자들이 귀국할 수 있도록 '멕시코 경제기적'을 이룰 것을 약속했다. 또한 캘리포니아의 이민정책을 비판하고 미국의 마약정책에 대해서도 일침을 가했다.

그러나 미국에 살고 있는 수많은 멕시코인들은 미국의 석유회사를 국유화하고 멕시코 혁명 이념에 가장 충실했던 라자로 까르데나스 대통령의 아들이자 초대 멕시코 민선시장이었던 꽈우떼목 까르데나스 후보에 대한 지지가 높았다. 미국에 살면서 미국에 대한 불만이 쌓여 있는 멕시코 이민자들은 과거 미국을 상대로 당당하게 대처했던 라자로 까르데나스 대통령에 대한 존경과 그 아들인 까르데나스 후보에게 많은 기대를 하고 있었던 것이다. LA에 있는 멕시코 이민자들의 모임이나 조직들은 까르데나스에 대한 지지를 약속했다. 그리고 이들은 자신의 친척들이 까르데나스 후보에게 투표하도록 독려하고, 또 "Voting for Cardenás is voting for me"라는 슬로건으로 선거운동을 했다. 이들 미국에 거주하고 있는 멕시코인들에 대한 여론조사(Ben Garza)에 의하면 까르데나스 후보가 49%, 폭스 33% 그리고 '제도혁명당'의 라바스띠다는 14%의 지지를 얻었다. 중도좌파인 까르데나스 후보의 지지가 압도적이었다.

투우사를 꿈꾼 어린 시절

폭스는 1942년 7월 2일 멕시코시티에서 태어났다. 그러나 사흘 만에 할아버지 때부터 정착해 살았던 과나후아또주의 레온시 교외에 있는 산 크리스토발(San Critobal) 목장으로 돌아왔다. 우연의 일치라고 할까, 자신의 58번째 생일 선물로 대통령직을 받고, 태어난 곳인 멕시코시티로 돌아온 셈이다.

코카콜라 회사에 입사한 것도 넥타이나 양복 입을 것을 강요하지 않았기 때문이었다. 선거운동 기간에도 셔츠와 카우보이 부츠, 벨트 등 이때까지 정치인들의 모습과는 너무도 다른 모습을 보였다. 말 그대로 '파격'이었다. 폭스는 대권을 잡아도 청바지를 입고 다니겠다고 공언했다.
(『한겨레』, 2000년 7월 4일)

어쨌든 아홉 형제 중 둘째로 태어난 폭스는 시골에서 엄한 부모 밑에서 성장했다.

아버지 호세 루이스(Jose Luis Fox Pont)는 매우 부지런한 농사꾼이었다. 매일 아침 5시면 네 아들을 깨워 목장에 나가 젖소들의 젖을 짜고 다른 가축들에게 사료를 주었으며, 과일나무들을 돌보는 것으로 하루의 일과를 시작했다. 몇 년 전 사망한 아버지에 대해 폭스는 "아버지는 항시 유쾌한 기분으로 인생을 사셨다. 그리고 전날 몇 시에 잠자리에 들었든지 새벽같이 일어나셨다. 아침 6시면 일할 준비가 다 되어 있었다. 그렇게 우리들을 엄격하게 키우셨는데 이는 딸들에게 보여준 다정한 모습과는 매우 대조적이었다"고 회고했다.

어머니 메르세데스(Mercedes Quesada Echaide)는 스페인 북부 바스크 지방의 항구도시인 산 세바스띠안(San Sebastian)에서 태어나 어릴 때 부모를 따라 멕시코로 이민 왔다. 그러나 그 어느 멕시코인보다 더한 멕시코 여인이었다. 폭스가 선거운동 과정에서 가난한 농민들을 향해 "여기 소 젖을 짜본 유일한 후보가 있다"고 친근감을 보일 수 있었던 것도 농민들과 접해본 경험에서 나왔으며, 자신의 이력에서 말했듯이 전기와 전화도 들어오지 않던 시골 농장에 살면서 멕시코의 가장 커다란 문제점인 가난을 직접 체험했다는 자신감에서 연유했다.

폭스는 형과 함께 라살레(Lasalle) 초등학교에 입학했다. 그러나 시골에서 온 폭스는 같은 반 아이들과 잘 어울리지 못했다. 심한 시골 사투리를 쓰며, 10살이 다 되도록 반바지만 입고 다니는 폭스 형제를 다른 애들이 이상한 눈으로 보고 '왕따' 시킨 것이다. 그 바람에 폭스 형제는 다른 아이들과 자주 싸웠는데, 요즘식으로 보면 '범생이'보다는 '불량학생'에 드는 편이었다.

6학년 때 예수회 소속 룩스 중학교(Instituto Lux)에 입학했다. 그 곳에서는 친구들과 잘 어울렸지만 성적은 신통치 않았다. 수학만 점수가 괜찮았고 다른 과목은 거의 낙제점이었다. 공부를 거의 하지 않는 학생이었다. 그러나 그림과 운동은 무척 좋아했다. 특히 투우를 좋아해 투우사를 꿈꾸며, 인근 목장의 송아지들과 투우 연습을 할 정도로 열심이었다. 그러나 학교를 다니면서 어린 폭스에게 가장 큰 영향을 끼친 것은 "봉사하지 않는 삶은 의미가 없다"는 예수회의 가르침이었다. 그리고 이 가르침에 따라 폭스는 그러한 삶을 살기 위해 노력했다. 대학을 졸업한 뒤 10년 후 학교 다닐 때 친하게 지냈던 친구들이 다시 만났다. 모두 직장에서 어느 정도 위치에 있었는데 자신의 성공담을 이야기했었다. 그 자리에 예수회 학교의 하비에르 쉐이플러 선생님도 같이 있었다. 모두의 성공담을 들은 후 하비에르 선생님은 "너희들 모두 물질적인 성공만을 자랑하고 있는 것을 보니, 내가 너희들을 잘못 교육시켰나 보다"라고 하며 눈물을 흘리셨다. 폭스와 친구들은 선생님의 질책에 많은 부끄러움을 느꼈고, 이는 레온에 자선단체를 만들어 활동하게 된 동기가 되었다.

18살이 된 폭스는 고향 도시인 레온에 대학이 없었기 때문에 멕시코시티에 있는 예수회 소속의 이베로 아메리카 대학에 진학했다. 멕시코시티에 있는 루이시 고모 집에서 학교를 다녔는데, 사촌인 이그나시오와 같은 대학에 다녔다. 어릴 적 투우사의 꿈도 운동도 다 잊어버리고 현실에 적응한 것이다. 폭스는 건축을 전공하고 싶었지만, 결국은 아버지의 뜻에 따라 집안 사업을 도울 수 있는 전공인 경영학과에 입학하였다. 또한 이는 경영학이 공부할 과목이 훨씬 적었기 때문이기도 했다.

많은 중남미 국가의 정치지도자들이 대학 다닐 때 학생운동을 통해 정치를 배우고 정치권에 일찍 뛰어드는 데 비해 폭스는 정치와는 거리가 먼 평범한 학생이었다. 195cm나 되고 훤칠한 키에 가죽 부츠를 신고 다니며 형식에 얽매이기를 거부하고 자유분방하게 치장하고 다녔다. 양복을 거의 걸치지 않고 넥타이를 잘 매지 않는데, 졸업 후 코카콜라 회사에 입사한 것도 넥타이나 양복 입을 것을 강요하지 않았기 때문이었다. 선거운동 기간에도 셔츠와 카우보이 부츠, 벨트 등 이때까지 정치인들의 모습과는 너무도 다른 모습을 보였다. 말 그대로 '파격'이었다. 폭스는 대권을 잡아도 청바지를 입고 다니겠다고 공언했다.

32살의 코카콜라 멕시코·중미 지사장

폭스는 대학을 마치자 바로 코카콜라 회사에 입사했다. 그 바람에 졸업논문을 쓰지 못해 석사학위는 1999년에 가서야 받게 되었다. 대학을 졸업한 지 30년이나 지나 선거 직전에 석사학위를 받은 것이다. 이는 뒤늦게 공부를 해야겠다는 열정 때문이 아니라 멕시코를 포함 대부분의 중남미 국가에서 '석사학위'(Licenciado)가 사회적으로 갖고 있는 영향력이나 의미 때문이었다. 이들 국가에서 석사학위는 우리 나라에서 생각하는 석사와는 전혀 다르다. "석사님(Señor Licenciado)"이라고 호칭하는 것은 존경의 뜻을 포함하고 있다. 학위를 받은 사람도 적지만, 대통령을 포함 사회적으로 성공한 대부분의 사람들은 자신을 소개할 때 관직이나 사회적 직위 앞에 '석사' 또는 '박사'라는 호칭 쓰기를 좋아하며, 일정부분 관례화되어 있다. 우리 나라 초대 이승만 대통령이 "이 박사" 또는 "이승만 박사"라고 불리길 좋아했던 것과 같다.

대학을 졸업한 후 22살에 멕시코 코카콜라사에 입사한 폭스는 판매사원부터 시작했다. 3년 간 배달 트럭을 타고 거리를 누비며 일에 열중했다. 이 같은 폭스의 헌신적 영업 활동은 곧바로 상사의 눈에 띄어 관리관, 지역 책임자, 영업국장으로 승진하게 됐다. 그리고 회사의 배려로 미국 하바드 대학 경영학 과정을 연수했다. 그리고 입사한 지 10년 만에 코카콜라 멕시코·중미 지역 담당 사장에 임명됐다. 초고속 승진을 한 셈이다. 32살의 나이에 사장이 된 것이다. 코카콜라 회사의 최연소 지사장이 됐다. 사장으로 5년 동안 근무했는데, 탁월한 경영 수완을 발휘한 폭스는 이 기간 동안 경쟁사인 펩시콜라를 제치고 시장점유율을 역전시켰다. 1965년에는 경쟁사인 펩시콜라의 시장점유율이 코카콜라의 두 배였다. 그런데 1980년에는 코카콜라가 펩시의 두 배가 됐다. 아마 폭스가 한국 사람이었으면 우리 나라 TV 프로그램인 『성공시대』의 주인공으로 잘 어울리는 인물이었을 것이다.

폭스는 동료들의 반대에도 불구하고 15년간의 코카콜라 회사 생활을 마치고 가업을 잇기 위해 고향인 과나후아또의 목장으로 돌아왔다. 어릴 때 그랬던 것처럼 아침 일찍 일어나 목장 생활을 하면서 낙농업과 가죽 부츠 등을 수출하는 폭스그룹을 키워나갔다. 10년 동안 사업에 열중한 폭스는 1988년 3월 보수우익의 '국민행동당'에 입당해 정치인으로 변신했다. 46살의 나이였다. 폭스를 정치로 이끈 사람은 꼬파멕스의 회장인 마누엘 끌로티에르(Manuel J. Clouthier)였다. 그는 폭스에게 멕시코의 정치, 사회체제를 비판하고 불평하느니 차라리 멕시코 정치를 바꾸어 보라고 충고했다. 사실 당시로서는 생각하기조차 어려운 말이었다. 더구나 야당으로 정치를 시작하면서 멕시코 정치를 바꾼다는 것은 폭스가 선거운동 기간 동안 말했던 것처럼, 달나라에 가는 것보다 어려운 일이었다. 그러나 그것이 12년 만에 현실이 된 것이다.

정치 세계로 입문

과나후아또주의 '국민행동당' 재정위원장으로 정치계에 첫발을 내디딘 폭스는 그 해 연방 하원의원에 당선됐다. 순조로운 출발을 한 셈이다. 3년의 하원의원 임기를 마친 폭스는 1991년 선거 자금을 확보하고 당 조직을 강화하기 위해 '주 해방기구'(Organización para la Liberación del Estado)를 조직해 과나후아또 주지사 선거에 출마했다. 그러나 집권당의 노골적인 부정으로 인해 선거에 패배하고 말았다. '제도혁명당'의 부정에 반발한 폭스는 700여 가지가 넘는 선거 부정 사례를 폭로하고 민주주의를 위한 60km 행진과 시민저항운동을 시작했다. 예상치 않은 폭스의 강력한 저항으로 어려운 입장에 처한 살리나스 정부는 이를 수습하기 위해 '국민행동당'과 정치적 타협을 했다.

살리나스 대통령은 선거가 비정상적으로 치뤄졌음을 시인했으며, 부정으로 당선된 아기레 집권당 후보를 자진 사퇴시켰다. 그리고 '국민행동당'이 지명하는 사람에게 과나후아또 주지사직을 넘겨 줄 것을 약속했다. 단 부정이 난무했던 선거에 참여한 폭스 후보를 제외시키는 조건이었다. 당이 창당된 후 50년 만인 1988년 바하 칼리포니아(Baja California) 주지사 선거에서 처음으로 승리한 '국민행동당'의 입장에서 보면 과나후아또 주정부를 장악할 수 있는 기회를 놓칠 수 없었다. 폭스로서는 받아들이기 어려웠지만 당의 입장에서는 누가 주지사가 되느냐보다는 주정부를 장악하는 것이 더욱 중요했다. 그리고 이 같은 정치적 타결을 받아들인 '국민행동당'은 메디나 레온 시장을 주지사로 임명했다.

폭스에게는 정치적으로 가장 어려운 시기였다. 선거에서 승리하고도 졌으며, 투쟁을 통해 승리를 쟁취하고도 다시 빼앗겼던 것이다. 정치적인 좌절을 겪을 수밖에 없었다. 1993년 대통령 선거를 앞두고 '제도혁명당'의 세디요 후보와 '민주혁명당'의 까르데나스 후보 등 정치지도자들이 뉴스의 초점이 됐지만 폭스는 정치권에서 멀어져 있었다. 멕시코 선거법은 대통령 자격을 이민 3세 이후로 정하고 있기 때문에 당시 스페인인 이민 2세의 후예라는 이유로 대통령에 출마조차 할 수 없었다. 그러나 '국민행동당'은 살리나스 정부와 협상해 1993년 의회가 대통령 피선거권을 외국인 2세까지로 완화하는 법을 통과시키자 이를 '폭스법'이라고 부르기도 했다.

이런 저런 이유로 폭스는 1994년의 선거를 멀리서 지켜보고 있을 수밖에 없었다. 잊혀진 정치인이 된 것이다. 그리고 20년 간 같이한 릴리안과 이혼해 가정적으로도 어려움이 가중됐다. 또한 사업도 예전 같지 않았다. 집 안팎으로 어려움이 많은데 사업이 잘 될 일이 없었을 것이다. 집안이 편해야 밖에 나가서 마음놓고 일할 수 있다는 것은 당연한 일이지 않겠는가. 그나마 유일한 희망은 네 자녀에 대한 양육권을 빼앗기지 않은 것이었다.

부정으로 주지사 선거에서 패배한 지 4년 후인 95년 과나후아또 주지사에 재도전해 당선됐다. 주지사 시절 코카콜라 지사를 경영한 경험을 살려 외자유치와 과감한 경제개혁을 추진해 멕시코에서 가장 가난했던 주 중 하나인 과나후아또주를 멕시코 31개 주 가운데 5번째 부유한 주로 만들었다. 기업 마인드를 주 행정에 도입해 변화를 만들어 낸 것이다. 주지사 시절 외자를 유치하기 위해 우리 나라를 방문하기도 했다. 대단한 정열이다. 멕시코 중부의 조그마한 한 주의 주지사가 외자유치를 위해 천리 길 멀다 않고 한국에까지 온 것이다. 1995부터 2000년 2월까지 과나후아또주에는 22억6천만 달러에 달하는 외국인의 투자가 있었으며, 이로 인해 7만2천5백62명의 고용이 증대됐다. 같은 기간 늘어난 회사는 289개였다. 지역 총생산은 21.2%가 증가해 멕시코 전체(14.5%)보다 6.7%나 높았다. 또 멕시코 평균 임금은

2.7%가 줄었는데 비해 과나후아또주의 평균 임금은 7.3%가 올랐다. 바로 이 부분이 이번 대통령 선거 홍보에 소개된 자신의 경력 중 가장 강조하고 있는 부분이다.

1999년 9월 12일 대통령 선거에 나서기 위해 주지사직을 사표냈으며, '변화를 위한 동맹'(Alianza por el Cambio)의 대통령 후보로 선출돼 71년 만에 정권 교체를 이룩해 냈다. 사업에 탁월한 수완을 발휘해 10년 만에 사장이 되는 초고속 승진을 했듯, 정치에 발을 들여놓은 지 12년 만에 대통령에 당선됐다. 정치에 입문해서도 또다른 '고속 승진'을 한 셈이다.

평소 자신을 '미숙하지만 독실한 신앙을 가진 국민의 정치인'이라는 말로 묘사하길 좋아한 폭스는 새벽 6시 이전에 일어나 하루 일과를 시작할 정도로 근면하다. 아일랜드 출신의 멕시코인인 아버지의 근면성을 물려받은 모양이다. 또 195cm의 장신으로 외모에 신경 쓰고 유머로 청중을 사로잡는 대중적 인기를 가진 폭스는 검은 상의에 하얀 와이셔츠 그리고 가죽 부츠를 신고 오토바이를 탄 채 유세장에 나타나거나 말을 탄 카우보이의 모습으로 나타나기도 했다. 이때까지 멕시코인들이 보아왔던 정치인의 모습이 아닌 파격 그 자체였다. 이것은 스페인에서 이민 온 어머니의 낙천적이고 사교적인 성격을 이어받았나 보다.

폭스는 자신의 정부가 4천만 명의 가난한 사람들을 위한 정부가 될 것임을 강조했다. "정부에 그들이 참여하게 할 것이다. …… 이들의 요구와 필요는 정부의 주요 핵심과제가 될 것이다"고 했다. 이것 역시 정치적 파격이다. 보수 우파 정당의 후보가 좌파적 해결을 강조하는 아이러니라고 할까?

"나를 팔 수 있는 상품으로 만들어라"

선거를 시작하면서부터 폭스는 '대중의 수요에 부합하는 상품'이 되겠다는 확실한 생각을 갖고 있었다. 1999년 9월 최측근인 오르띠스(Francisco

Ortiz)[8]에게 "나를 팔 수 있는 상품으로 만들라"고 주문했다. 오르띠스는 지금까지 '폭스의 친구들'을 중심으로 전국을 순회하며 펼쳐왔던 선거전략을 대폭적으로 수정했다. 국민들에 대한 직접적인 접촉은 그 한계가 있기 때문에 TV와 라디오, 신문 등 모든 매체를 통한 정치광고에 더 중점을 두었다. 선거전략의 큰 틀이 정해진 것이다. 선거자금은 이미지 홍보에 집중되었다.

선거 홍보팀은 폭스와 폭스의 정책적 제안을 단순한 말로 표현해 대중이 쉽게 이해하도록 했다. 후보가 전달하고자 하는 것을 사람들이 원하는 단어로 바꿔놓았다. 다시 말해, 정치 마케팅을 통한 선거전략을 편 것이다. 폭스 후보가 어려운 정책에 대해 구체적으로 설명하는 대신, 이러한 정책들은 '변화'를 가져오기 위한 것이라고 간단히 설명했다.

여론조사 결과 많은 사람들이 가장 원하는 것은 '변화'였다. 그리고 그러한 변화는 생활에서의 안전, 교육, 마약과의 확실한 투쟁, 보다 나은 직장 등이었다. 이러한 것을 바탕으로 선거 구호가 "당신이 바라는 변화"(El Cambio que a ti te conviene)로 결정됐으며, 보다 나은 멕시코를 위해 부패와의 전면적인 투쟁 등 10가지 선거 공약이 제시됐다. 그리고 멕시코인들이 '제도혁명당'에 싫증 나 있으며, 작별하길 원하고 있다는 것을 상징적으로 보여주기 위해 로고송을 '제비'(Las golondrinas)로 선정했다. '제비'는 우리 나라에도 많이 알려진 멕시코 노래이다. 그러나 가사가 다르게 번역되어 불리고 있는데, 원래 가사는 기나긴 여정에 지친 철새인 제비들이 다음 목적지를 향해 잘 가도록 빌면서 작별한다는 내용이다. 어차피 떠나 보내야 할 수밖에 없는 '제도혁명당'에 대해 두려움이나 미련을 갖지 말고 작별하라는 메시지인 셈이다.

또다른 중요한 단어가 "Ya"("이제"란 스페인어)였다. "이제 '제도혁명당'은 그만해라, 변화를 위한 동맹에 투표하자"고 강조했다. 사실 "이제"(ya)는 많은 뜻을 가진 단어이다. "이제 그만" 또는 "이제 할 수 있다" 등 다양한 의미

---

8) 41살의 오르띠스는 최근 20년 간 TV방송사인 Televisa와 Procter & Gamble의 홍보 부서에 근무했으며, 차기 정부의 공보부 장관 0순위에 올라 있다.

로 쓰일 수 있다. 그래서 선거운동을 "Ya"로 일체화시켜 나갔다. 폭스 후보는 더 이상 승리의 V자를 그리지 않고 대신 Y자를 그렸다. 그리고 "7월 2일 만나자"는 로고를 만들었다. 이 역시 많은 뜻을 가지고 있었다. 이러한 모든 말들이 사람들로부터 조금씩 변화에 대한 두려움을 없애주었다.

멕시코에 있는 말 중에 "생판 모르는 착한 사람보다 나쁜 놈이라도 아는 놈이 낫다"라는 표현이 있는데 이에 대해 굉장히 많은 사람들이 동의하고 있었다. 따라서 이 같은 생각을 바꿔야 했다. 그렇지 않을 경우, 폭스는 선거를 하나마나 지게 돼 있었다. 폭스는 "당신을 위해 봉사하는 멕시코와 그렇지 않은 멕시코를 생각해보십시오. 그리고 이제 그 멕시코 정부가 여기 있다고 생각해 보십시오"라고 라디오를 통해 메시지를 전달했다. 이 메시지의 목적은 사람들이 한번쯤 생각을 하게 하는 것이었고, 그리고 변화가 다가와 있음을 알리는 것이었다.

선거 승리의 또다른 주요한 요인 중 하나는 사회의 모든 분야와 계급에 홍보전략을 효과적으로 구사한 덕분이었다. 여론을 주도하는 집단을 지식인 계층과 예술인 그리고 스포츠 스타 그룹 셋으로 나누었다. 호르헤 까스따녜다, 로렌조 메이어 등 지식인들은 지적인 면에서 어느 정도 수준에 도달해 있는 사람들에게 많은 영향을 미친다. 그리고 예술인과 스포츠 스타들도 대중을 움직인다. 인기 보컬그룹인 떼메라리오 마요르의 리드 싱어인 아돌프 안헬이 폭스 후보와 함께 식사를 하는 모습을 보면서 떼메라리오의 수많은 여성팬들이 폭스에 투표하게 되는 것이다. 아마 그들은 폭스의 정책이 무엇인지는 모를 것이다. 알 필요도 없다. 그러나 그들의 '우상'인 떼메라리오가 '변화를 위한 동맹'의 폭스 후보를 지지하는 것은 잘 알고 있다. 이는 축구 스타인 루이스 가르시아의 경우도 마찬가지이다. 우리 나라도 지난 97년 대선이나 4·13 총선에서 수많은 정치인들이 이정현의 노래인 『바꿔』를 로고송으로 사용하고 또 유명 스타와 함께 하고 있는 모습을 연출했던 것과 같다.

폭스 정부가 당면한 또다른 과제는 부정부패 척결이다. 관료 집단을 비롯한 구조적인 부정부패는 지난 70년 동안 '제도혁명당'이 정권을 잡은 지 한번도 정권교체가 이루어지지 않았기 때문이다. (『경향신문』, 2000년 7월 13일).

멕시코 21세기 정치의 '보안관'

폭스는 1942년 7월 2일 태어났다. 따라서 자신의 58번째 생일에 대통령직을 생일 선물로 받은 셈이다. 더구나 결코 무너질 것 같지 않던 '제도혁명당'이라는 거대한 공룡을 쓰러뜨린 것이다. 지지자들은 『마냐니따』(mañanita, 내일이라는 스페인어)라는 노래를 부르며 생일을 축하했다. 멕시코의 미래를 폭스에게 맡긴 것이다. 2m 가까운 큰 키에 15년 동안 청바지와 부츠를 신고 다닌 폭스는 멕시코 정치의 '존 웨인'이라는 별명으로 불린다. '서부의 사나이' 존 웨인이 악당들을 물리치고 마을의 보안관이 되었듯이, 폭스가 부패하고 마약으로 얼룩진 멕시코에서 악당들을 몰아내고 평화와 안정을 되찾아 주기를 사람들은 기대하고 있는 것일까?

당선이 확정된 직후 폭스는 멕시코시 중심에 있는 독립의 상징인 '천사의 탑'(Torre de Angel)에 나타나 지지자들과 기쁨을 함께 나누었다. 연단 뒤에 선 자녀들은 폭스의 상징이었던 "Y"자를 그리며 환호했다. 폭스는 연단에 올라 정치 보복이 없을 것임을 천명하고 모든 멕시코인의 화합을 강조했다. 그리고 정당에 관계없이 거국내각을 구성할 것을 약속했다. 특히 세디요 대통령이 선거 결과를 조속히 인정한 것에 대해 깊이 감사했으며, 세디요 대통령을 참된 '국가 정치인'(el politico de Estado)이라고 추켜세웠다.

폭스는 12월 1일 '멕시코 주식회사'의 사장에 취임해 앞으로 6년 동안 1억 인구의 삶을 책임질 것이다. 멕시코는 우리 나라보다 먼저 선진국 클럽이라는 '경제협력개발기구'(OECD)에 가입한 세계 11위의 경제대국이다. 그리고 우연하게도 OECD에 가입한 이후 IMF로 상징되는 경제위기를 우리보다 3년 먼저 경험하였다. 그러나 유엔 개발 프로그램이 집계한 인간개발지수는 세계 55위로 쿠바와 비슷하다. 1인당 국민소득은 4천9백42달러(1999년)지만 전체 인구의 40%가 하루 평균 2달러 미만의 소득으로 살아가고 있다. 세계 10대 갑부 중 3명이 멕시코 사람인 동시에 소득은 상위 20%가 하위 20%보다 16배나 많은 빈부격차가 극심한 나라다.

차기 정부는 과도정부로 연합정부를 구성할 것과 각료 인선은 여야를 막론하고 공개적으로 능력 있는 인물을 등용한다는 두 가지 큰 방향이 정해져 있었다. 이는 선거기간 동안 폭스가 약속한 것이기도 했고 또한 과나후아또 주지사 시절(1995~1999) '제도혁명당' 출신을 재무장관에 임명하는 등 정파에 관계없이 주정부를 구성한 경험에 근거한 것이었다.

당선 직후 폭스는 각료 인선을 엄격히 할 것임을 강조했다. 그리고 새로운 정부가 '친구들끼리의 정부'(Gobierno de cuates)가 절대 되지 않을 것임을 약속했다. 폭스는 선거에 승리하면 연합정부를 구성해 정직하고 능력 있는 '제도혁명당'의 민주적 인사들과 '민주혁명당' 인사들을 정부 구성에 참여시킬 것을 약속했었다. 그리고 약 2백5십만 명에 달하는 차관보 이하 현정부의 공무원, 교사, 군인, 공사 직원 등의 신분보장을 약속했다.

멕시코 최대 일간지인 『레포르마(Reforma)』지와 인터뷰에서 폭스는 "나는 누구에게도 정치적 자리를 약속하거나 정치적 거래를 한 적이 없다. 따라서 신정부의 고위관리가 되고 싶은 사람은 누구든 합당한 선발과정을 거쳐야 한다"고 말함으로써 공개적으로 적합한 각료를 구할 것임을 명확히 했다. 또한 "실패를 하든 성공을 하든 통치는 비센떼 폭스가 하는 것이지 '국민행동당'이 아니다. 이제 당은 나를 놓아주어야 한다"고 말해 당 원로들의 심기를 불편하게 했다. 이번 선거는 '국민행동당'보다는 폭스 개인이 주도한 것이다. 따라서 당으로서는 폭스에게 영향력을 행사하기가 쉽지 않은 것이다. 그리고 폭스는 처음부터 당이 대통령의 인사에 지나치게 관여하는 것을 사전에 차단하고자 했다.

폭스 당선자는 장관 등 고위관리를 찾기 위해 다섯 회사와 계약을 했다. 두 말할 필요 없이 '멕시코 주식회사'를 성공적으로 건설하기 위해 무엇보다 중요한 것은 능력 있는 각료들을 구하는 것이다. 이들 다섯 회사의 이름은 비밀로 되어 있다. 또한 시민사회단체들도 고위관리 후보를 추천하도록 요청 받았다. 고위관리는 다섯 가지 조건을 갖춘 사람이어야 한다. 첫째, 멕시코에 대한 사랑이 넘치는 사람일 것, 둘째, 사회적 책임감이 큰 사람, 셋째, 정직성이 검증된 사람, 넷째, 능력이 인정된 사람 그리고 생산적인 결과를 낼 수 있는 사람이어야 한다. 이 같은 고위관리 구인 방법은 지난 71년 동안 한번도 있어본 적이 없는 독특하고 파격적인 것이다.

폭스가 해결해야 할 가장 중요한 문제는 가난으로부터 민중을 탈출시키는 것이다. 폭스 당선자는 시장경제를 근간으로 하는 중도-좌파 경제정책을 시행할 계획이라고 밝혔다. 대통령의 경제 보좌관인 에두라르도 소호 씨는 "시장경제와 자유경쟁에 소신을 가짐과 동시에 우리 사회와 경제의 불공정을 줄이기 위해 필요할 경우 정부의 개입에도 소신을 두는 경제모델을 추구하고 있다"고 밝혔다. 이는 보수성향의 '국민행동당'의 입장과는 많은 차이가 있다.

보수 우파 정당의 후보로 대통령에 당선돼 좌파 경제정책을 수행한다? 이는 어떤 의미에서 폭스 당선자가 멕시코 정치를 정확히 파악하고 있다는 것을 말해주는 것이다. 국가가 시장에 개입하는 경제정책을 진정으로 수행할지는 미지수지만, 지난 18년 간 멕시코 대통령들이 취해왔던 친미주의적, 신자유주의적 경제정책에 대해 국민들이 많은 불만을 갖고 있다는 국민여론을 정확히 읽은 것이다. 앞에서도 설명했듯이 '제도혁명당'은 절대권력을 가진 대통령이 이념적인 면에서 좌우로 선회하면서 변화에 적응해 왔었다. 그런데 그 시기를 놓친 것이고, 국민들이 변화에 대한 대안을 대표적 좌파 정치인인 까르데나스가 아닌 우파의 폭스에게서 찾은 것이다. 이는 폭스가 정권교체를 확실하게 할 수 있는 대안이었기 때문이었다. 다시 말해, 우에서 좌로 이념적인 선회도 중요하지만, 71년 동안 변화를 거부하고 집권해온 부패한 정권을 바꾸는 것이 더 시급한 일이었다.

폭스 정부가 당면한 또다른 중요한 과제는 부정부패 척결이다. 멕시코의 부패는 지난 수십 년 간 누적되어 온 것이다. 관료 집단을 비롯한 구조적인 부정부패가 만연해 있다.[9] 이는 흐르지 않는 고인물은 썩듯이 지난 70년 동안 '제도혁명당'이 정권을 잡은 지 한번도 정권교체가 이루어지지 않았기 때문이다. 개혁 성향의 『레포르마(La Reforma)』지가 18~32세의 멕시코시티 시민 1천43명을 대상으로 실시한 설문조사에 따르면, 전체 조사 대상자의 93%가 공직사회가 부패했다고 대답했으며, 82%는 부패 정도가 매우 심각하다고 답했다.

그러나 당선자 폭스가 가장 먼저 염두에 두고 있는 것은 정치적 '화합'을 이루는 것이었다. 7월 26일 폭스는 '민주혁명당'의 대통령 후보였던 까르데

---

9) 멕시코에서 부정부패는 너무나 일상화되어 있다. 물론 우리 나라를 포함해 모든 나라가 부정이 있긴 하지만 멕시코의 경우는 그 정도가 심한 편이다. 수입물품을 통관하려면 맨입에 되는 일이 없다. 한국·중국 등 아시아 지역에서 만든 섬유류 수입 물량의 90% 이상이 정식 통관 절차 없이 적당히 멕시코로 들어오고 있다. 또 차를 몰다 교통 법규를 어겨도 크게 문제가 되지 않는다. 교통경찰에게 돈 몇 푼만 쥐어주면 모든 문제가 다 해결된다.

나스를 전격 방문했다. 그리고 선거 기간 동안 토론 과정에서 과열되었던 것에 대해서도 사과했다. 그러나 이는 결코 개인적 감정에 의한 것이 아니었고 보다 나은 멕시코를 건설하기 위한 방법을 찾기 위한 것이었음을 명백히 했다. 선거 기간 동안 공약했던 대로 차기정권은 과도정권이 될 것이며, 합의와 동의에 바탕을 둔 화합 연립정부가 될 것임을 다시 확인했다.

폭스는 까르데나스와 '민주혁명당'이 새로운 멕시코 건설에 믿음과 희망을 주기 위해 밀접한 관계를 유지하고 함께 노력해줄 것을 요청했다. 이 같은 폭스의 제안에 까르데나스는 서로의 정치적 입장이 다르지만 멕시코를 위해 공개적이고 건설적인 제안을 할 것임을 약속했다. 또한 폭스 당선자는 멕시코의 31개 주를 차례로 방문하여 국가 협력 차원에서 '제도혁명당' 주지사의 협력을 구할 것임을 명확히 했다.

그리고 8월 7~10일 첫 번째 해외방문으로 칠레, 아르헨티나, 브라질 등 중남미 주요 삼국을 방문하기로 했다. 이는 향후 멕시코의 대외정책은 중남미와의 협력관계에 최우선 순위가 있음을 보여주는 것이다.

사족(蛇足) : 퍼스트 레이디 소동(?)

독신남인 58살의 폭스 후보가 대통령에 당선되자 한국의 대다수 신문들은 7월 6일 〈퍼스트 레이디 3色戰〉(『중앙일보』), 〈장녀-참모-인기배우 3파전〉(『동아일보』), 〈퍼스트 레이디 3명 물망〉(『한겨레』) 등의 제목으로 컬러사진까지 실어가며 대대적으로 보도했다. 71년 만의 정권교체도 중요하지만 대통령을 둘러싼 여인들의 싸움도 이에 못지 않게 관심 있는(?) 기사였다. 폭스는 '사랑하는 딸이냐, 사귀던 배우냐, 충성스런 비서냐'를 놓고 멕시코를 대표할 퍼스트 레이디로 누구를 택할지 고민에 빠졌다는 것이다.

폭스의 장녀인 크리스티나는 언론과의 인터뷰에서 "새 정부의 참신한 목소리가 되는 동시에 (나이는 비록 어리지만) 위엄을 갖춘 멕시코 여성계의 대표가 되고 싶다"고 당당히 밝혔다. 폭스도 딸이 당분간 퍼스트 레이디 구실을 하는 데 이의가 없다고 밝혔다(『한겨레』, 2000년 7월 6일). 인기 드라마의 여주인공이자 이혼녀인 스타배우 멘데스는 "대통령 당선자 이전에 남자로서 매력이 넘치는 폭스와 전부터 만나왔다"고 교제 사실을 털어 놓은 뒤 "퍼스트 레이디가 되면 연예인으로서 명성 등 모든 것을 포기할 수 있다"고 강한 의욕을 드러냈다(『중앙일보』, 2000년 7월 6일).

정말 퍼스트 레이디 자리를 놓고 그렇게 싸움이 치열한가 의심이 들 정도였다. 하긴 남의 나라 이야기니 무슨 말인들 못할까? 더구나 미국이나 일본처럼 가까운 나라도 아닌데 누가 꼼꼼히 들여다보기나 한단 말인가. 195cm의 훤칠한 키에 호남형 얼굴 그리고 자유분방한 개성에 이혼남인 대통령 당선자, 모든 조건이 완벽하게 갖춰져 있지 않은가. 오히려 염문이 없으면 그것이 이상한 일일 수도 있겠다.

그러나 결론부터 이야기하면 어디서부터 어디까지가 사실이고 거짓말인지 알 수가 없었다. 물론 모든 신문을 다 찾아볼 수는 없었지만, 멕시코나 스페인 또는 미국의 책임 있는 신문에서는 그런 보도를 발견할 수가 없었다. 정말 알 수 없는 일이다. 하긴 한국 언론들도 그 후로는 더 이상 흥미 있는 보도를 '자제' 했다.

폭스는 1971년 코카콜라 지역 책임자 시절, 사장 비서였던 릴리안(Lillian de la Concha)과 결혼했다. 그러나 두 사람의 결혼은 순탄치 못했다. 둘 사이에 자식이 없어 고민했던 폭스는 결혼 8년 후 딸 둘과 아들 둘 4명의 자녀를 어렵게 입양시켰다. 4명의 자녀는 아나(Ana Cristina), 비센떼(Vicente), 빠울리나(Paulina) 그리고 로드리고(Rodrigo)이다. 이 중 아나와 빠울리나가 딸이고 비센떼와 로드리고가 아들이다. 이들을 입양하는 데 법적인 어려움이 따르자 폭스는 '다니엘 요람의 집 후원사'(Patronato Casa de Cuna Amigo Daniel A.C.)를 설립, 운영했다. 그러나 결혼 생활은 20년 만에 이혼으로 끝나고 말았다. 그리고 앞서 얘기했듯이 1991년 이혼과 함께 아이들은 모두 폭스가 맡았다. 사업 수완도 뛰어나고 정치 운도 좋은 폭스가 가정생활은 순탄치 못했고 운도 없었던 것이다.

폭스는 한 기자회견에서 자신의 재혼과 관련된 질문을 받고 "예, 그럴 것입니다. 그 동안 이 문제를 너무 등한시했는데 기회가 주어질 것으로 생각합니다. 가정을 갖는 것은 매우 가치 있는 일입니다"라고 대답했다. 그리고 이베로 대학에서 현재 법학을 전공하고 있는 20살 난 큰딸인 아나 크리스티나가 "퍼스트 레이디 역할을 할 것입니까?"라는 질문에 폭스는 단호히 대답했다. "아닙니다. 그 아이는 요즘 젊은이들과 마찬가지로 그에 합당한 일을 할 것입니다."

크리스티나 역시 『우니베르살(El Universal)』지와의 인터뷰에서 "퍼스트 레이디에 관심이 없다. 그리고 이는 멕시코의 다른 여성들을 제대로 평가하는 것이 아니기 때문에 기분이 좋지 않다"고 답했다. 폭스는 로망스가 있는 것 같지는 않다. 크리스티나는 부모가 재결합했으면 하는 바람을 보였다. 이혼한 후에도 크리스티나는 어머니인 릴리안과 친하게 지내왔다. 폭스와 릴리안은 당연히 함께 살지는 않는다. 그러나 릴리안은 지금도 전 남편인 폭스를 위해 넥타이를 사며, 폭스는 전 처인 릴리안이 사준 넥타이를 매고 있다고 지적한다.

대권 삼수(三修)에 실패한 멕시코판 '인동초' 까르데나스

이번 멕시코 선거혁명에서 3명의 주인공이 등장했다. 71년 만에 정권교체에 성공한 폭스 당선자와 공정선거를 가능케 한 세디요(Ernesto Zedillo) 대통령, 그리고 1988년 '제도혁명당'의 개혁을 요구하며 당을 박차고 나와 새로운 멕시코 건설을 주장했던 까르데나스(Cuauhtémoc Cardenás) '민주혁명당' 후보. 까르데나스 후보가 71년의 '제도혁명당'의 장기 집권을 끝내게 한 단초를 제공했다면, 세디요 대통령은 그 기반을 닦았고, 폭스는 그 결과를 얻었다고 할 수 있다.

까르데나스 후보는 멕시코 국민들로부터 가장 존경받는 라자로 까르데나스 전 대통령(1934~1940)의 아들로 작년 9월 17일 대통령 선거에 세 번째 도전하기 위해 시장직을 사임했다. 어떤 의미에서 까르데나스는 이번 선거에서 가장 중요한 인물이었다. 수차례의 여론조사 결과 폭스와 라바스띠다의 지지율은 35%내외로 치열한 경합을 벌였다. 따라서 15~17%대의 지지를 보인 까르데나스가 어느 정도의 표를 잠식할 것인가에 따라 승패가 결정될 수 있었다. 두 사람의 싸움에 결정적인 영향력을 행사할 수는 있었지만 본인은 결코 당선될 수 없는 운명이었다. 본인 자신은 이를 용납하고 싶지 않았겠지만 그것이 현실이었다.

1934년 태어난 지 얼마되지 않은 까르데나스는 아버지를 따라 대통령궁인 '로스 삐노스'(Los Pinos)에 들어갔다. 그리고 20살이던 1954년 대학생 시절 미국의 과테말라 침공을 규탄하는 학생시위를 주도했다. 이후 '제도혁명당' 내에서 좌파를 대표하는 정치인으로 활동했다. 그리고 누가 어떻게 말하든 까르데나스는 1988년 '제도혁명당'을 박차고 나온 이후 멕시코의 운명을 좌우할 수 있는 중요 정치인 중 한 사람으로 스스로 성장한 정치인이다.

1988년 데 라 마드리드 대통령이 살리나스를 당의 대통령 후보로 지명하자 이에 반발해 당내 진보적인 개혁인사들을 이끌고 탈당해 대통령에 출마했으나 조직적인 부정선거로 꿈을 이루진 못했다. 개표를 시작하면서 '민주혁명당'의 까르데나스가 1위를 달렸는데 갑자기 컴퓨터의 전원이 나가는 사고가 발생했다. 컴퓨터 수리 후 계속된 개표에서 2위로 밀려나고 '제도혁명당'의 살리나스 후보가 당선되었다. 물론 진실은 밝혀지지 않았지만, 당시 널리 퍼진 이야기는 까르데나스가 투표에서 이기고 개표에서 졌다는 것이었다. '선거를 도둑 맞은 것'이었다. 마치 1970년 40대의 김대중 후보가 공화당의 박정희 후보에게 선거에서 패배한 후 실질적 승자라는 이야기가 널리 퍼진 것과 비슷하다.

94년 대선에서는 미국·캐나다·멕시코가 체결한 북미자유협정(NAFTA)으로 경제적인 번영에 대한 성공 심리의 확산과, 치아빠스주의 반군 및 집권당 꼴로시오 후보의 암살 등 사회불안으로 국민들의 안정에 대한 회구심리가 강하게 나타나 꼴로시오 후보의 대타인 세디요 후보가 당선됐다. 까르데나스는 힘없이 두 번째 고배를 마셨다. 그리고 이번에는 지난 97년의 초대 멕시코 시장 당선의 여세를 몰아 세 번째 출마를 한 것이다. 그런데 폭스와 라바스띠다의 경쟁이 돼버렸다.

폭스는 정권교체를 위해 자신을 지지할 것을 지속적으로 요구했다. 그러나 우익인 '국민행동당'과 좌익인 '민주혁명당'의 이념적 편차가 너무 큰 데다, 멕시코 정치의 제2인자라는 멕시코 시장을 역임하고 대선에 3번째 출마한 까르데나스가 중도에 선거를 포기한다는 것이 쉬운 일은 아니었다.

폭스는 공동 전선을 거부하는 까르데나스를 '배신자'라고 불렀다. 이에 대해 까르데나스는 "머리가 제대로 돌아가지 않는 폭스와는 아무 것도 할 것이 없다"며 폭스의 요구를 거절했다. 그리고 6월 25일 멕시코시티의 유세장에 모인 30만 시민을 향해 "부패한 폭스와 권력을 공유하는 것은 죄를 짓고 나라를 배반하는 것"이라며 목청을 높였다.

그런데 선거전이 치열해지면서 관심이 라바스띠다와 폭스에게 집중되고 까르데나스의 지지는 고정되어 버렸다. 설상가상으로 88년 '민주혁명당'을 창당했던 동지들이 이번 선거는 '제도혁명당'이 계속 집권하는 것을 막기 위해 폭스를 지지할 수밖에 없다며 하나 둘 그를 떠나갔다. 전 외무장관을 지냈던 까스따네다, 몬시바이스, 징어 등은 좌파 지식인 논쟁을 불러일으키며 폭스의 선거진영에 합류했다. 이로써 좌파 지식인들은 폭스를 비판하는 세력과 전략적으로 폭스를 지지하는 세력으로 나뉘어졌다.

폭스는 선거에 승리하기 위해 국영 석유회사인 Pemex를 민영화 않겠다는 서명을 함으로써 좌파의 요구를 어느 정도 만족시켜 주었다. 까르데나스의 동료였던 가스띨요는 "이번 서명으로 폭스 후보가 중도 좌파 후보가 됐다"며

'제도혁명당'의 장기 독재를 끝내기 위해 당선 가능성이 희박한 까르데나스 후보에게 표를 던지지 말 것을 주문했다.

이번 대통령 선거가 까르데나스에게 마지막 선거는 아니다. 폭스의 연합정부안을 까르데나스는 단호히 거절했다. 자신의 정당에서는 누구도 입각하지 않을 것임을 명확히 했다. 어쩌면 이는 선거 후 발생할 수 있는 '제도혁명당'의 붕괴와 새로운 정계 개편을 고려할 때 까르데나스의 '민주혁명당'이 당연히 21세기 멕시코 정치의 한 축이 될 것이기 때문인지 모른다. 그리고 6년 뒤 대통령직에 네 번째로 도전해 당선될지 누가 아는가? 멕시코판 D J ?

요즘 미국에서 공화당의 부시 후보가 대통령에 당선될 가능성이 높아 미국에서도 처음으로 부자(父子)대통령이 탄생하게 될 것 같은데, 까르데나스가 대통령이 되면 멕시코 정치사에도 처음으로 부자 대통령이 나오게 된다. 사실 이웃 중남미 국가 중에 콜롬비아의 빠스뜨라나 현대통령이 부자 대통령이고 칠레의 프레이 전 대통령이 부자 대통령이었다. 최근에 부자 대통령이 많이 나타나고 있는 것을 보면 까르데나스 입장에서는 그나마 희망적이다.

또다른 승자 세디요 대통령과 '제도혁명당'의 붕괴

이번 선거의 승자는 두말할 필요 없이 '국민행동당'의 폭스 후보이다. 그러나 폭스 후보가 승리할 수 있도록 가장 큰 공을 세운 사람은 '국민행동당'의 정치인이나 참모들이 아니라 세디요 현대통령이다. 세디요 대통령은 1994년 집권하자마자 선거관리위원회의 독립성 보장, 선거자금 운영, 선거인 명부 재작성 등을 뼈대로 하는 96년의 선거법 개정을 포함, 지난 6년 간 지속적인 정치개혁을 추진하였다. 그리고 전 세계가 놀랄 만큼 공정하고 깨끗하게 치뤄진 이번 선거는 바로 이러한 개혁의 결과였다. 만일 세디요 대통령의 개혁이 없었다면 멕시코는 더 오랜 시간을 기다렸든가 아니면 훨씬 혹독한 대가를 치루었을 것이다.

개표가 진행되면서 폭스 후보의 승리가 확실시되자 세디요 대통령은 라디오와 TV에 직접 출연해 폭스의 승리와 '제도혁명당'의 패배를 인정했다. 이로써 '역사적' 선거 결과에 대해 있을 수 있는 저항과 음모를 사전에 차단했다. 이 같은 세디요 대통령의 발빠른 행보에 대해 폭스는 당선이 확실시 된 후 첫 회견에서 세디요 대통령의 '민주적 행동'에 깊이 감사했으며, 이 같은 결과가 세디요 대통령이 꾸준히 추구해온 개혁의 결과임을 간접적으로 표시했다.

사상 처음으로 공정한 선거를 치뤄낸 집권당의 세디요 대통령은 지난 88년 어렵게 대통령에 당선된 살리나스 대통령이 추진했던 제한된 개혁이 아니라 소련의 고르바초프 대통령이 그랬던 것처럼 당내 기득권 세력의 저항 속에서 전면적인 개혁과 개방을 수행했다. 그러나 끝내 '제도혁명당'이라는 체제의 한계를 넘어서지 못했다.

7월 3일, 지난 71년과 전혀 다른 하루가 밝았다. '제도혁명당'은 엄청난 중상을 입었다. 마치 갑자기 부모가 교통사고로 죽어 고아가 돼버린 것 같은 상황에 처한 것이다. '제도혁명당'은 권력과 함께 만들어졌고 71년을 권좌에 있어 왔다. 그런데 한 순간에 자신이 '고립되어' 살아왔던 현실과 맞부딪친 것이다. '제도혁명당'은 오래전부터 나아가야 할 '방향'을 잃었다. 즉 이데올로기를 잃어버린 것이다. '제도혁명당'의 중심축이었던 멕시코의 혁명적 민족주의는 이미 죽어버렸다. 멕시코의 경제가 외부세계-미국-에 의해 좌우되는 상황에서 더 이상 민족주의가 설자리가 없어진 것이다.

선거 패배의 충격에서 벗어나 '제도혁명당'은 재정비를 시도했다. 그러나 내부의 심한 반발과 분열만을 가져올 뿐이었다. 당의 국가운영위원회(CEN) 지도부에 대해 당내 보수우파들인 '공룡'들의 반발이 심하게 나타났다. 작년 11월의 '제도혁명당'의 예비선거에서 라바스띠다에게 패한 따바스꼬 주지사인 마드라조는 당 지도부가 세디요 대통령의 사람들로 채워졌다고 지적하고, "멕시코는 붕괴됐다. 이제 모두가 다시 단결해야 한다. 지도력을 재구성해야

베쎈떼 폭스 멕시코 대통령 당선자와 대선에서 패배한 에르네스토 세디요 대통령
(『한겨레』, 2000년 7월 5일)

하고, 새로운 정치 사회협정을 만들기 위해 대화합이 필요하다"고 강조했다. 그러나 새 지도부는 이 같은 비판에 대해 마드라조와 '미이라'들로 구성된 수구세력들이 당을 장악한다는 것은 어불성설이라고 반격하고 있다.

선거가 끝난 후 세디요 대통령은 "'제도혁명당'은 정치안정, 사회평화, 국가발전, 그리고 시민의 자유와 권리 증진에 기여했다"고 대(對)국민 담화를 발표했다. 그러나 세디요의 개혁을 '제도혁명당'의 모든 당원들이 지지한 것은 아니었다. 당내 극우파는 선거 개혁 등 6년 동안 지속된 세디요 대통령의

<표 3> 제도혁명당의 대통령, 상하 양원, 주지사 선거결과(1988~2000)

	1988	1994	2000
대통령	50.3%	48.3%	36.9%
하원의원	51.2%	52.7%	36.5%
상원의원	50.8%	60.0%	36.3%
주지사(32명)	32명	29명	21명

* 1988년 제도혁명당의 우경화에 반대해 좌파 일부가 탈당해
'민족민주전선'을 창설하고 까르데나스가 대통령 선거에 나섰다.

개혁이 오히려 이번 선거의 패배를 좌초했다며 비난했다. 정부의 한 고위관리는 "야당이나 외국은 세디요를 칭찬하고 지지할 것이다. 그러나 당내에는 수많은 적을 만들었다"고 비난했다. 대선 패배 후 일부 주지사가 주축이 된 세디요 반대파는 "집권초기부터 당과 일정한 거리를 유지하고, 지난 97년 총선 패배에 이어 대권마저 넘겨준 장본인이 무슨 할 말이 있느냐"며 반기를 들었다.

특히 예비선거에서 탈락한 바트레는 "세디요 대통령은 더 이상 '제도혁명당' 내에서 명령권을 갖지 못한다"며 강력히 반발했다. 또한 마드라조 따바스꼬 주지사는 "오늘의 어려운 문제를 더 이상 효력이 없는 어제의 잣대로 풀어나가려는 것은 바보 같은 짓이다. 더구나 새 술을 헌 부대에 담는 것과 마찬가지다. 우리 당의 극우 보수파들은 이번 선거 실패 이유와 얼마나 우리가 졌는지조차 깨닫지 못하고 있다"고 신랄하게 비판했다. 지금은 처음부터 다시 건설할 때라고 지적했다.

'제도혁명당' 의회 대변인인 마시아스 의원은 이번 선거의 패배가 정당의 소멸을 의미하진 않는다고 지적했다. 다만 국가정당(Partido de Estado)으로서의 역할이 끝났음을 의미한다고 했다. '제도혁명당'은 이제 국가정당에서 하나의 정당으로 바뀌었다. '제도혁명당'은 선거에서는 졌지만 <표 3>에서

볼 수 있듯이 아직도 1천3백만 명의 지지를 받고 있으며, 21개 주정부와 주의회를 장악하고 있다.

21세기 새로운 주자, 폭스

예일대학 경제학 박사 출신인 세디요 대통령은 우리 나라에도 IMF를 성공적으로 극복한 대통령으로 널리 알려진 인물이다. 그리고 최근 멕시코는 경제적 안정과 번영을 누리고 있다. 최근 5년 간 멕시코는 연 5% 이상의 고도성장을 지속하고 있다. 멕시코 화폐인 뻬소(peso)는 달러에 잘 버티고 있다. 금년 경제성장도 5%가 무난할 것으로 전망되고 있으며, 재정적자도 1% 이하로 떨어졌다. 더구나 고질적인 인플레도 13%에 지나지 않는다. 그런데 세디요 대통령이 멕시코 정치를 개혁하고 경제를 성공적으로 살려 놓았는데 97년 7월에 있었던 선거에서 왜 과반수를 야당에 빼앗기는 참패를 당했을까? 멕시코 정치의 2인자라는 멕시코 시장직을 왜 까르데나스에게 빼앗겼을까? 그리고 7월 2일의 대통령 선거에서 집권당인 ‘제도혁명당’이 힘없이 무너져 정권을 넘겨주게 되었을까?

물론 이를 세디요 대통령의 선거 패배로 보기보다는 ‘제도혁명당’의 패배로 해석해야 할 것이다. 오히려 ‘제도혁명당’이 선거에 패함으로써 세디요 대통령의 입지가 더 강화됐고 개혁을 꾸준히 추진할 수 있었다. 이는 최근 전개된 멕시코 정치 과정을 ‘제도혁명당’내 보수파와 개혁파의 대결로 보기 때문이다.

2000년 7월 2일의 대선은 멕시코 역사에 큰 획을 그은 날이다. 아마 멕시코 사람들은 이 날을 결코 잊지 못할 것이다. 20세기 초 멕시코가 혁명으로 시작되었듯이 21세기가 또다른 혁명으로 시작된 것이다. 이는 앞서 설명했듯이 세디요 대통령이 꾸준히 추진한 개혁의 결과였다. 이 날은 분명 멕시코에서는 ‘공정선거의 실시’와 “‘제도혁명당’ 일당독재 마감”이라는 두 가지 면에서 역사적인 날이었다.

3년 전, 1997년 7월 총선이 여당의 참패로 끝난 뒤, 한 외국 신문기자가 집권당의 패배로 이어지는 정치개혁을 계속 추진하는 이유를 물었다. 세디요 대통령은 "나는 멕시코가 사회적 안정을 유지하면서 동시에 민주적으로 진보할 능력이 있다는 것을 믿어왔고 그것이 선거를 통해서 확인됐다. 멕시코는 민주주의를 할 자격이 있다"고 대답하였다.

2000년 7월 2일. 3년 전 역사적 선거를 기억하고 있는 멕시코인들은 두려움과 주저함 없이 지난 71년 동안 덩치가 엄청나게 커져 움직이기도 쉽지 않은 '제도혁명당'이라는 거대한 공룡을 쓰러뜨렸다. 정치적으로 약해 보였던 세디요라는 한 정치 지도자가 그 과정을 앞장 서 이끌어갔고, 이제 그 바통을 폭스라는 21세기 정치인(?)에게 넘겨주려 하고 있다. 아직 21세기의 멕시코를 폭스가 어떻게 이끌어갈지는 아무도 모른다. 그러나 분명한 것 하나는 멕시코는 이제 변했고 다양해졌다. 그리고 이번 선거의 승자는 그 누구도 아닌 멕시코 국민이었다는 것이다.

세계 정당사에서 74년 간 권력을 장악했던 소련의 공산당 다음으로 가장 오래 집권한 '제도혁명당'이 몰락한 데는 사빠띠스따 반군을 포함한 새로운 무장 게릴라 단체의 활동 증가, 중남미 최대 대학인 멕시코 국립자치대학(UNAM)에서 등록금 인상에 반발한 학생들의 수업 거부와 학교 점거 그리고 수개월이 넘도록 지속되고 있는 휴교 조치,[10] 작년 10월의 6백여 명의 사망자를 낸 멕시코 최악의 폭우 사태 등 최근의 여러 가지 사회·경제적인 요인을 들 수 있다.

---

10) 멕시코 국립자치대학은 지난 50년 동안 정책적으로 수업료를 동결해왔다. 무상에 가까운 교육을 제공해 왔던 것이다. 그리고 이는 저소득 근로계층의 자녀들에게 의사나 변호사, 심지어 멕시코의 지도자가 될 수 있는 기회를 제공해 왔다. 그러나 정부의 보조금이 줄어들고 학생 수는 더욱 증가함에 따라 대학은 최근 몇 년 간 심각한 재정난에 시달려왔다. 이 같은 상황에서 수업료가 지난 1948년의 수준과 거의 비슷한 연간 140달러로 인상됐다. 이에 반발해 학생들은 무상교육을 요구하며 작년 4월 20일부터 스트라이크에 들어간 것이다. 두말할 필요 없이 이는 선거에 커다란 영향을 끼쳤다.

그러나 본질적으로는 국민들의 의식이 성숙한 데서 그 원인을 찾아야 한다. 멕시코인들의 개인주의적 성향이 점차 커졌고 이에 따라 국민들도 다양한 시각을 갖게 됐다. 다시 말해, 토론과 대화를 통해 성장한 세대들이 다수를 차지하게 되고 이들은 무조건의 명령에 따르기보다는 자신의 정치적 견해를 가지게 되는 등 변화된 국민들은 지난 수십 년 간 되풀이된 '제도혁명당'의 똑같은 선거공약, 무차별 홍보전략과 금권선거에 반발했다. 또한 여성의 정치참여가 확대되고 사회단체가 주도하는 집회에 양복을 입은 중산층의 참여가 늘어갔다.

결론적으로 '제도혁명당'의 통치에 국민들이 지치고 피곤해졌다는 것이었다. 71년간에 걸친 장기집권에 대한 염증이 터진 것이다. 더 이상 어찌할 수 없는 무력감에 대한 반발이 폭스를 통해 분출됐다고 할 수 있다.

|참|고|문|헌|

- Carpizo, Jorge, 『El presidencialismo mexicano』(México, D.F.; Siglo, 1978), XXI.
- Centeno, Miguel Angel, 『Democracy within reason: Technocratic Revolution in Mexico』(Pennsylvania State University, 1994).
- Cosio Villegas, Daniel, 『Historia de la Revolución Mexicana』(México, D.F.; El Colegio de México, 1981).
- Dominguez, Jorge, 『Democratizing Mexico』(Baltimore; John Hopkins University Press, 1996).
- Garces Contreras, Guillermo, 『México: cincuenta años de politica internacional』(México, D.F.; PRI., 1982).
- Ojeda Gomez, Mario. 1976. 『Alcances y limites de la politica exterior de México』(México, D.F.; El Cologio de México).
- Ortega Duran, Oydén, 『Contadora y su verdad』(Madrid; Rufino Garcia Blanco).
- Pellicer de Brody, Olga. 『México y la Revolución cubana』(México, D.F.; El Colegio de México, 1972).
- Randall, Laura, 『Changing Structure of Mexico: political, social, and economic prospects』(London; M.E.Sharpe, 1996).
- Roett, Riordan, 『The Challenge of Institional Reform in Mexico』(London; Lynne Rienner Publishers, 1995).
- 김병국, 『분단과 혁명의 동학: 한국과 멕시코의 정치경제』(서울; 문학과 지성사, 1994).
- 김원호, 『북미의 작은 거인 멕시코가 기지개를 켠다』(서울; 민음사, 1994).
- 송기도, 강준만, 『콜럼버스에서 후지모리까지』(서울; 개마고원, 1996).

• 송기도 외, 『권력과 리더십 1』(서울; 인물과사상사, 1999).

• 한국라틴아메리카 학회, 『라틴아메리카 연구』, 제9권 1호, 1996.

• 『국민일보』

• 『동아일보』

• 『연합뉴스』

• 『중앙일보』

• 『한겨레』

• El Mundo

• El pais

• Visión

• www. cnn. com

• www. elector. com. mx

• www. elpais. es.

• www. epoca. com. mx

• www. etcetera. com. mx

• www. informaya. com. mx

• www. mofat. go. kr/mexico. htm

• www. msnbc. com

• www. presidencia. gob. mx

• www. pri. org. mx/histori. html

• www. revistamilenio. com. mx

• www. vicentefox. org. mx

미레야 모스꼬소

파나마 최초의 여성 대통령

송 기 도

전북대 신문방송학과 교수

한국외국어대 서반어과를 졸업하고, 스페인 국립 마드리드대학에서 정치학 석사와 박사 학위를 받았다. 1987년부터 전북대 정치외교학과 교수로 재직 중이며, 1990년 스페인 외무부 초청 교수로 스페인에, 1993~1994년에는 미주기구 초청 교수로 칠레에, 1995년에 미국 국무부 초청으로 아메리카대학에 다녀왔다. 역서로 『눈까마스: 아르헨티나 군사 독재의 실상』(서당, 1998), 저서로 『콜럼버스에서 후지모리까지: 중남미의 재발견』(강준만과 공저, 개마고원, 1996) 등이 있다.

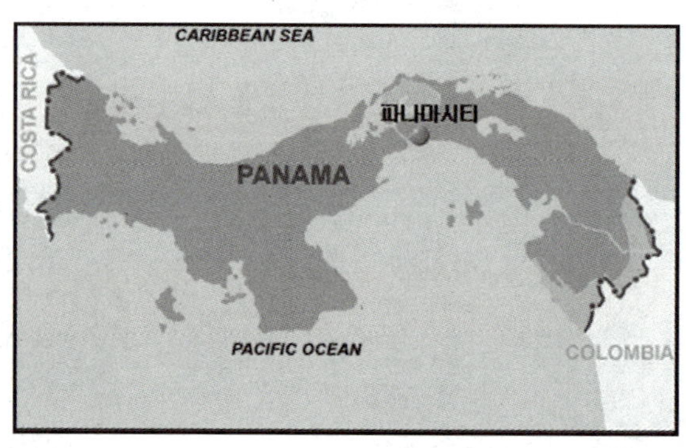

◇ 국명: Republic of Panama(1903년 11월 3일, 콜롬비아로부터 독립)

◇ 수도: 파나마시티(Panama City, 83만 명)

◇ 면적: 75,517㎢(한반도의 1/3)

◇ 민족: 메스티조(백인과 원주민의 혼혈) 및 뮬라토(흑인과 원주민의 혼혈 70%),
   흑인(13%), 백인(11%), 인디안(6%)

◇ 인구: 약 270만 명(1999년 현재)

◇ 언어: 스페인어(공용어), 영어 14%

◇ 종교: 가톨릭 93%, 신교 6%

◇ 기후: 열대성기후로 덥고 습함, 긴 우기(5월~1월), 짧은 건기(1월~5월)로 흐린 날씨가 많음.

◇ 2000년부터 파나마 운하에 대한 권리를 독자적으로 행사함.
   운하는 파나마의 재정 수입에 지대한 영향을 미침.

여성 대통령

1999년 5월 2일 52세의 모스꼬소(Mireya Moscoso) '파나마 연맹'[1] 후보가 집권여당인 '민주혁명당(PRD)'[2]의 또리호스(Martin Espino Torrijos) 후보를 물리치고 대통령에 당선되었다. 30년 만에 여야간 평화적인 정권교체가 이루어진 것이다. 〈표 1〉에서 볼 수 있듯이 76%의 투표율을 기록한 선거에서 3명의 후보가 마지막까지 치열하게 다투었으며, 정부는 공정한 선거관리를 하였고, 선거 결과가 나오자 또리호스 후보는 모스꼬소 당선자에게 축하의 말과 함께 선거 결과에 깨끗하게 승복하는 성숙한 모습을 보여주었다.

20세기를 마감하는 시점에서 치뤄진 99년 5월 2일의 선거는 대통령 한 사람만을 선출하는 선거가 아니라 2명의 부통령, 72명의 국회의원, 74명의 시장, 587명의 시의원과 20명의 중앙 아메리카 의회의원을 선출하는 대규모 선거였다. 모두 1만5천 명의 선량들이 출마해 800여 선출직을 놓고 치열한 경쟁을 했다.

그러나 이번 선거는 쿠데타의 위협 속에서 투표함이 도난되거나, 투표 결과가 나오는 데 2~3년이 걸리는 등 부정선거로 얼룩지거나, 선거 결과에 불복하여 결과와 상관없이 선거 승리를 발표하여 수많은 시비를 불러일으키는 등 지난 수십 년 간 반복되었던 선거 모습과는 전혀 다른 것이었다. 5월 2일의 대통령 선거는 선거에 참여한 모든 사람들이 인정하였듯이 파나마 역사상 가장 깨끗한 선거였다. 국민의 정치 수준이 이미 한 단계 상승해 있었다. 이해할 수 없을 정도로(?) 정치적 발전이 이루어져 있었던 것이다. 결국 이번 선거의 승자는 '파나마 국민'이었다.

---

1) '파나마 연맹'(Unión por Panamá)은 '아눌피스따 당'(Partido Arnulfista)을 중심으로 '기독민주당', '몰리레나', '모레나' 등 4개 정당이 연합한 것이다.
2) '민주혁명당'(PRD)을 포함 '민족 자유당', '연대', '파파 에고로당' 등 4개 정당이 연합해 '신국가'(Nueva Nación)를 결성해 선거에 참여했다. 그러나 실질적으로는 집권여당인 '민주혁명당'과 다른 당의 차이가 지나치게 크기 때문에 이 글에서는 '민주혁명당' 후보로 쓰고 있다.

<표 1> 1999년 5월 2일 대통령 선거 결과 각 연합과 정당의 득표율

대통령 후보	연 합	정 당	득표율(%)
Mireya Moscoso	Unión por Panamá[1] (파나마 연맹)	Arnulfista Molirena Cambio Democrático Merena	45
Martin Torrijos	Nueva Nación[2] (신국가)	P.R.D. Liberal Nacional Solidaridad PapáEgoro	38
Alberto Vallarino	Acción Opositora[3] (반대 행동)	P.D.C. Renovación Civilista Liberal P.N.P.	17

참고자료: www.elecciones99.com/resultados99/presidente.html

1) 중도-우파연합 / 2) 사회민주주의 연합 / 3) 우파연합

우리 언론들은 파나마 선거 결과만을 간단히 보도하였다. 사실 태평양 너머 중미의 조그마한 나라인 파나마의 선거에 언론이 많은 관심을 가질 이유는 별로 없었다.[3] 백화점의 '반짝 세일'처럼 잠깐의 관심만 가졌을 뿐이었다. 그것도 파나마 최초의 여성 대통령이 탄생한 것으로 인해 '좋은' 뉴스거리가 되었던 것이다. 여성이 대통령이 된다는 것 자체로 뉴스 가치가 있는 것이다.

사실 전 세계에서 2000년 8월 현재 집권하고 있는 여성지도자 수는 99년 9월 1일 취임한 모스꼬소 파나마 대통령을 포함, 뉴질랜드의 헬렌 클라크 수상(99. 12.), 아일랜드의 메리 매컬리스 대통령(97. 10.), 스리랑카의 찬드리

3) 그러나 다른 한편으로 생각해보면 지리적으로 '먼 나라' 파나마가 우리 관심에서조차 '먼 나라'는 아니다. 파나마는 면적(75,517 평방km로 한반도의 1/3)이나 인구(2백7십7만 명, 1999년)로 볼 때 소국이지만 우리 나라의 대 중남미 무역전진기지로 매우 중요한 위치를 차지하고 있다. 1996년 한국의 대 중남미 수출은 89억 달러였는데, 이 중 30%가 넘는 32억 달러가 파나마에 치중되었다. 외교통상부, 『중남미 통계자료 1998』(서울; 외교통상부 중남미국, 1998), 69쪽. 또한 멀리는 1950년 한국 전쟁 때 파나마는 수송선 8척을 지원해주었던 고마운 국가이기도 하다.

카 쿠마라쿵가 수상(94. 11.), 방글라데시의 하시나 와제드 수상(96. 6.), 라트비아의 바이라 비케 프라이베르가 대통령(99. 7.), 핀란드의 타르야 할로넨 대통령(2000. 2.) 등 8명에 지나지 않는다. 따라서 전 세계 170여 개 국가 중 여성 대통령이나 수상은 열 손가락으로 꼽을 수 있을 정도이니 여성이 대통령이 되는 것 자체가 뉴스가 되는 것이다. 더구나 우리 나라에서는 여성이 대통령은커녕 국무총리나 국회의장, 대법원장, 감사원장 등 정부 최고위직에 오른 적이 아직 한번도 없으니 호기심 반 우려 반[4]으로 관심을 보이는지도 모르겠다.

세계에서 여성에게 가장 먼저 참정권을 부여한 뉴질랜드에서는 총리와 야당 당수, 대법원장에 이어 최근 신임 총독까지 여성이 지명됨으로써 최고위층을 여성들이 장악한 국가가 됐다. 어쨌든 여성의 정치 참여는 갈수록 늘어가고 있는 것이 세계적인 추세이다. 선진국의 경우 국가에 따라 차이는 있지만 여성의 정치적 참여가 30% 가까이 되고 있다. 그리고 노르웨이의 경우 자유당과 사회당은 모든 정책결정 과정에서 어떤 성도 60%이상 대표될 수 없도록 협약을 했다. 그러나 동양 국가의 경우 문화적인 차이 때문인지 이 비율이 현저히 낮다. 우리 나라의 여성 국회의원은 제헌의회부터 지난 15대 국회까지 총 85명으로, 이는 전체 의원의 2.3%에 불과하다. 제16대 국회에 들어 여성 의원의 수가 5.5%를 차지하는 15명으로 늘어났는데, 이는 비례대표의 30%를 여성에게 배정하겠다는 민주당과 한나라당의 선거 공약에 따라 각각 5명씩 비례대표를 여성으로 선출하였기 때문이다.

중남미 전체 역사에서도 여성이 대통령을 역임한 것은 1990~1995년 집권한 니카라과의 차모로(Violeta Chamorro) 대통령, 아르헨티나의 페론(Isabel Peron) 대통령과 인구 백만이 채 안 되는 남미 가이아나의 제닛 제이건 수상

---

4) 우리 나라에서 여성이 장관만 되어도 얼마나 '말'이 많은가. 대부분의 역대 여성 장관들이 단명으로 끝나는 것도 여성 장관 개인의 능력보다는 여성의 사회참여, 정치참여에 대한 우리 사회의 편견과 선입견이 먼저 이해되어야 할 부분이다.

지지자들에게 싸여 있는 모스꼬소 후보

이 있을 뿐이다. 그러니 파나마에서 새로운 여성 대통령이 탄생한 것은 어찌보면 대단한 뉴스인 것이다.

니카라과의 차모르 대통령은 남편이 암살되자 그 후광으로 대통령이 되었고, 이사벨 페론은 70년에 재기한 페론 대통령이 임기 중 사망하자 대통령직을 승계했다. 따라서 이들 대통령은 자신의 정치적 능력이나 노력보다는 남편의 후광에 의해 대통령이 된 여성들이었다. 반면 모스꼬소 대통령도 대통령을 3번이나 역임한 아르눌포 아리아스 대통령의 부인이긴 했지만, 정치적 출발과 과정이 달랐다. 아리아스 대통령의 비서로 정치에 입문한 모스꼬소 대통령은 남편이 사망한 후 남편의 이름을 딴 정당(Partido Arnulfista)을 창당하고 당수가 되어 당을 이끌어 갔고, 1994년에 대통령 선거에 출마해 아쉽게 낙선하는 등 정력적으로 정치적 활동을 해왔다.

20세기를 마감하면서 베네수엘라, 콜롬비아, 파나마에서 3명의 '맹렬 여성'이 대통령 후보로 출마했다. 98년에는 베네수엘라와 콜롬비아에서 여성 대통령 후보가 선전하며 세계인의 관심을 끌었고, 99년에는 지난 5년 전 선거에서 아깝게 차점으로 낙선한 모스꼬소 후보가 다시 출마했다. 베네수엘라에서는 카라카스 시장을 역임한 미스 유니버스 출신의 어레네 사에스 후보가 많은 득표를 얻지는 못했지만 선거 초반 여론조사에서 50%에 달하는 돌풍을 일으키며 전 세계 매스컴의 관심을 끌었었다. 반면 콜롬비아에서는 외무장관 출신인 나오미 사닌 후보가 선거 초반 한 자리 숫자의 지지와 무관심을 극복하고 27%의 득표를 하는 놀라운 성과를 보였다. 물론 결과는 다르게 나왔지만 대통령 후보로 여성이 등장한다는 것 자체만으로도 이 지역에서는 커다란 변화인 것이다. 파나마를 포함 대부분의 중남미 국가에서 여성이 대통령이 된다는 것은 쉬운 일이 아니다. 앞서도 이야기했지만 서구 선진국을 제외한 대부분의 제3세계 국가에서 여성이 최고 정치지도자의 자리에 오른다는 것은 특별한 것이다. 무엇보다 대통령으로서의 업무 이외에 남성들의 '거센 저항'을 극복해야 한다. 이런 상황에서 파나마에서는 1941년 21세 이상의 여성에게 투표권이 주어진 이후 58년 만에 여성대통령이 탄생한 것이다.

모스꼬소 당선자는 당선 직후 가진 스페인의 『엘 문도(El Mundo)』지와의 인터뷰에서 "학문적, 정치적 준비가 되어 있지 않다"는 일부 비판에 대해 다음과 같이 단호하게 대답했다.

나는 25년 동안 내가 아는 한에 있어서는 가장 위대한 정치 지도자중 한 사람인 '아리아스 전 대통령' 옆에 있었다. 또한 나는 미국의 대학에서 공부했다. 1991년부터는 정당을 창당하고 이끌어왔으며, 수많은 선거에서 승리했다. 다른 한편으로 나는 파나마의 중요한 커피회사와 전력발전사를 경영하고 있다. 이런 모든 것에도 불구하고 나를 무능력하다고 하면 이는 파나마를 포함 다른 많은 지역에 팽배한 남성우월주의

(machismo) 때문이다.

의회를 장악한 야당

모스꼬소 당선자는 〈표 2〉에서 볼 수 있듯이 여소야대의 의회 선거 결과로 인해 정치적으로 어려운 입장에 처했다. 집권여당인 '아눌피스따당'(PA)은 71석의 의석 중 18석을 차지했을 뿐이었다. 반면 야당이 된 '민주혁명당'은 과반에서 2석이 모자라는 34석을 차지하고 이번 선거에서 연합했던 '연대'와 '자유 민족당'이 각각 4석과 3석을 차지했으며, 우파연합의 '기독민주당'이 5석, 그리고 '시민 개혁당'이 1석을 차지했다. 의회는 완전히 야당 차지가 되어버렸다. 더구나 파나마 시장 선거는 야당의 분열에 따라 '민주혁명당'의 나바로(Navarro) 후보가 37.3%를 얻어 당선되었다. 따라서 모스꼬소 정부가 정국을 운영하는 데 많은 어려움이 예상됐다.

그러나 모스꼬소 대통령은 선거 사흘 후 한 인터뷰에서 여소야대 의회를 두려워하지 않는다고 자신 있게 말했다. 국민이 지지하고 있는데 두려울 것

〈표 2〉 1999년 5월 2일 의회 선거결과와 정당별 의석수와 득표율

연합	정당	의석수	득표율(%)
NUEVA NACIÓN	PRD	34	47.9
	SOLIDARIDAD	4	5.6
	LIBERAL NACIONAL	3	4.2
UNIÓN POR PANAMA	ARNULFISTA	18	25.3
	MOLIRENA	3	4.2
	C. DEMOCRÁTICO	2	2.8
ACCIÓN OPOSITORA	MORENA	1	1.4
	PDC	5	7.0
	R. CIVLISTA	1	1.4
	계	71석	100%

이 없다는 것이다. 또한 모스꼬소 대통령은 부정부패를 종식시키기 위해 국가의 최우선 과제로 분열돼 있는 국가통합을 강조했다. 그리고 의원들이 정당을 떠나 파나마 국민을 위해 투표를 할 것이라고 믿는다고 말했다.

모스꼬소 대통령은 9월 1일 3만여 명이 운집한 가운데 국립경기장(Estadio Nacional)에서 취임식을 거행했다. 배짱이 대단한 여장부다. 그리고 취임식에서 부정부패와의 전쟁을 선포했으며, 새로 구성된 의회는 전 정권이 정권이양을 앞두고 통과시킨 악법들을 고칠 것을 주문했다.

취임과 동시에 개원한 의회의 의장단 선출에서 제1당인 '민주혁명당'을 제외한 모든 군소정당과 제휴에 성공함으로써 의회의장을 포함 의장단을 석권하고 친여권 주도의 안정 의석을 확보하였다. 사실 이는 예상을 깬 것이었다. 선거에 승리하고 대통령에 취임할 때까지 4개월 동안 과반에서 2석이 모자란 '민주혁명당'을 제외한 모든 정당과 '무늬 협정'(Pacto de pintada)을 체결해 과반 의석을 확보한 것이다. 모스꼬소 대통령의 정치력이 돋보인 대목이었다. 이로써 정국의 안정을 기할 수 있었다. 마치 2000년 4·13 총선에서 115석을 얻은 새천년민주당이 4명의 무소속 의원을 영입한 후, 133석을 획득한 한나라당을 제외하고 자민련(17석), 민국당(2석), 한국신당(1석), 무소속(1석)의 지지를 받아 의회에서 손쉽게 국회의장과 총리의 인준을 이끌어 내며 주도권을 행사하고 있는 것과 같다. .

모스꼬소 대통령은 99년 9월 1일 취임 이후 11개월 동안 대만 공식 방문을 포함 6차례나 외국을 방문하는 등 정력적으로 활동하고 있다. 또한 파나마 운하 이양을 중남미 국가들의 단결을 과시하는 국제적 행사로 치루어냈으며, 10월 19일 클린턴 대통령과 회담을 가진 자리에서 미군의 주둔을 허용치 않겠다는 입장을 분명히 했다. 모스꼬소 대통령은 파나마에 새로운 마약퇴치 기지를 건설하자는 클린턴 대통령의 제의도 거부했다.

출범 1년을 앞두고 모스꼬소 대통령은 개각을 단행했다. 13명의 각료들 중 신임장관 1명이 새롭게 임명되었고, 1명의 자리 이동이 있었을 뿐이다. 소폭

개각이었다. 이 같은 모스꼬소 정부의 인사에 대해 야당은 정국이 불안하다고 비판하지만 모스꼬소 대통령은 지난 1년간의 정치를 그런 대로 평가하고 있는 모양이다.

1999년 12월 14일, 운하 반환식과 미국

1999년 12월 14일 태평양과 대서양을 사이에 두고 있는 중미의 작은 나라 파나마의 수도 파나마시티에서 파나마 운하 반환식이 있었다. 파나마 운하는 언뜻 생각하기에 '파나마의 운하'로 생각하기 쉬우나, 파나마 운하가 건설된 이후 미국이 관리해왔다. 다시 말해, 파나마 운하는 지난 85년 동안 미국의 운하였다. 그러나 21세기를 시작하면서 미국은 운하를 파나마에 넘겨줘야 했다.

물론 운하의 이양은 실질적으로 1999년 12월 31일 12시에 이루어졌지만 이를 기념하는 행사는 보름 전에 열렸다. 쉽게 이해되지 않는 것이지만 Y2K 문제를 피하기 위해 취한 조치였다. 우리 나라를 포함 전 세계가 2000년 1월 1일 새로운 밀레니엄을 앞두고 컴퓨터 인식 오류를 얼마나 걱정했었나를 잠시만 생각해 보라. 온갖 호들갑을 다 떨지 않았던가. 일부 마음 약한 사람들은 은행에서 돈을 미리 찾아 놓아야 했고, 병원에서는 컴퓨터가 환자를 알아보지 못할지도 모르니 미리 약을 타놓아야 했다. 하늘을 나는 비행기가 컴퓨터 인식 오류로 추락할지 몰라 새해 첫날은 비행기를 타는 사람이 줄어들기도 했다. 또 정보기술이 뒤떨어진 중국과 러시아, 북한 등 일부 국가가 많은 돈이 소요되는 Y2K를 교정하지 않고 방치해 예상치 못한 미사일 발사 사고가 일어날 수도 있다는 가정까지 하고 있었다. 결과는 단 한 대의 비행기는커녕 기차도 멈추지 않았다. 물론 미사일 발사도 없었다.

어쨌든 Y2K와 더불어 밀레니엄 맞이 행사 등과 중복을 피하기 위한 것이라는 설명이 있었지만, 가능한 한 운하를 조용히 이양하고자 하는 미국의 요구가 반영된 것임은 두말할 필요가 없었다. 이날 모스꼬소 파나마 대통령과 카터(Jimmy Carter) 전 미국 대통령은 32km에 이르는 파나마 운하와 1,426km²의 주변 영토를 공식 반환하는 문서에 서명한 뒤 이를 서로 교환하였다. 이로써 파나마 운하는 뱃길을 열기 시작한 뒤 85년 만에 이름만의 파나마 운하가 아니라 명실상부하게 '파나마의 운하'가 되었다.

모스꼬소 대통령은 운하의 반환을 "우리 주권의 공고화와 국가 영토의 회복"이라고 높이 평가하고 이 운하를 효율적이고 안전하게 운영해 나갈 것이라고 다짐했다. 또한 클린턴 미국 대통령은 이날 워싱턴에서 발표한 성명을 통해 "오늘의 행사는 파나마 정부와 국민의 운하 관리 능력에 대한 우리의 신뢰를 뒷받침하고 있으며 운하의 안전에 대한 우리의 헌신이 계속될 것임을 알려주고 있다"고 말했다. 파나마 운하 관리권의 공식반환을 계기로 약 100년에 걸친 미국과 파나마간 '수직적 관계'가 청산되고 수평적 대등한 관계가 새롭게 시작됐다.

어쩌면 당연한 일이지만, 파나마 운하 이양과 관련해 미국과 파나마는 대조적인 모습을 보였다. 오랜만에 각자의 길을 찾아 떠나면서 파나마는 운하 관리권이라는 '실익'을 챙긴 반면 미국은 '아련한 향수'만을 간직해야 하기 때문이다.

이날 거행된 조인식은 1997년 영국의 홍콩 반환에 못지 않은 '역사적인 사건'이었다. 그러나 홍콩 반환이 영국 제국주의 시대의 완전한 종식과 강력한 중국의 등장을 의미하는 상징적 사건이었다면, 미국의 파나마 운하 반환은 그 의미를 달리하고 있다. 중남미에서 미국 제국주의 시대의 종식과 중남미 국가들의 탈미적 현상을 반영하는 것이라기보다는 오히려 전 세계적으로 '미국의 번영시대'(Pax-Americana)가 도래했음을 의미하는 것이었다. 세계 전체를 '관리'하는 초강대국으로서 파나마 운하의 지정학적 의미는 이제 그다지 크지 않다는 것이다.

이번 행사에서 가장 중요한 국가는 두말할 필요 없이 운하를 넘겨줄 국가인 미국과 운하를 인수할 파나마다. 그런데 미국의 클린턴 대통령은 물론이고 앨 고어 부통령도 운하 반환 행사에 참석치 않는다고 미리 선언해 버렸다. 조인식에 초청을 받은 빌 클린턴 대통령이 보수층의 시선을 의식해 불참한데다 앨 고어 부통령, 매들린 올브라이트 국무장관도 선거운동과 중동 평화회담 준비 등을 이유로 참석하지 않았다. 미국의 불편한 속내를 반영하듯 조인식에는 1977년 운하 반환을 약속했던 카터 전 대통령이 미국 대표로 참석해 파나마 운하 이양의 의미를 축소하고자 했다. 이 같은 미국의 태도에 대해 모스꼬소 대통령은 반환식에 앞서 가진 회견에서 운하 반환의 한 당사자인 미국 정부의 주요 지도자들이 이번 행사에 불참한 것은 "매우 유감스럽다"고 말했다.

반면 파나마에게 운하의 반환은 국가적 축제였다. 파나마가 1903년 콜롬비아로부터 독립한 후 지금까지 미국의 영토였던 파나마 운하 지역(Canal zone)과 운하를 되돌려 받음으로써 비로소 완전한 독립국이 되었다는 의미를 갖기 때문이었다. 따라서 파나마는 조인식에 스페인과 이웃 중남미 국가들의 정치 지도자들을 초청했다.

스페인의 후안 까를로스(Juan Carlos) 국왕 부부를 비롯하여 멕시코의 세디요(Ernesto Zedillo) 대통령, 빠스뜨라나(Andrés Pastrana) 콜롬비아 대통령, 코스타리카 로드리게스(Miguel AngeliRodr guez) 대통령 등 중남미의 수많은 국가 지도자들을 초청해 '파나마 운하 반환 행사'를 중남미 전체의 축제로 만든 것이다. 파나마인들은 97년 만에 처음으로 진정한 독립의 기분을 느꼈을 것이다. 동시에 파나마 운하를 통해 모든 중남미 국가들도 미국의 영향으로부터 벗어나게 된 것이다.

11월 30일 기자회견에서 클린턴 대통령은 21년 전 상원이 파나마 운하 협정을 승인한 것은 매우 '현명한 행동'이었으며, 당시 자신도 이를 지지했었고 지금도 이를 지지하고 있다고 말했다. 그리고 12월 14일 운하 이양식에 카터 전 대통령과 올브라이트 국무장관이 자신을 대신해서 참석할 것이라고 발표

파나마 운하 관리권의 공식반환을 계기로 약 100년에 걸친 미국과 파나마간 '수직적 관계'가 청산되고 수평적 대등한 관계가 새롭게 시작됐다. (『국민일보』, 1999년 12월 15일)

했다. 북아일랜드에서 진행되고 있는 평화협정에 참석하게 될지 모른다는 '불확실'한 불참 이유에 대한 기자들의 집요한 질문에 클린턴 대통령은 파나마 운하 반환에 결정적 역할을 한 카터 전 대통령의 공을 높이 평가한 후 카터 전 대통령이 미국 대표단을 이끌어야 한다고 답했다. 이는 두말할 것 없이 파나마 운하 반환 행사에 참석하는 것이 국내에 있어서는 정치적으로 아무런 득이 되지 않기 때문이다. 오히려 선거를 앞두고 감표요인이 될 수 있기 때문이다. 지난 1977년 카터 행정부가 파나마와 체결한 운하 반환 협정 비준에 찬성한 상원의원 중 9명이 이후 선거에서 줄줄이 낙선했었다. 그만큼 미국에게 파나마는 중요한 곳이었다.

1999년 12월 31일, 파나마 운하 반환

파나마 신문의 눈에 가장 잘 띄는 곳에는 카운트 다운된 숫자가 커다란 글씨로 쓰여 있었다. 거리 곳곳에서 같은 숫자를 쉽게 볼 수 있었다. 이는 파나마 운하 이양식의 D-day를 가르키는 숫자였다. 파나마의 모든 시선은 파나마 운하를 되돌려 받을 1999년 12월 31일로 집중되어 있었다.

미레야 모스꼬소 파나마 대통령과 사이먼 페로 파나마 주재 미국 대사는 1999년 12월 31일 오전 11시 30분 운하 관리본부에서 파나마 운하와 미군이 최근까지 사용했던 운하 주변 부지의 소유권을 파나마 정부에 넘기는 문서에 서명했다. 21발의 대포소리와 함께 파나마에서 1세기간에 걸친 미국의 지배는 끝났다. 그리고 이양의 상징으로 페로 대사는 미군 기지의 거대한 목재 열쇄를 넘겨주었다.

모스꼬소 대통령은 조인식에 이은 짤막한 연설을 통해 "운하는 이제 모든 파나마인들의 소유가 됐다"고 천명했다. 운하 반환식에 참석했던 수천 명의 파나마인들은 12시 1분 운하 관리본부에 파나마 국기가 게양되자 일제히 환호했다. 그리고 거리의 수많은 자동차들과 운하와 해변의 보트들이 축하의 경적을 울렸다. 배의 갑판을 살사춤의 무대로 바꾼 칼립소 퀸(Calipso Queen) 호는 고동 소리를 높이 울리면서 운하의 반환을 축하하며 태평양에서 대서양을 향해 항해해갔다. 파나마가 관리하는 파나마 운하를 통과하는 첫 번째 배였다. 그리고 다음날 파나마의 7개 정당들은 운하를 정치적으로 이용하는 어떤 행위도 하지 않을 것을 약속하는 협약을 맺었다. 파나마 운하에 관한 한 파나마인들의 의견은 통일되어 있었다.

1977년 9월 미국과 파나마 간 카터-또리호스 조약이라고 더 잘 알려진 '신 파나마 운하 조약'이 체결되었지만, 지난 수년 간 미국이 과연 운하를 넘겨줄 것인가에 대한 수많은 의문이 있었다. 그러나 90년대 들어 세계 유일 초강대국이 된 미국은 국내의 많은 반대 의견에도 불구하고 1999년 12월 31일 운하 관리권과 부근 조차지를 파나마 정부에 넘겨주었다.

20세기를 마감하고 21세기를 시작하는 길목에서 세계 유일 초강대국인 미국이 중남미의 소국인 파나마에게 지난 86년 간 지배해왔던 파나마 지역(Canal zone)과 파나마 운하의 관리권을 '미련없이' 넘겨준다는 것을 어떻게 해석해야 할까? 앞으로 미국과 중남미의 관계는 어떻게 될까?

죽은 자들의 대결?

99년 5월 대통령 선거는, 세 번이나 대통령직을 역임한 파나마의 대중적 지도자인 아리아스 전 대통령과 미국 카터 대통령과 협상을 통해 파나마 운하의 반환을 이루어 낸 민중주의 독재자인 또리호스 장군의 대리전 양상을 띠었다. 물론 둘 다 이미 10년도 훨씬 전에 세상을 떠난 인물들이었다. 또리호스 장군의 아들이 집권여당의 후보로 또 아리아스 대통령의 미망인이 야당의 후보로 나와 과거 두 사람의 업적과 평판을 놓고 대결을 벌인 것이다. 어떤 의미에서 고인(故人)들의 선거였다. 우리 나라에서 고 박정희 대통령의 '업적'과 추억을 등에 업고 박근혜 씨가 선거에 나섰던 것과 비슷하다고 할 수 있다. 물론 상대가 다르고 대통령과 국회의원 선거라는 차이점이 있지만, …… 우리 나라에서는 전직 대통령의 자식들이 대권에 도전한 적이 없다.

아르눌포 아리아스(Arnulfo Arias) 대통령은 3번(1941년, 1948년, 1968년)에 걸쳐서 대통령을 역임하였으나 한번도 임기를 마치지 못한 불행한 정치인으로 파나마 민주주의의 상징적 인물이다. 1968년 대통령에 당선되었으나 또리호스 장군의 쿠데타에 의해 권좌에서 물러나 미국으로 망명했으며 마이애미에서 1988년 사망하였다.

1968년 쿠데타에 의해 정권을 장악한 또리호스는 강력한 카리스마에 의한 독재정치를 실시하였다. 현 집권당인 '민주혁명당'을 창당하고 1977년 미국의 카터 대통령과 협상을 통해 파나마 운하 반환을 실현시키면서 민중적인 모습을 보이며 국민의 지지를 받았다. 그러나 1981년 지방 순찰 중 의문의 헬리콥터 사고로 사망하였다. 어찌 보면 두 사람 모두 불운한 정치 지도자였다. 그러나 파나마 정치에 가장 커다란 영향력을 행사한 두 사람이었다.

1968년 두 사람의 운명이 바뀐 뒤 30년의 세월이 흘렀다. 그리고 아리아스 대통령의 미망인인 미레야 모스꼬소 후보와 또리호스 장군의 아들인 마르띤 또리호스 후보는 대선에서 대결하게 된 것이다. 당선자는 파나마 운하를 미국으로부터 넘겨받는 역사적 역할을 담당하게 돼 있었다. 그러니 선거 쟁점이 30년 전으로 돌아가고 파나마 운하 이양과 맞춰지게 된 것이다.

모스꼬소는 선거를 앞두고 남편의 묘소를 찾아가 "우리와 함께 해달라"고 기원하며, "국민들이 우리를 선택하면 대통령기는 내 것이 아니라 바로 남편의 것"이라고 말했다. 자신은 하늘에 있는 남편의 뜻에 따라 대통령 선거에 출마했다는 것을 강조한 것이다.

반면 아버지의 얼굴을 '빼다 박았다'는 35세의 또리호스 후보는 이를 최대한 활용하였다. 또리호스 후보의 많은 홍보물은 또리호스 장군과 연관되어 있다. 홈페이지에 나오는 대부분의 사진들도 또리호스 장군과 함께 있는 사진들이다.

사실 또리호스 후보는 갑작스럽게 대통령 후보로 지명되었다. 1998년 8월 30일 바야다레스(Perez Balladares) 대통령은 현직 대통령의 대선 출마를 금지한 현행 헌법 조항을 개정해 재출마를 위한 국민투표를 실시했으나 35%의 지지밖에 받지 못하고 부결되었다. 대통령 연임 허용을 위한 헌법 개정에 63%의 국민이 반대한 것이다. 따라서 국민투표에서 예상치 못한 패배를 당한 집권당은 새로운 후보를 찾아야 했던 것이고 또리호스 장군의 아들이 갑작스럽게 지명된 것이다.

또리호스는 15세 때 아버지의 명령에 따라 소모사 독재정권에 대항하여 싸우고 있던 니카라과의 산디니스따 혁명군에 합류하였다. '파나마 여단'이라고 불리는 후원군에 어린 나이의 아들을 참여시킨 또리호스 장군의 결정은 어쨌든 대단한 것이다. 최근 우리 나라에서 고위 공직자들이나 지도층 인사들이 자신의 아들을 군대에 보내지 않으려는 것과 비교해 보라. '노블리스 오블리제(Noblesse Oblige)!'

또리호스는 이후 미국 텍사스 대학에서 경제학을 공부했으며, 졸업 후 시카고에 있는 맥도날드 회사에서 판매이사로 근무하였다. 1992년 귀국하여 바야다레스 현 대통령과 합류하여 정무부장관, 법무차관을 역임하였다.

또리호스 후보 진영의 대변인은 "누가 파나마 운하의 주권을 돌려 받을 것인가?"라고 물으면 군중은 "장군의 아들이요!"라고 소리치는 모습을 내보냈다. 이는 두말할 것도 없이 1977년 파나마 운하 반환협정을 성사시킨 또리호스 장군의 업적을 강조하고, 12월 말의 운하 반환식은 그 아들에 의해 완결되어야 한다는 메시지를 전한 것이었다.

한마디로 모스꼬소 후보와 또리호스 후보의 경쟁은 '변화와 지속'의 대결이었다. 지난 68년 또리호스 장군에 의해 창설된 '민주혁명당'은 30년을 집권한 정당이었다.

야심과 열정의 여성 모스꼬소

1946년 7월 1일 파나마시에서 태어난 모스꼬소는 교장이었던 아버지(Plinio A. Moscoso)를 따라 태어나자마자 시골(Pedas)로 이사를 하였다. 9살 되던 해 아버지가 돌아가시자 동생들을 위해 집안 일을 도와야 했다. 시골에서 초등학교를 마친 모스꼬소는 파나마시로 진학하여 17살 때 상업학교를 졸업하였다. 그리고 졸업하자마자 생활이 어려워 진학을 포기하고 사회보장 보험사에서 비서로 일하였다. 여기까지는 어쩌면 평범한 한 여성의 생활이었다.

그러나 18살 되던 1964년 그녀는 다른 운명의 길을 택했다. 아니 어쩌면 예정돼 있었던 길이었는지도 모른다. 정치판에 뛰어든 것이다. 당시 미성년

자들은 법적으로 선거 등의 정치운동에 참여하는 것이 금지되어 있었지만 모스꼬소는 아리아스 대통령 후보의 선거운동에 적극적으로 참여하였다. 아마 어릴 때부터 모스꼬소 내부에 잠재해 있던 정치적 열망이 더 이상 참지 못하고 터져 나온 것인지도 몰랐다.

부정선거와 군의 개입으로 인해 아리아스는 선거에서 패배하였다. 그러나 모스꼬소에게는 선거 과정을 통해서 아리아스와의 관계를 긴밀히 할 수 있는 계기가 되었다. 모스꼬소의 능력을 눈여겨본 아리아스는 모스꼬소가 자신의 개인사업체인 커피 농장에서 판매책으로 66년부터 68년까지 3년 간 일하게 하였다.

아리아스는 1968년 법정투쟁 끝에 대통령이 되었으나 곧이어 발생한 또리호스 장군의 쿠데타로 미국으로 망명하여야 했다. 당시 22살의 나이에 대통령 비서관으로 근무하던 모스꼬소도 함께 미국으로 망명하였다. 이후 미국에서 두 사람은 46살의 나이 차이에도 불구하고 1969년 결혼하였다.

모스꼬소는 마이애미대학(Miami Dade Community College)에서 디자인을 공부하였다. 그러던 중 1971년 파나마로 귀국을 시도하였다가 발각되어 체포되었다. 노리에가 장군에 의해 곧바로 감옥에 수감되어 고문을 당하고 다시 미국으로 추방되었다.

모스꼬소는 망명 중 남편의 옆에서 파나마의 정치를 깊이 있게 배울 수 있었다. 1988년 남편이 사망한 후 귀국하여 남편의 이름을 딴 아르눌피스따 당(Partido Arnulfista, PA)을 창당하고 당 총재를 역임하였다. 1991년에는 사업가인 그루버(Richard Gruber)와 재혼하였으나 97년 이혼하였다. 그리고 지금은 7살짜리 입양한 아들과 함께 살고 있다. 작은 키에 다부지고 강한 인상을 주는 모스꼬소는 아리아스 전 대통령으로부터 커피 농장을 유산으로 물려받았다. 농장에는 300여 명의 사람들이 일하고 있는데 농장의 수확물을 전부 수출하는 등 농장을 크게 확장하였다. 모스꼬소가 상업학교를 다녀서인지 경제적 재능은 일찍부터 발휘되었다.

모스꼬소는 1994년 대통령 선거에 출마하여 28%를 획득하였으나 현 대통령인 바야다레스에게 4만5천 표 차로 아깝게 패배하였다. 사실 선거 초기에는 주요 후보로 간주되지 않았으나 투표 결과 예상외로 많은 국민적 지지를 받은 것이었다.

1998년에는 바야리노와 예비선거에서 접전 끝에 두 번째로 당(PA)의 대통령 후보로 지명되었다. 그러나 바야리노가 약속을 어기고 제3당 후보로 대통령 선거에 출마하게 되면서 야권은 분열하였다. 아마 김영삼, 김대중 후보가 노태우 후보와 대결한 1987년 우리 나라의 야권분열과 비슷한 상황이었다. 최악의 시나리오는 야권분열로 인해 집권여당의 또리호스가 어부지리를 얻는 것이었다. 그러나 〈표 1〉에서 볼 수 있듯이 바야리노 후보의 득표는 17%에 그치고 말았고, 모스꼬소 후보가 45%를 획득하여 대통령에 당선되었다.

모스꼬소 당선자는 중하층의 가난한 사람들을 중심으로 지지를 확산시켜 나갔다. 그리고 현 정부의 민영화 정책을 반대하고 민족주의 성향을 강조하였다. 그리고 집권여당의 또리호스 후보는 과거 군부독재를 승계할 뿐이라고 공격하였다. 사실 군부의 '실질적 지배'는 1968년 또리호스 장군의 쿠데타로 시작되어 1989년 노리에가(Manuel Noriega) 장군[5]이 미국에 잡혀갈 때까지 20년 넘게 지속되었고, 이후에도 또리호스 장군이 창당한 '민주혁명당'이 계속 집권하고 있었다. 또 선거공약으로 집권당 족벌정치의 상징이 되고 있는 파나마 운하 관리국장의 경질을 약속하였다. 한편으로는 이 같은 모스꼬소의 민족주의적인 경향과 정치 경험의 미숙은 경제 침체를 유발할 수도 있다는 우려를 자아내기도 했다.

---

5) 노리에가 장군은 또리호스 장군이 81년 비행기 사고로 사망한 후 파나마를 실제적으로 통치한 실권자였다. 대외정책에 있어서 독자외교노선을 취함으로써 미국과 심한 충돌을 일으켰다. 1989년 12월 21일 미 해병대는 파나마를 침공하여 노리에가 장군을 체포하고 마약밀매혐의로 미국 마이애미 법원에 구속 수감하여 유죄판결을 내렸다. 노리에가 장군은 10년이 지난 아직까지도 미국에서 복역 중이다.

20세기 미국과 중남미 관계

흔히 미국과 중남미의 관계는 '한 마리 고양이와 스무 마리 쥐' 또는 '한 마리 코끼리와 스무 마리의 개미'에 비유된다. 이 비유 속에는 첫째, 미국과 중남미는 서로 불편한 관계라는 것과, 둘째는 한편의 일방적인 공격만 있는 관계라는 의미가 있다.

고양이와 쥐는 『톰과 제리』와 같은 만화영화에서나 장난하고 노는 친구이지 현실에서는 결코 같이 있을 수 없는 상대이다. 지난 100년간 미국과 중남미의 관계가 그렇다는 것이다. 배부른 고양이는 쥐를 잡아먹지 않지만 배가 고파지면 상황이 달라진다. 또 코끼리가 잠을 자다가 뒤척이면 그 옆에 있는 개미는 말 그대로 묵사발이 될 수밖에 없는 것이다. 의도했건 의도하지 않았건 미국의 일거수일투족은 중남미 국가들에게는 심대한 영향을 미치고 있다.

만화영화 이야기로 비유를 했는데 조금 더 구체적인 설명을 하자. 1824년 미국의 먼로 대통령은 미국의 대외정책의 기본 원칙을 '먼로 독트린'이라는 이름으로 천명했다. 그 내용은 미국은 구대륙(유럽)의 문제에 관여하지 않는 대신 구대륙 국가는 신대륙(아메리카)의 문제에 간섭하지 말라는 것이었다. 이는 나폴레옹 전쟁 이전의 정치질서를 복원시키려는 신성동맹에 대항한 것이었다.

물론 당시 미국의 국력으로 이 같은 원칙을 고수할 힘은 없었다. 그러나 20세기에 들어서면서 미국의 힘이 점차 강해지자 미국은 이 원칙을 적용시켜 나갔다. 신대륙에 대한 유럽 국가들의 간섭을 배격하는 미국의 선언은 뒤집어보면 이 지역에서 누구의 간섭도 받지 않고 독점적인 지배권을 누리겠다는 의도였던 것이다. 누가 시키지도 않은 상황에서 이 지역의 '만형' 또는 '경찰관' 역할을 자임하고 나선 것이다.

이후 지금까지 미국의 대 중남미 정책은 카터 대통령의 인권외교를 제외하곤 달러외교, 곤봉정책, 선린외교, 닉슨 독트린 등 어떤 형태로 포장되어 설명이 되든 2가지 원칙하에 결정되었다. 첫째, 외부 세력의 중남미 침투를 철저히 막고 둘째, 이 지역에서 미국이 절대적 주도권을 행사할 수 있도록 하는 것이었다. 따라서 지난 100년 간 미국은 국가 이익에 필요하다면 언제든지 또 어떤 방법으로든지 중남미 국가들의 내정에 간섭하고 무력 침공까지도 주저하지 않았다. 중남미는 '미국의 뒷마당'이었다. 그것이 최근까지의 미국과 중남미의 관계였다. 이러한 미국과 중남미의 관계를 대표적으로 보여주는 것이 앞서 설명한 미국과 파나마의 관계라고 할 수 있다.

US달러 사용 국가

파나마는 운하를 통한 미국과의 '밀접한' 관계를 가지고 있는 것 이외에 미국의 달러를 파나마 화폐로 사용하는 세계 유일의 국가였다. 공식적으로는 '발보아'(balboa)로 불리는 파나마의 화폐는 미국의 달러화와 동일한 가치를 갖는다. 그리고 발보아의 대 달러 환율은 현재 1대 1로, 외국화폐로는 유일하게 발권은행이 미국의 중앙은행인 연방준비제도이사회(FRB)로 돼 있다.

파나마 헌법은 1904년부터 미국의 달러화를 자국 화폐와 동등하게 사용하게 허가했다. 그리고 파나마는 지폐를 발행하지 않고 미국의 달러화를 쓰며, 발보아는 동전으로만 쓰일 뿐이다. 이러한 통화정책으로 파나마는 독립 이후 지금까지 대부분의 중남미 국가들이 겪고 있는 인플레를 단 한번도 겪지 않았다.

특히 1997년 아시아 국가의 금융위기로부터 시작된 경제위기는 러시아와 멕시코를 거쳐 중남미 전체에 확산되었다. 물론 중남미 국가들은 이 같은 금융위기와 인플레로 인한 경제위기를 수시로 겪어왔으나, 최근의 위기에 처해 에콰도르·아르헨티나 등 일부 중남미 국가에서 차제에 자국의 화폐를 미국의 달러로 하자는 논의가 있었다. 달러를 자국의 화폐로 쓰고 있는 파나마가 금융위기에 대한 불안이 전혀 없는 것을 이들은 무척이나 부러워한 것이다.

파나마가 금융위기를 탈피할 수 있는 하나의 모델이 된 것이다. 경제주권을 상실한다는 측면도 있지만 이들 국가들이 수천%에 달하는 인플레에 시달리고 또 몇 년에 한번씩 경제위기를 겪고 있기 때문에 생각해 볼 수도 있는 일이었다. 더구나 구라파가 1999년 1월 1일부터 '유로'라는 하나의 화폐를 사용하기 시작했다. 그러니 모든 아메리카가 달러를 쓰면 다시는 이 지역에 금융위기는 없을 것 아니겠는가.

아르헨티나 모간 스탠리(Morgan Stanly)사의 존 스탠리(John Stanly) 아시아 지역 회장이 "현재의 국제금융질서상의 위기국면은 전세계가 이제까지 경험해보지 못한 새로운 현상으로 이미 동아시아 지역에 대한 IMF의 고전적 처방이 실효를 거두지 못한 바 있다"고 지적했듯이 현재의 전 세계화된 금융시스템하에서는 한 지역에서 외환사태가 발생하였을 경우 이의 부작용이 곧바로 전 세계로 확산될 수밖에 없다. 금융위기가 수시로 발생하는 이유는 미국의 달러화와 자국의 화폐가 차이가 나기 때문이다.

2000년 4월부터 에콰도르가 자국통화인 수끄레(sucre)를 철폐하고 미국 달러화를 기준화폐로 채택했으나 아직까지 에콰도르는 달러의 사용에 많은 문제점을 노출시키고 있다. 에콰도르가 달러를 기준화폐로 채택한 목적은 환율위기를 예방하고 수끄레화를 안정시키기 위한 것이었다. 그러나 전체 인구의 52%가 인디오인 대다수 국민은 화폐에 쓰여진 영어를 이해 못하고 있다. 아니 영어 자체를 알지 못한다. 독립 이후 90년을 넘게 미군과 함께 살아온 파나마와는 전혀 다른 것이다. 예를 들어, 10달러(Ten)는 스페인어로 Diez이고, 50달러(Fifty)는 Cincuenta라고 쓴다. 그러니 사용하기 쉬운 일이 아니다. 그리고 달러에 쓰여진 "In God we trust"는 무슨 말인지조차 이해 못한다. 구분이 안 되는 것이다. 그리고 이웃 콜롬비아에서 수많은 위조지폐가 흘러 들어와 유통을 교란시키고 있다. 달러를 본 적이 별로 없는 사람들이 위조지폐를 구분하는 것은 현재로서는 사실상 불가능에 가까운 일이다.

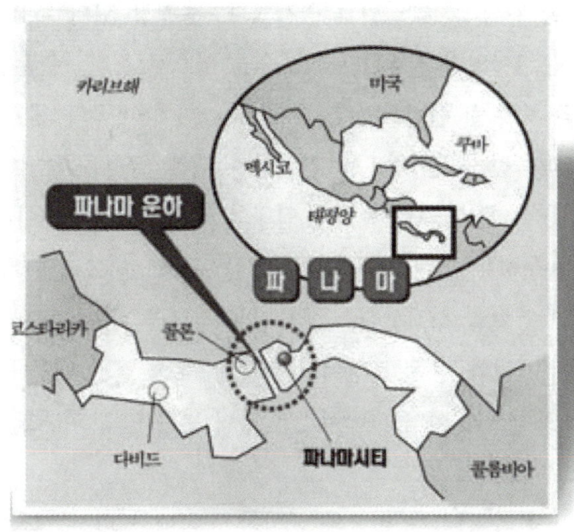

파나마 운하(『이코노미스트』, 제515호, 1999년 12월 14일)

'보물상자' 파나마 운하

많은 사람들은 파나마 하면 나라를 생각하기보다 먼저 운하를 생각한다.
그만큼 태평양과 대서양을 가로지르는 '파나마 운하'는 우리에게 익숙해져
있다. 그리고 실제로 파나마 사람들에게도 운하는 경제적으로 엄청나게 중요
한 의미를 지니고 있다. 이번 선거에서는 경제적 의미와 함께 정치적 의미가
더욱 강조되었다.

1903년 파나마의 독립과 함께 공사를 시작한 파나마 운하는 1914년 8월
15일 개통되었다. 12년 동안 총인원 7만여 명에 공사비만 무려 4억 달러
(4,400억 원)가 소요된 세계 최대의 토양댐과 인공호수, 콘크리트 구조물로 이
루어진 엄청난 공사였다. 4억 달러는 지금도 큰돈이지만 백년 전인 당시로서
는 천문학적인 자금이었다. 파나마 운하 건설은 인류역사상 세계 최대의 사업

이었으며, 또한 가장 공을 들인 난공사였다. 총연장 51마일(81.6km)에 달하는 수로 건설은 1마일마다 400명의 목숨을 필요로 했다. 수많은 중국인들이 이곳에 끌려와 수로를 건설하면서 죽어갔다. 마치 미국의 샌프란시스코(San Francisco)에 대륙간 횡단 철로를 건설하기 위해 끌려온 중국인의 후손들이 많이 살고 있듯이, 현재 파나마 전체 인구의 약 5%가 중국인이다.

원래 파나마 운하는 스웨즈 운하를 건설한 프랑스 외교관인 페르디낭 드 레세프가 1881년 건설을 시작했다. 운하 건설 경험을 바탕으로 자신 있게 시작했으나 부실한 계획과 정글 토양에서 비롯된 각종 질병 때문에 갖은 고생을 했으며, 결국 프랑스는 이 공사에서 2만 명이 넘는 인명 피해를 내고 10년 만에 손을 떼고 말았다.

그후 파나마 운하 건설은 미국의 군사적 목적에서 다시 시작되었다. 1890년대 카리브해를 지중해와 같은 개념으로 파악한 미국의 마한(Alfred Mahan) 제독은 해양 세력론을 강조하였다. 특히 1898년 스페인과의 전쟁으로 미국 서부에 있던 함대는 남미 끝의 마젤란 해협을 돌아 쿠바까지 항해하여야 했고 이는 당연히 운하의 필요성을 절감하게 하였다. 결국 태평양과 대서양을 잇는 뱃길을 8천 해리나 단축시킨 운하 덕분에 미국은 태평양과 대서양을 거느리게 됐고, 제2차 대전 때 파나마 운하를 통해 군함을 신속하게 이동시키며 독일군과 일본군에 승리할 수 있었다.

미국은 운하 건설을 위해 콜롬비아의 한 주였던 파나마의 일부 토지를 일정 기간 빌려줄 것을 요청하였다. 그러나 콜롬비아는 이를 단호히 거부하였다. 세상에 남의 나라 영토의 일부를 개발하기 위해 빌려달라는 것이 말이 되는 것인가? 일본이 한반도를 가로지르는 수로를 개발하기 위해 우리 나라 중부 지방의 땅을 빌려 달라면 우리가 빌려주겠는가? 말도 안 되는 이야기다. 하긴 지금이니 그렇게 생각하는 것이지, 당시 미국은 일본과 태프트-가쓰라 조약을 맺어 한국을 일본에 넘기고 필리핀을 차지하던 전형적인 제국주의 국가였다.

일이 계획대로 진행되지 않자, 1903년 미국은 파나마에 군대를 파견하고

파나마를 콜롬비아로부터 분리 독립시켰다. 그리고 2주일 후 헤이-부노 바릴
야(Hay-Buneau Varilla) 조약을 신생 독립국인 파나마와 체결하고 파나마 전
체 면적의 약 5%에 해당하는 운하지역(Panama Canal Zone)을 미국이 영구
임대했다. 그리고 미국은 파나마 운하 건설을 시작했으며, 이를 보호하기 위
해 미군을 주둔시켰다.[6]

이 시기에 미국은 제국주의적 성격을 확실히 드러냈다. 1898년 스페인과의
전쟁에서 승리한 미국은 쿠바와 푸에르토 리코를 식민지로 하고, 니카라과
등 중남미 국가들에 대해 직접적인 무력침공을 감행했으며, 1910~1917년
멕시코 혁명에 대해 노골적인 개입을 하는 등 20세기 들어서면서 중남미 국
가들에게 미국은 일방적인 공격을 하였고, 아직 국가로서 체제를 제대로 정
비하지 못한 중남미 국가들은 속수무책으로 당할 수밖에 없었다. 20세기가
시작되면서 발생한 1903년의 파나마 독립과 운하의 건설은 어쩌면 이 같은
미국과 중남미 관계를 잘 보여준 하나의 상징적인 사건이었다.

총길이가 82km에 달하는 운하는 통과에 소요되는 시간만 8~10시간이 걸
리고, 연 평균 1만3천 척의 배들이 통과하고 있다. 이는 하루 평균 40척의
배들이 태평양에서 대서양으로 또는 대서양에서 태평양으로 항해하고 있다는
계산이다. 파나마 운하는 1915년 일부 벽이 무너져 약 7개월 간 운하를 폐쇄
한 경우를 제외하고는 1914년 8월 정식 개통된 후 지금까지 딱 한 차례 미국
이 파나마를 침공했었던 1989년 통행이 중단되었었다.

전 세계 물동량의 4%인 2억2천8백만 톤을 소화하는 이 운하에서 미국은
연 평균 6억5천만 달러 정도를 운하 통과세로 벌어들였는데 이는 파나마 1년
수출의 약 15%에 해당하는 것으로, 부가가치를 생각하면 엄청난 산업이다.
이들 배들은 대부분 화물선인데 미국은 주로 쌀, 옥수수, 사료 등 곡물들을
아시아 국가들에 보내고, 일본이나 한국 등 아시아 국가들은 자동차 등을 파
나마 운하를 통해 미국 동부 해안으로 보내고 있다.

---

6) 2차 대전 당시는 6만5천 명을 주둔시켰으며, 철수하기 얼마 전까지 1만 명의 병력이 있었다.

　1960년대부터 파나마는 줄기차게 미국에 운하의 반환을 요구했다. 1964년에는 파나마 학생들이 미군기지 안에 들어가 파나마 국기를 게양하면서 운하 반환을 요구했고, 시위진압 과정에서 파나마인 22명과 미 해병대원 4명이 숨지는 사건이 발생했다. 파나마 정부는 이를 계기로 미국과의 외교관계 단절을 선언했다.

　1977년 주권 침해라는 비난에 직면한 카터 정부는 파나마 측의 이 같은 요구에 굴복 카터-또리호스 조약을 체결하고 99년 12월 31일 운하를 파나마에 넘겨주기로 했다. 미국이 차지하고 있던 '운하지역'의 주권을 이양하기로 한 것이다. 그리고 운하의 점진적 이양과 유지, 보수 등 관리를 위해 79년 '파나마 운하 위원회'(Panama Canal Commission)를 발족시켰다. 미국 국방부 산하 기구로 설치된 '운하 위원회'는 20년 간 한시적으로 운영되는 것으로 운하의 이양에 따른 제반 문제점들을 처리하기 위한 최고 결정기관이었다.

　이로써 파나마 운하가 개통된 지 65년 만에 처음으로 파나마인이 운하의 운영에 직접 참여했으며, 모든 행정과 기술인력은 파나마인으로 교체되었다. 미국인이 퇴직하게 되면 더 이상 미국인을 채용하지 않고 파나마인을 채용하는 방법으로 모든 인력이 파나마인으로 대체되어 무리 없이 운하를 넘겨주었다.

　이번 선거에서 파나마 운하는 주요 쟁점이었다. 앞서 설명한 것처럼 경제적 중요성 못지않게 '빼앗긴' 국토의 반환이라는 민족주의적인 측면에서 더 중요성을 갖고 있었다. 지난 1977년 카터-또리호스 조약에 따라 미국은 대략 400억 달러에 해당하는 파나마 운하와 여러 개의 군사기지와 운하 주변지역을 파나마에 넘겨주었다. 말 그대로 '보물상자'를 넘겨준 것이다. 따라서 이번 대통령에 당선되는 사람은 명실상부한 주권국가인 파나마의 대통령이 될 뿐 아니라 역사적 현장의 주인공이 되는 것이다. 전두환 대통령이 서울 올림픽을 유치했지만 1988년 서울 올림픽의 개회 선언을 하며 전 세계인이 지켜보는 가운데 '폼'을 잡은 사람은 노태우 대통령이었다.

미국의 우려

1977년 워싱턴에 있는 미주기구(OAS)[7] 본부에서 카터 대통령과 파나마의 또리호스 대통령은 99년 12월 31일 파나마 운하를 반환하는 협정에 서명하였다. 미국이 차지하고 있던 '운하지역'의 주권을 이양하기로 한 것이다. 그러나 많은 사람들은 이를 반신반의하면서 지켜보고 있었다. 냉전이 사라지지 않고 지속되고 있는 상황에서 과연 미국이 운하를 돌려줄 것인가에 대한 의문은 쉽게 사라지지 않았다. 미국은 1989년에도 파나마에 침공하여 노리에가 장군을 체포한 적이 있었다. 그런데 90년대 들어 사회주의권의 붕괴와 소련 체제의 해체 등 국제 질서에 심한 변화가 생겼다. 그리고 미국이 세계 유일 초강대국이 된 것이다.

어쨌든 공화당 의원 등 미국 보수 정치인들은 파나마 운하 반환에 대하여 불편한 심기를 보였다. 이들은 파나마 운하 반환을 '잘못된 정책'으로 규정하고 정부를 줄곧 비난해왔다. 특히 중국의 개입에 노골적인 반감을 표시하고 있다. 운하의 실질적 지배권이 중국으로 넘어갈 가능성을 깊이 우려하고 있는 것이다.[8] 그렇게 될 경우 미국 전체 무역의 16%와 수많은 군함들이 중국의 통제하에 놓이게 되기 때문이다.

파나마 운하에 관한 한 초 보수주의적 시각을 갖고 있는 미 상원의 트렌트 로트 공화당 원내총무는 99년 8월 윌리엄 코언 국방장관에게 "미국은 운하를 이용하기 위해 중국의 허가를 받아야 하는 사태에 직면할 것"이라는 경고서한을 보내기까지 했다. 퇴역 미 해군제독인 토머스 무어러씨는 "우리가 비싼

---

7) OAS(미주 국가기구)는 Organization of American States의 약자로 1948년 범미주기구를 이어받아 재건된 것이다.

8) 미국은 파나마 운하의 운영권을 되찾아와야 하며 중국이 파나마 운하의 운영권을 행사할 경우 "대규모 충돌"이 일어날 수도 있다고 미국 대통령 선거의 공화당 경선에 나선 앨런 키스 후보가 12일 밝혔다. 키스 후보는 "파나마 운하 반환조약을 지지하지 않으며 미국의 운하 반환을 중대한 실수로 본다"면서 "파나마 운하는 우리가 세웠던 전략적 거점이었기 때문에 이는 미국의 재산"이라고 말했다. (『연합뉴스』, 2000년 1월 13일)

대가를 치르면서 운하를 건설한 만큼 끝까지 사용해야 한다"면서 "미국의 운하 반환과 동시에 중국은 수로 양쪽의 전략 요충에 미사일을 배치할 것"이라며 반환에 적극 반대했다. 어느 정도 과장된 면은 있지만, 미국 보수 우익의 입장을 잘 보여주는 대목이라고 할 수 있다. 그리고 당시 파나마 주요 일간지인 『라 쁘렌사(La Prensa)』지의 여론조사에서 나타났듯이 파나마 국민들의 70.4%가 파나마가 독자적으로 운하와 국경을 지킬 수 없다고 대답했다. 그러니 미국은 더 불안할 수밖에 없는 것이다.

1997년 홍콩의 장강실업 총수인 리카싱(李嘉誠)이 '허치슨 왐포아(Hutchison Whampoa) 그룹'을 내세워 25년간 운하 두 끝 지점 입구에 있는 두 항구, 즉 태평양의 발보아(Balboa) 항구와 카리브해의 크리스토발(Cristbal) 항구 운영권을 파나마 정부로부터 넘겨받았다. 리카싱은 중국 지도층과 밀접한 관계에 있는 것으로 알려지면서 우려가 더 깊어졌다. 최악의 경우 미국이 운하를 사용할 수 없게 될지 모른다는 우려까지도 있으나, 파나마 정부는 중국과 파나마가 공식 외교관계가 있는 것도 아니고 항구 운영권도 단순한 작업 승인권에 지나지 않는다며 미국 정가의 우려를 일축했다. 또 미국의 파나마 주둔군 사령관도 이 같은 우려는 기우에 지나지 않는다고 의회에서 증언하였다. [9]

파나마 운하 위원회는 "77년 미국과 파나마가 맺은 조약에 따라 운하의 중립적 운영이 보장되지 않으면 미국이 군사적으로 개입할 권리가 있다"며 미국이 운하를 이용하지 못하는 상황은 발생하지 않을 것이라고 설명했다.

99년 5월 파나마 역사상 첫 여성 대통령으로 당선된 미레야 모스꼬소 대통령은 전 세계 물동량의 4%를 차지하고 있는 운하의 물동량 증대와 서비스

---

9) 파나마 안보를 책임지고 있는 찰스 월헬름 미 남부군 사령관은 상원 군사위원회에서 증언을 통해 중국이 쿠바와 함께 파나마에 커다란 경제적 이해 관계를 갖고 있으나 '현재로서는 운하의 안보에 위협이 되지 않는다'고 말했다. 그러나 운하 통제권 이양 후 수로 관리가 잘못될 경우 환경의 악화로 침척토가 쌓일 가능성이 있다는 것이 실질적인 위협이라고 지적했다. (『연합뉴스』, 1999년 10월 23일)

개선을 위해 운하시설을 크게 확충하고 파나마 시티를 '중남미의 싱가폴'로
부각시킨다는 계획에 있다.

21세기 파나마 그리고 미국

1999년 12월 31일 12시 파나마 운하 반환이 이루어졌다. 이는 파나마가
97년 간 지속됐던 미국의 영향력에서 벗어나는 것을 상징한다. 파나마인들은
콜롬비아로부터 분리 독립한 1903년 이후 97년 만에 처음으로 진정한 독립
의 기분을 느꼈을 것이다. 그렇게 미국과 파나마는 종속적 관계에서 대등한
관계로 21세기를 시작했다.

파나마의 분리 독립과 파나마 운하의 미국 지배로 시작된 20세기 미국과
중남미 관계가 이후 미국의 일방적인 공격과 중남미 국가들의 수동적인 대응
으로 점철되었다면, 파나마 운하의 반환으로 시작된 21세기 미국과 중남미
관계는 분명 다르게 나타날 것이다. 물론 이는 과거의 고립주의에서 벗어난
미국의 태도 변화에서 보다 많이 기인한 것이다. 신대륙의 '경찰'에서 자본주
의 세계의 '경찰'로 또 이제는 전 세계의 '경찰'로 미국의 역할은 확대되었
다. 그런 의미에서 파나마 운하는 더 이상 미국에게 지정학적인 의미를 상실
했는지도 모른다.

그리고 미국 대통령과 부통령, 국무장관이 빠진 행사장에 참석한 수많은
중남미 정치 지도자들은 21세기가 새롭게 변화된 관계 속에서 시작되는 것을
퍽이나 다행스럽게 생각하며 보다 평등한 21세기를 꿈꾸며 축배의 잔을 높이
든 것이다.

|참|고|문|헌|

- Agencia EFE. 『Anuario Iberamericano』(Madrid; Agencia EFE. 1996).
- Alcantara Saez, Manuel, 『Sistema politicos de America Latina』 (Madrid; Tecnos, 1989).
- Cottam, Martha L., 『Images & Intervention: U.S. Policies in Latin America』(London; University of Pottsburgh Press, 1994).
- Drago, Tito, 『Centroamerica, una paz posible』(Madrid; El Pais, 1988).
- Galeano, Eduardo, 『Las venas abiertas de America Latina』, (Mexico. D. F.; Siglo 21, 1978).
- Touraine, Alain, 『America latina: politica y sociedad』(Madrid; Espasa-Calpe, 1988).
- Weatherby et al., 『The Other World: Issues and Politics of the Developing World』(N. Y.; Longman, 1994).
- Arroyo Camacho, D., 『El sistema de gobierno existente en Panamá luego de las últimas reformas a la Constitución Nacional』(Panama; 1980).
- 송기도 · 강준만, 『콜럼버스에서 후지모리까지』(서울; 개마고원, 1996).
- 외무부, 『월간 중남미정보』(1999~2000)
- 『El Mundo』(Spain)
- 『El Pais』(Spain)

- www.cnn.com
- www.cnn.español.com/latin/PAN/1999/04/30/elegir.ap/index.html
- www.el-mundo.es
- www.elecciones99.com

• www. elpais. es.

• www. elsiglo. com

• www. epasa. com/El_Panama_America/archive/120399/nation10. html

• www. mofat. go. kr

• www. msnbc. com

• www. news. bbc. co. kr

• www. pancanal. com

• www. presidencia. gob. pa

• www. tribunal-electoral. gob. pa

•『뉴스메이커』

•『동아일보』

•『한겨레』

•『연합뉴스』

레오니드 쿠츠마

슬라브권(圈)의 '이단아'

홍 완 석
전남대 유럽지역학 연구소 겸임 연구원

한국외국어대 노어과를 졸업하고, 동 대학원 동구지역연구학과에서 정치학 석사, 러시아 모스크바 국립 국제관계대학(MGIMO)에서 정치학 박사학위를 받았다. 모스크바 국립 국제관계대학 초빙강사를 역임 했고, 현재 한국외국어대, 전남대, 조선대, 호남대 등에 출강하고 있으며 한국외대 러시아연구소 초빙연 구원, 전남대 유럽지역학 연구소 겸임연구원으로 재직중이다. 저서로 『러시아의 지역전략과 동북아』 (Moscow 1998), 연구논문으로는 『동북아 세력상관관계 역학과 국제관계구조 특징』(Moscow 1998), 『러시아의 역사적 전통이 아시아정책에 미친 영향』(Moscow 1998), 『아·태지역에서 러시아의 국가이익 과 전략』(1998), 『21세기 러·일관계 발전 전망』(1999), 『러시아의 대아시아정책 진화과정에 관한 소 고』(2000) 등이 있다.

◇ 국명: Ukraine(우크라이나)
◇ 수도: 키예프
 (Kiev, 인구 260만 명)
◇ 면적: 603.700㎢ (한반도의 약 3배)
◇ 민족: 우크라이나인 73%,
 러시아인22%, 유대인 1%,
 기타 소수민족 4%
◇ 언어: 우크라이나어(러시아어는 공식
 언어는 아니나 널리 통용됨)
◇ 기후: 대륙성 기후, 남부 크림반도는
 아열대성 기후
◇ 종교: 러시아 정교, 우크라이나
 정교, 가톨릭

'가려진' 우크라이나

지구상의 모든 국가는 제각기, 부정적이든 긍정적이든 그 나라의 이미지를 각인시키는 대표적인 '연상물' 내지는 '상징어'가 있기 마련이다. 세계 정치 일번지로서 자유의 여신상과 백악관의 이미지가 선명한 미국, 인구대국에 욱일승천의 용의 기세가 어우러진 중국, 실패한 공산주의와 화려한 크레믈린 궁전이 극명히 대비되는 러시아, 엘리자베스 여왕의 나라이자 신사의 본고장으로 통하는 영국, 하늘을 가르는 웅장한 에펠탑이 상징하듯 세계 문화·예술의 '지존' 프랑스, 철학사상의 '저수지'라는 명성에 베를린 장벽의 환호성이 오버랩되는 독일, 플라멩코의 정열을 뿜어내는 투우의 나라 스페인, 현란한 삼바 리듬의 영원한 축구 제국 브라질 등이 그것이다.

이와는 달리 우크라이나는 아직도 우리의 뇌리에 무언가 허전함으로 다가온다. 고작해야 20세기 최대의 환경재난을 야기한 '체르노빌' 원전 사고[1] 정도가 이 미지(未知)의 나라에 대한 우리의 이해의 전부일 것이다. 그것도 과거 우크라이나가 소연방 구성 공화국에 속해 있었기에 체르노빌조차도 러시아 영토의 어느 한구석 정도로 오해하고 있는 경우가 대부분이다. 이처럼 우크라이나는 우리에게 철저히 가려진, 심리적으로도 공간적으로도 아득히 멀게만 느껴지는 나라이다. 우크라이나의 존재에 대한 생소함은 무엇보다도 너무 오랜 기간 동안 러시아 제국의 그늘에 가려져 있음에 기인한다.[2]

그러나 잠재된 의식의 심연을 조금만 자극하면 우크라이나는 우리에게 그

---

1) 1986년 4월 26일 새벽, 구소련 우크라이나 공화국 수도 키예프에서 북쪽으로 90km 떨어진 체르노빌 원자력발전소 4호기에서 두 차례의 큰 폭발사고가 발생했다. 이 폭발로 노심(爐心)은 물론 원자로 지붕까지 붕괴했고, 이곳에서 쏟아져 나온 방사성 물질들이 상공 1km까지 치솟으면서 방사능을 유출, 세계 최악의 '핵 재앙'을 유발했다. 우크라이나 정부의 공식 통계만으로도 최소한 4천3백65명이 방사능에 피폭돼 사망했으며, 비공식적으로는 1만5백 명이 숨진 것으로 추산되고 있다. 현재도 40만 명의 어른과 110만 명의 어린이들이 방사능 피폭으로 우크라이나 정부의 원조를 받고 있다.
2) 사실 우크라이나라는 국명 자체가 러시아어로 '변경의 땅'이란 뜻을 가지고 있다.

렇게 낯설지 만은 않다. 수도 키예프의 고색 창연한 양파 모양 금빛 사원들, 나이팅게일의 거룩한 정신이 살아 숨쉬는 '크림반도', 대장 '불리바'의 본향이자 코자크 기병의 나라, 한반도의 분단과 냉전체제의 서곡을 알렸던 '얄타', 장대높이뛰기 분야에서 불멸의 신화를 창조한 '나는 새' 세르게이 부브카의 조국, 지구촌 영화 학도들의 성지 '오뎃사의 계단', 세계에서 가장 기름진 옥토의 대명사 '체르노젬'(흑토대)과 그 위를 국화(國花)인 해바라기가 지천으로 뒤덮고 있는 나라, 이 모두가 우크라이나에 대한 우리의 연상의 일각을 돕는 것들이다. 허나 우크라이나에 대한 이런 추상적 편린들은 이 국가의 진면목과 실체를 파악하는 데 도움이 되지 못한다.

우크라이나에 대한 현재적 해부

우크라이나에 대한 몇 가지 객관적인 국가 개황(槪況)[3]을 설명하면 아마 독자들은 이 나라가 차지하는 국제적 위상과 그 잠재력에 대해 새롭게 인식하게 될 것이다. 먼저 우크라이나는 5천 년 이상의 유구한 역사를 간직한 '오래된' 신생국이다. 고대 러시아 역사의 '발원지'이기도 한 우크라이나는 1654년 이래 근 350여 년 동안 제정러시아와 소연방의 강요된 지배하에 있다가 마침내 1991년 12월 독립을 선언하고 주권을 회복하였다.

지정학적으로 우크라이나는 유럽과 아시아 사이의 '징검다리'에 해당하는 전략적 요충지에 위치해 있다. 서쪽으로는 몰도바와 루마니아, 북서쪽으로는 폴란드·슬로바키아 및 헝가리, 북쪽으로는 백러시아, 북동쪽으로는 러시아 연방과 접해 있고, 영토의 남단에는 불쑥 튀어나온 크리미아 반도가 흑해와 아조프해 사이를 가르고 있다. 이렇듯 아시아와 유럽을 연결하는 그 지정학적 위치로 말미암아 우크라이나는 오랜 기간 동안 이민족의 말발굽 아래 신

---

3) 우크라이나의 자세한 개황에 대해서는 다음 사이트를 참조. http://7tech.net/kyomin/cisguide/cis-2.htm(검색일:2000년 6월 12일).

지정학적으로 우크라이나는 유럽과 아시아 사이의 징검다리에 해당하는 전략적 요충지이다.
(『문화일보』, 2000년 7월 11일)

음하였고, 굴곡진 역사를 경험하지 않을 수 없었다. 유럽인에겐 동방 진출을 위한 '길목'이었고, 아시아 유목민에겐 유럽을 향한 '통로'였으며, 러시아인에겐 바다를 향한 '출구'였던 것이다.

1991년 새로운 국제관계 주체로서 우크라이나의 부활은 장차 유럽의 세력판도 재편을 예고하는 '전주곡'과도 같다. 강대국으로서 기본적으로 갖추어야 할 3박자, 즉 인구·영토·자원 모두를 구비하고 있기 때문이다. 우선 5천2백 만의 인구는 독일, 프랑스, 이태리에 이어 유럽에서 4번째를 차지한다. 그러나 영토 면적에 있어서는 이들 국가를 압도하고 유럽 최대의 지리적 공간을 구성하고 있다. 한반도의 약 3배에 이르는 영토 면적(603,700㎢)은 프랑스보다도 크고 독일보다도 넓다. 동쪽 끝 '블라디보스톡'에서 해가 뜨면 동시에 서쪽 '상트페테르부르크'(레닌그라드)에서는 해가 지는 나라, 즉 세계 육지 면적의 1/6과 11시간대의 광활한 시·공간대(時空間帶)를 차지하는 러시아에 비할 바는 못되지만, 러시아가 유럽과 아시아에 걸쳐 있는 유라시아 국가이기에 우크라이나가 사실상 유럽 최대의 영토 대국이다. 게다가 '외화내빈'(外華內貧)한 러시아 영토와는 달리 우크라이나의 영토는 아주 알곡진 비옥한 토질을 상징하는 이른바 '체르노젬'으로 구성되어 있다. 과거 소연방 전체 농산물 생산량의 50% 이상을 담당했던 농업기지였고, 또 미래 유럽의 '식량창고', '빵 바구니'로까지 불리울 정도로 밀의 곡창지대이기도 하다.

우크라이나는 천혜의 지하자원도 풍부하다. 석탄, 원유, 천연가스, 철, 마그네슘, 수은, 우라늄 등 80여 종의 다양한 광물이 풍부히 매장되어 있다. 여기에 세계 철강생산량의 10%를 차지하는 철강대국이고 농업기계류, 정유장비, 발전용 터빈, 디젤엔진, 자동차, 항공기, 선박, 가전제품, 원자력발전 분야 등에서 높은 기술력을 구비하고 있다. 이렇듯 제조업 및 첨단산업과 항공우주산업 기반도 탄탄하여 '바늘에서 항공모함, 인공위성'까지 못 만드는 게 없다. 지금은 러시아의 소유인 우주선 '미르호(號)'도 사실은 우크라이나에서 제작된 것이다. 이런 우주항공 분야에서의 첨단 기술력을 기반으로 2003년에는 독자적인 우주기지를 띄운다는 야심찬 계획까지 수립해 놓고 있다.[4]

무임승차한 핵 군사대국

한편 갓 태어난 우크라이나는 적어도 군사 전력면에 있어서는 이미 신흥 강대국으로 대접받고 있다. 그것은 무엇보다도 우크라이나가 미국과 러시아에 이은 세계 제3위의 핵무기 보유국이라는 엄연한 사실에 기초한다. 아니 중국도, 영국도, 프랑스도, 아닌 우크라이나가 세계 3대 핵 강국이라니 ……. 다

---

4) 〈다시 꿈틀대는 자원·기술대국 우크라이나〉, 『국민일보』, 1996년 10월 1일.

소 의외라 할 수 있는 우크라이나의 핵 강대국화 현상을 설명하면 이렇다. 과거 냉전시절 소련은 나토의 군사적 위협에 대항하기 위해 영토의 서쪽 날개인 우크라이나에 SS-20 미사일 등 핵 관련 산업기지를 집중적으로 건설했고, 막대한 전략 핵무기를 이 지역에 전진 배치했다. 그러나 1991년 소련의 몰락과 함께 우크라이나가 독립국가로 주권을 회복하게 되자 자국 영토에 배치된 176기의 핵미사일과 1천8백 개에 이르는 핵탄두 소유권을 주장했고, 이를 소련으로부터 고스란히 물려받게 된다.[5] 말하자면 "땅 짚고 헤엄치듯" 무임승차하여 핵 대국이 된 것이다.

우크라이나의 다량의 핵무기 보유는 전략적 이익을 공유하기 위해 가급적 핵무기 확산을 저지하고자 하는 미국과 러시아를 '좌불안석'(坐不安席)케 하기에 충분하다. 현재까지 미국과 러시아는 우크라이나의 비핵화를 위해 당근과 채찍 전략을 구사하면서 상호 유기적인 정책 공조를 벌이고 있는데, 그 자체만으로도 우크라이나의 정치·군사적 위상을 가늠하는 척도가 된다.

뿐만 아니라 재래식 통상전력도 만만치 않다. 이 또한 소연방 해체의 덕을 톡톡히 본 것이다. 지금은 우크라이나 영토가 된 크림반도 남쪽 끝 세바스토폴 군항은 소련 4대 함대 중 가장 막강한 전력을 구비한 흑해함대 주둔기지였다. 소련이 지구상에서 종적을 감추자 그 적통의 계승국임을 자처한 러시아와 신생국 우크라이나는 흑해함대 소유권 문제를 놓고 한치 양보 없는 팽팽한 줄다리기를 벌였다. 우크라이나는 주권을 내세웠고, 러시아는 구소련의 법적 승계자로서 흑해함대와 기지에 대한 역사적 권리를 주장하였다. 한때 무력충돌 일보 직전까지 치달았던 흑해함대 분쟁은 결국 양측의 양보에 따라 타협점을 찾았고, 마침내 1995년 6월 '소치협정'에 따라 우크라이나와 러시아가 흑해함대 재산을 각각 50대 50으로 나누기로 합의하였다. 그러나 세바스토폴항의 흑해함대 기지 시설 관할문제는 여전히 양측의 최대현안으로 남아있다. 우크라이나는 세바스토폴이 자국의 배타적 영토임을 내세워 남쪽항

---

5) 〈우크라이나 NPT가입 승인〉, 『세계일보』, 1994년 11월 17일자.

구 일부만 러시아 흑해함대가 사용할 수 있다는 입장이지만, 러시아는 시설 전체가 러시아에 의해 만들어진 만큼 항구 전체를 관할하겠다는 주장을 굽히지 않고 있다. 아무튼 우크라이나는 흑해함대의 8백여 척의 군함과 항공기의 절반을 흡수하여 명실상부한 군사대국으로 발돋움하게 되었다.

국가 건설의 시련과 좌절

앞서 설명한 바처럼 우크라이나는 소연방에서 독립한 CIS(독립국가연합)[6] 제국들과는 달리 신흥대국의 반열에 오를 수 있는 탄탄한 기초체력을 구비하고 있다. 그럼에도 불구하고 1991년 12월 독립 이후 오늘날까지 공산주의라는 왼손잡이에서 자본주의라는 오른손잡이로 전환하는 데 필연적으로 요구되는 '산고'(産苦)이자 '통과의례'를 톡톡히 치르고 있다. 이를테면 시장경제 체제의 구축, 민주정치 체제의 정착, 법치국가의 건설, 정치적 안정과 민족화합 등 새로운 국가건설 과정에서 파생한 일련의 정치적, 사회적, 민족적 '내홍'(內訌)으로 적지 않은 후유증에 시달리고 있다. 이는 오랜 세월 러시아 지배의 질곡 하에서 민주주의와 시장경제에 대한 역사적 경험이 전무한 데 크게 기인한다.

91년 12월 주권 회복과 함께 우크라이나의 초대 대통령은 '레오니드 크라프추크'(Leonid Kravchuk)였다. 구소연방 우크라이나공화국 공산당 이념담당 서기, 최고회의(베르호브나야 라다) 의장에서 초대 대통령으로 발빠른 변신에 성공한 그는 대외적으로는 러시아와의 일정한 거리감을 두고 철저한 서방세

---

6) 과거 소련은 발트 3국(에스토니아, 라트비아, 리투아니아), 슬라브 3국(러시아, 우크라이나, 백러시아), 카프카즈 3국(그루지아, 아제르바이잔, 아르메니아), 중앙아시아 5국(우즈베키스탄, 투르크멘스탄, 카자흐스탄, 키르키즈스탄, 타직스탄), 몰다비아 등 총 15개 공화국들로 구성된 연방 국가였다. 1991년 12월 연방 해체를 결정한 '알마아타 선언'으로 이들 공화국들은 각기 주권국가로 독립하였다. 이 가운데 발트 3국과 그루지아를 제외한 11개 공화국이 상호 경제적 이익과 정치적 결속을 도모하기 위한 느슨한 형태의 국가연합체를 창설하는데, 이것이 이른바 독립국가연합(Commonwealth of Independent States; CIS)이다.

계로의 접근을 강조하는 '친서탈러'(親西脫露) 정책을 추구하였다. 크라프추크의 친서탈러 노선은 러시아에 대한 우크라이나 민족주의의 해묵은 역사적 앙금 때문이기도 하나, 파산한 러시아에게 더 이상 기댈 것이 없고 풍요로운 서방세계의 재정적 지원 확보만이 사망 일보 직전의 경제를 회생시킬 수 있다는 치밀한 이해득실에 따른 것이었다. 한편 대내적으로는 가격자유화, 군수산업의 민수전환, 국영기업에 대한 국가보조금의 삭감 등 이른바 '충격요법(Shock Therapy)식' 급진 경제개혁 정책을 통해 빠른 시일 내에 서구적 시장민주주의 체제를 착근시키고자 하였다.

그러나 크라프추크 대통령의 급진 개혁에는 명확한 한계가 있었다. 그것은 "염불보다는 젯밥에 눈독을 들이는", 말하자면 과거의 소수 기득권층이 그대로 권력상층부를 차지한 채 사유화 과정에서 국유재산을 나눠먹는 '정실자본주의'가 만연하였기 때문이었다. 게다가 공산주의 시절의 구각을 탈피하지 못한 뿌리깊은 관료주의, 부정부패의 만연, 지하경제와 마피아의 창궐, 소수 신흥자본가에 의한 경제력 집중 현상 등은 순조로운 시장경제 개혁을 방해하였다.

따라서 설익은 개혁이 결과한 고통은 모두 국민들의 몫이었다. 크라프추크 정권의 포르킨(Vitold Forkin) 수상이 주도한 가격 자유화 조치는 만성적인 물품 부족 현상을 해소하지 못했고, 오히려 물가앙등과 천정부지의 인플레이션만을 부추겨 국민들의 인내의 한계를 실험하였다. 또 국영기업에 대한 국가보조금 삭감은 기업의 자생력 강화가 아닌 산업생산의 지속적인 감소라는 정반대의 현상을 초래하였다. 그리고 군수산업의 갑작스런 민수전환 과정에서 약 30만 명 이상의 실업자가 발생하여 사회적 긴장이 움트기 시작하였다. 이처럼 개혁이라는 화살은 국가목표의 동심원을 크게 벗어나 과녁을 꿰지 못했고, 국민들의 희생만을 강요하였다.

날로 벌어지는 물가상승과 임금인상과의 격차는 서민들의 실질생활을 급격히 악화시켰다. 부익부 빈익빈 현상의 심화에 따라 소외계층이 양산되었고,

거기에 비례해 국론은 분열되어 갔다. 따라서 크라프추크 대통령에 대한 국민들의 불만이 점차 고조되는 것은 당연한 귀결이었다. 이런 상황에서 과거의 향수를 그리워하는 극단적인 국수주의자들과 러시아와의 재통합을 지지하는 보수 공산주의 세력들이 크라프추크 정권의 실책을 그냥 놔둘 리 만무하였다. 의회를 장악하고 있던 이들 적갈 계열의 극우 보수세력들은 민심 이반 현상에 편승하여 크라프추크 행정부를 강도 높게 공격하였고, 나아가 정권 타도를 공공연히 주장하기 시작하였다. 특히 도산 위기를 겪고 있는 군수산업체 경영자들의 반발이 가장 격렬하였다.[7]

전통적으로 사회주의 국가에서 '군산복합체'(Military Industrial Complex)는 국가의 중추 기간산업으로서 거대한 '불가사리'와 같은 존재였다. 군부, 노조와 함께 가장 강력한 이익집단이자 압력집단으로 기능하였다. 소연방 시절 핵심 산업기지였던 우크라이나에서도 군산복합체는 광범위하게 막강한 영향력을 행사하고 있었다. 특히 의회가 군산복합체의 이익을 적극 대변하는 '전위대' 역할을 하였다. 실제로 의회는 화급을 다투는 각종 법안 심의를 지연시키면서 사사건건 개혁의 발목을 잡았다. 나아가 1992년 10월 1일 경제정책 실패에 대한 책임을 물어 전격적으로 비톨드 포르킨 총리 내각 불신임안을 의결하여 크라프추크 대통령의 권위에 타격을 가했다.

대통령에 대한 군산복합체의 전면 저항은 곧 크라프추크 개혁 프로그램의 차질과 정치생명의 단축을 의미했다. 따라서 크라프추크는 보수파의 아성 의회와 군산복합체 경영자들의 반발을 무마하기 위한 타협책을 찾지 않을 수 없었다. 결국 크라프추크 대통령은 92년 10월 말 의회가 천거한, 최고회의 의원이자 군산복합체의 거두인 '레오니드 쿠츠마'(Leonid Kuchma)를 신임 총리로 발탁한다. 그리하여 우크라이나의 '샛별' 쿠츠마는 언론의 화려한 스포트라이트를 받으며 평의원에서 정계의 거물로 성장한다.

---

7) Taras Kuzio, 〈Crisis and Reform in Ukraine-Part 2〉, 『Jane's Intelligence Review』, November 1996, p.353.

쿠츠마(Kuchma)의 등장과 권력투쟁

쿠츠마의 신임 총리 등용은 대통령과 의회와의 정치적 타협의 산물이자 보·혁간 힘 겨루기에서 보수 의회세력의 우위를 입증하는 것이었다. 따라서 자기 심복이 아닌 의회가 천거한 인물의 마지못한 수상 지명은 크라프추크 대통령과 쿠츠마 수상 간의 대내외정책 노선의 불협화음, 즉 양자간 권력투쟁을 알리는 '신호탄'이었다.

크라프추크는 쿠츠마를 단지 야당과 군산복합체의 정치적 공세를 이완시키기 위한 실권 없는 '방파제'로 이용코자 하였다. 그러나 야심찬 쿠츠마는 그렇게 호락호락하지가 않았다. 민족주의자에서 보수파에 이르는 의원들의 광범위한 지지와 동시에 경제포고령 발동권 등 시장개혁 추진을 위한 폭넓은 권한까지 부여받으면서 취임한 쿠츠마 수상은 '얼굴마담'이 아닌 '실세총리'로서의 역할을 자임하면서 크라프추크 대통령의 눈치를 크게 살피지 않았다. 따라서 개혁의 속도와 방향 그리고 대외정책 노선을 둘러싸고 양자간 심각한 견해차를 노정하지 않을 수 없었다.

쿠츠마는 서방의 경제적 지원이 전제되지 않는 충격요법식 급진경제개혁은 결국 국민들의 부담과 고통만을 강요할 것이라고 주장하고 인플레의 억제와 재정적자의 감소를 목표로 한 온건 개혁노선을 표방하였고, 군수산업체의 점진적 민수전환과 이를 정부 차원에서 보호 육성하는 자력갱생의 경제정책을 추진하였다. 그러나 크라프추크 대통령은 중단 없는 혁명적인 시장개혁을 요구하였다. 즉, 서구의 신뢰를 얻어 재정지원을 확보하고 나아가 우크라이나 경제를 서방세계에 편입시키기 위해서는 강력한 시장개혁 드라이브 정책의 지속이 필요하다고 보았다.

외교노선에 있어서도 대통령과 수상간 첨예한 마찰음을 냈다. 그 마찰의 초점은 우크라이나의 대외정책 방향성 문제, 즉 "서방이냐, 러시아냐"라는 외교적 좌표설정 문제에 모아졌다. 이 문제에 대한 이해를 돕기 위해 먼저 우크

우크라이나의 친서방 경사노선을 방지하기 위해 1994년 11월 수도 키예프를 방문한 러시아 대통령 옐친이 새로이 선출된 쿠츠마 우크라이나 대통령과 정상회담을 마치고 부부동반으로 대통령궁을 산책하던 중 사진기자들의 요청으로 악수를 하고 있다.

라이나를 둘러싼 미·우·러간 삼각관계를 살펴볼 필요가 있다. 소연방 붕괴 이후 서방으로 대표되는 미국과 슬라브권의 종주국 러시아는 지정학적 가치가 높은 동슬라브족 우크라이나를 자신들의 세력권으로 끌어들이기 위한 치열한 세력 경쟁을 전개하였다. 미국은 우크라이나가 가장 목말라 하는 IMF 지원이라는 '당근'을 제시하면서 서방세력권으로 흡인하려 하였고, 우크라이나 내 핵무기 폐기와 핵확산금지조약(NPT) 가입을 IMF 지원의 전제조건으로 내걸었다. 한편 러시아는 크라프추크의 서방 접근을 차단하기 위한 '지렛대'로 우크라이나 경제의 '아킬레스건'인 에너지 자원의 공급으로 압박하였다. 이를테면 러시아는 우크라이나가 요구하는 에너지의 1/6만을 공급했고, 그것도 국제시장가격으로의 결제를 요구하면서 크라프추크의 친서방 경사노선을 견제하였다.

이렇듯 서방과 러시아 양방향으로부터 가해져 오는 진퇴유곡의 압력을 타개하기 위한 방안으로 쿠츠마와 크라프추크는 서로 다른 '처방전'을 내놓는다. 먼저 쿠츠마는 철두철미 국익관점의 실리적 외교노선을 견지하고자 하였다. 즉, 서방과 러시아로부터 더 많은 지원을 이끌어 내기 위해 '핵 카드'를 이용해야 한다고 주장하였고, 또 우크라이나 경제에 주름살을 깊게 하는 당장 시급한 에너지난 해결을 위해서는 경제지원에 미온적인 서방보다는 민족적, 종

교적 연대국인 러시아와의 긴밀한 경제협력 및 관계 강화를 유지해야 한다는
점을 강조하였다. 반면 크라프추크는 반려적 우크라이나 민족주의 관점에서
출발하였다. 우크라이나의 진정한 자주적 독립과 미래는 러시아보다는 서방에
달려 있다고 보고 철저히 외교노선의 친서방적 접근을 강조하였다.

그와 같은 대외노선 지향점의 차이는 자국내 핵무기 처리 문제와 관련하여
극명히 드러난다. 1993년 6월 3일 쿠츠마 수상은 우크라이나에 배치된 구소
련 핵무기 일부를 잠정적으로 장악해야 한다는 언론 발표를 하여 서방세계를
발칵 뒤집어 놓았다. 그러자 바로 다음날 크라프추크는 쿠츠마 총리의 주장
을 일축하고 핵무기를 궁극적으로 모두 폐기하겠다는 이전의 공약을 재확인
하여 서방을 안심시켰다.[8] 이렇듯 대서방 접근책에 있어 쿠츠마는 "선 경제
지원 확보, 후 핵무기 폐기"를 주장하였고, 크라프추크는 "선 핵무기 폐기 약
속 이행, 후 경제지원 확보" 방침을 견지하였다.

이상과 같은 대내외정책을 둘러싼 쿠츠마와 크라프추크 간의 파열음은 경
제상황을 파국으로 몰고 가면서 양자간 관계를 권력투쟁의 단계로 진화시켰
다. 1993년 연간 인플레는 1만%에 달했고 사유화는 정지되었으며, 실질임금
은 급락했고 산업생산은 급격한 감소세를 지속했다.[9] 이런 상황에서 국민들
의 분노는 인내의 한계라는 '임계점'을 향해 치달았다. 결국 우크라이나는 국
민들의 고통에 아랑곳하지 않은 정부의 식료품 인상에 격노하여 벌떼처럼 들
고 일어선 광부들의 저항으로 국정마비 상태에 빠져들게 된다. 220여 탄광의
50만 광부가 참여한 전국적인 탄광 총파업과 정치개혁을 요구하는 국민들의
저항은 우크라이나 정국을 한치 앞을 내다볼 수 없는 시계 제로의 안개 속으
로 내몰았다.

경제파탄 문제에 대한 대통령과 총리 간의 책임공방이 가열되었고 결국 국
정주도권 공방으로 이어졌다. 쿠츠마는 시장개혁과 경제난을 극복하기 위해

---

8) 〈우크라대통령, 한달내 NPT비준 약속〉, 『중앙일보』, 1993년 6월 8일.

9) http://7tech.net/kyomin/cisguide/cis-2. htm(검색일: 2000년 6월 12일).

수상에게 긴급 비상대권을 부여해 줄 것을 요구하였다. 그러나 크라프추크는 오히려 대통령 포고령을 발동하여 경제 비상사태를 선언하고 경제에 관한 직접 통제권을 장악했다. 크라프추크 대통령 자신이 직접 행정부 수반을 맡겠다는 내용의 포고령을 발표함에 따라, 쿠츠마 총리는 "대통령 직할 통치하에서 실권 없는 총리 노릇을 더 이상 할 의사가 없다"고[10] 밝히면서 총리직 사임의사를 표명한다.

화려한 정치적 재기와 대권 쟁취

크라프추크 대통령과의 권력투쟁에서 밀려난 쿠츠마는 1993년 9월 21일 수상직을 사임하고 자신의 정치적 고향 '드네프로페트롭스크'로 귀향하여 번민과 숙고의 나날을 보낸다. 그러나 그는 좌절하지 않았다. 행운의 여신도 그를 버리지 않았다. 쿠츠마의 과감한 총리직 사임은 오히려 그에게 전화위복의 계기로 다가왔다. 파산 일보직전의 우크라이나 경제상황 악화와 크라프추크의 독단적 국정운영은 그에 대한 국민들의 염증을 불러일으켜 쿠츠마에게 '반사이익'을 안겨주었다. 또 총리 재임 11개월 동안 그가 일관되게 추진한 온건 개혁노선과 친러시아 입장은 국민들의 광범위한 지지를 확보하고 있었다. 여기에 단신의 대머리인 시골동네 아저씨 같은 서민적인 인상과 발로 뛰는 성실한 국정 수행은 국민들에게 후한 점수를 얻는 데 기여하였다. 따라서 총리직 사임에도 불구하고 그의 인기는 오히려 치솟았다.

거대한 군산복합체와 반서방적 보수 세력들은 쿠츠마를 크라프추크에 맞설수 있는 유일한 대안으로 간주하고 그에 대한 정치적 지지를 아끼지 않았다. 실제로 과거의 동지들은 낙향한 쿠츠마를 따뜻이 맞이해 주었고, 93년 12월 우크라이나 산업가 동맹 총재로 추대하여 용기를 북돋아 주었다. 이 모두는 쿠츠마의 보스 기질과 치열한 승부 근성을 자극하여 그의 정치적 재기에 큰

---

10) 〈우크라共총리, 개혁저지 반발 사퇴선언〉, 『연합뉴스』, 1993년 5월 21일.

힘으로 작용하였다. 절치부심의 기회를 노리던 쿠츠마에게 국민들의 심판을 확인할 절호의 기회가 찾아왔다. 94년 3월 우크라이나 독립 이후 최초의 의회 총선이 실시되었는데, 그는 자신이 태어난 고향 '노브고로드-세베르스키' 선거구에 출마한다. 지역구 선거에서 쿠츠마는 전국 최다득표로 당선되어 언론의 주목을 받으며 정치적 부활에 성공한다. 나아가 지지세력인 보수 공산 계열이 의회 내 최대의석을 차지함에 따라 쿠츠마는 자신의 정치적 사상과 비전을 실현하기 위해 다가오는 6월 우크라이나 대선 출마에 대한 강한 야망을 보였다.

마침내 쿠츠마는 7명의 후보가 경선 참여를 선언한 6월 대선에 '출사표'를 던진다. 쿠츠마와 크라프추크의 팽팽한 대결로 압축된 대선 경쟁에서 쿠츠마는 생산량 격감과 살인적 인플레이션의 주된 책임이 크라프추크의 실정에 있다고 선거운동 기간 중 집요하게 공격했다. 또 우크라이나 경제를 빈사상태로 몰고간 연 60억 불에 달하는 과중한 천연가스 및 원유 수입 부담을 줄이기 위해서는 에너지 공급원 러시아와의 정치적, 경제적 유대를 강화해야 한다고 주장하면서 아무런 실익 없는 크라프추크의 친서방 밀월노선에 맹공을 가했다. 이는 반크라프추크 성향이 강한 인구밀집 지역의 동남부 산업지대 러시아어권 유권자들을 집중적으로 파고들기 위한 전략이었다. 점진적이나 혁명적이지 않은 시장경제 개혁을 선거공약으로 내세웠고 핵무기 해체를 대가로 서방의 경제 원조를 극대화해야 한다는 주장은 국민들에게 호소력을 발휘했다.

당초 크라프추크의 재선이 무난하리라던 예상은 빗나갔다. 6월 26일 실시된 1차 대선투표에서 크라프추크 대통령은 전체 유효표의 불과 37.8%만을 확보하여 당선에 필요한 과반수 득표에 실패했다.[11] 반면 조직과 바람과의 싸

---

11) 우크라이나의 대통령 선거는 우리 나라와는 약간 다르다. 우리의 경우 대선은 1차 투표로 끝나고 총 유효투표 수의 다득표자가 대통령으로 선출되나, 우크라이나 대선은 1차 투표에서 1위 후보가 총 유효투표 수의 과반수를 확보하지 못할 경우, 1차 투표의 1위, 2위 후보가 2차 최종 결

움에서 힘겨운 투혼을 발휘한 결과 경쟁자인 쿠츠마는 31.3%라는 예상 밖의 높은 득표율을 기록했다. 결국 2차 결선투표까지 간 7월 10일의 최종선거에서 쿠츠마는 전체 유효표의 53.7%를 확보, 44%를 얻은 크라프추크 대통령에게 통쾌한 역전승을 거두고 제2대 우크라이나 대통령 권좌에 등극한다. [12]

'미사일 설계사'에서 '국가 설계사'로

레오니드 쿠츠마(Leonid Kuchma), 그의 인생 역정은 전 러시아 대통령 보리스 옐친과 많은 점에서 '닮은꼴'이다. 다같이 시골 농촌가정에서 출생하였다는 점, 대학에서 엔지니어를 전공했다는 점, 대학 졸업 후 기술자로 인생의 첫발을 내디뎠다는 점, 공산당 당원이었다는 점, 최고지도자의 발탁에 의해 중앙정치 무대의 한복판에 섰다는 점, 권력투쟁에서 패배하여 정치적 실의의 시간을 보냈다는 점, [13] 의원직을 발판으로 정치적 재기에 성공하고 이를 토대로 결국 대통령 권좌를 거머쥐었다는 점, '토사구팽'의 달인이자 권력의 화신이라는 점 등이 양자의 유사점이다.

거함 우크라이나호의 새로운 선장 레오니드 쿠츠마(62)는 1938년 8월 9일 수도 키예프의 북동쪽 체르니고프스카야주(州) 노브고로드-세베르스키시(市) 근처의 한 농가에서 태어났다. 그는 1956년 청운의 꿈을 품고 자신의 고향에

선투표를 치른다.

12) 〈우크라이나 大選서 쿠츠마 前총리 당선〉, 『연합뉴스』, 1994년 7월 12일.

13) 소련에 '페레스트로이카'의 열풍이 불기 시작한 1985년 12월 우랄지역의 스베틀롭스크시당 제1서기였던 옐친은 고르바초프 서기장의 파격적 발탁에 의해 모스코바시당 제1서기(시장)로 임명된다. 그러나 옐친은 시간이 지나면서 당 간부들의 특권적인 생활을 맹렬히 비판하고 보다 급진적인 개혁을 요구한다. 그 비난의 화살이 고르바초프 서기장에까지 이르자 고르바초프는 1987년 11월 옐친을 모스코바시당 제1서기직에서 해임한다. 약 2년 동안 정치적으로 실의에 찬 생활을 보냈던 옐친은 1989년 3월 소련 최초로 복수 후보 출마가 허용된 인민대의원(의회) 선거에 출마한다. 모스코바시에서 입후보하여, 전국 최다득표로 당선 정치적 재기에 성공한다. 그리고 1991년 6월에는 소연방 러시아공화국 민선대통령에 선출되어 고프바초프 대통령의 중앙정부와 맞서 지방공화국의 권한 확대를 위해 투쟁하였고, 91년 12월 소연방이 해체되자 옐친은 마침내 러시아연방 초대 대통령직에 오른다.

서 멀리 떨어진 우크라이나 중·동부의 드네프로페트롭스크(Dnepropetrovsk)
국립대학교 기계공학과에 입학한다. 1960년 졸업과 함께 기계기사 학위를 받
은 뒤 우주항공 기술자로 사회생활의 첫발을 내디디게 되는데, 그의 첫 직장
은 세계에서 가장 큰 핵미사일, 우주선 및 인공위성 산업체인 드네프로페트
롭스크시(市)[14] 소재 '피브덴마쉬'(Pivdenmash)사였다. 과거 서방세계를 공포
의 도가니로 몰고 갔던 SS-20 핵미사일과 소련의 우주선 '미르호(號)'가 바
로 이 회사에서 제작되었다. 60년부터 82년까지 약 22년 동안 피브덴마쉬사
(社)의 우주항공국 기계 설계사로 일했고, 소련의 우주선 발사 기지가 위치한
카자흐스탄의 '바이코누르' 우주센터에서 한때 기술이사로 재직하기도 했다.
82년 피브덴마쉬사의 설계담당 부사장에 임명되었고, 마침내 86년에는 사장
으로 승진하여 수상 지명 이전인 92년 10월까지 이 회사에 재임하였다.[15]

　이상의 경력에서 살펴보듯 쿠츠마는 우주항공 분야 군산복합체에서 잔뼈가
굵은 사람이다. 따라서 정통 관료 출신이 아닌 '테크노크라트'(기술 관료)에
속한다. 그렇다고 단순한 기술쟁이가 아니라 학구적이며 사회활동 경력도 다
양하다. 1981년부터 91년까지 우크라이나 공산당 중앙위원을 역임했고, 90년
에는 피브덴마쉬사 사장직을 겸직한 채 우크라이나 최고회의(베르호브나야 라
다) 의원으로도 선출되었다. 우주항공 분야에서의 업적을 인정받아 최고의 영
예인 레닌상과 우크라이나 국가 대훈장을 수상하였으며, 전공 분야에서의 탁
월한 저서와 논문을 발표한 기계학 박사이자 우크라이나 과학아카데미 회원이
기도 하다. 또 피브덴마쉬사 사장 재직시인 92년에는 드네프로페트롭스크 대
학 교수로 출강하기도 했다.[16]

　1992년 후반부 쿠츠마는 주변의 권유와 천거에 힘입어 이제 본격적으로 우

---

14) '드네프로페트롭스크'(Dnepropetrovsk)시(市)는 인구 120만의 우크라이나 제3위 도시로서 군
　산복합체의 중심지이다.
15) 〈[포커스 투데이] 우크라대통령 再選 쿠츠마〉, 『대한매일』, 1999년 11월 16일.
16) 레오니드 쿠츠마 우크라이나 대통령의 개인 프로필은 다음 사이트를 참조.
　http://www.ukremb.com/Pres~1.htm(검색일: 2000년 6월 23일).

크라이나 정치의 한복판에 입성한다. 10월부터 익년 9월까지 약 11개월 동안 우크라이나호의 항로를 책임지는 '조타수'로 활동하면서 국가의 제2인자 지위를 누렸다. 권력의 중심부에서 떨어져 나간 시련기도 있었다. 그러나 그 시련기는 강인한 승부사를 만드는 정치적 '담금질' 기간이었다. 수상직 사임 이후 실의에 찬 방황을 하다가 93년 12월 우크라이나 산업기업가 동맹 총재에 피선되면서 정치적 재기의 의지를 불태웠고, 94년 3월 의회 재입성을 발판으로 마침내 동년 7월에는 미사일 설계사에서 국가 설계사로 등극하는 데 성공한다. 그러나 쿠츠마의 대권쟁취 환희의 이면에는 짙은 그림자가 도사리고 있었다. 그것은 초인플레와 완전 마비된 공공행정이라는 전임 크라프추크 대통령의 부정적 유산을 시급히 극복해야 하는 어려운 과제였다.

권력강화와 국가시스템 개조작업

1994년 7월 19일 우크라이나의 제2대 대통령으로 취임한 쿠츠마는 자신의 정치 철학과 이상을 실현하기 위해 10월 11일 경제개혁 조치 실시에 관한 최고회의 연설을 시발로 대대적인 국가통치구조 개조작업에 착수한다. 요컨대 단기간에 '정치적 안정'과 '침체된 경제 활성화'를 이룰 것을 목표로 설정하고, 이를 토대로 새로운 도약과 강한 우크라이나의 부활을 위한 국정시스템 재구축, 즉 국가 통치체계 개혁작업을 강도 높게 전개하기 시작한 것이다.[17] 이를 위해서는 무엇보다도 먼저 공고한 권력기반의 구축이 필요하였다. 따라서 대통령 주변에 자신의 정치적 고향인 드네프로페트롭스크 출신의 이른바 '드네프르 마피아'와 군산복합체 출신의 옛 동지들을 전면 포진시켰다.

의회의 공산당 및 민족주의자 등 보수파 연합이 천거한 비탈리 마솔을 총리에 지명하였고, 군산복합체 출신의 발레리 시마로프를 최초의 민간인 국방

---

17) 쿠츠마의 우크라이나 국가 개혁 프로그램은 다음 사이트를 참조. http://www.kuchma. org/ (검색일: 2000년 6월 25일).

장관에 임명하였으며, 오랜 친구인 세르게이 오시카를 대외경제관계 장관에, 자신의 측근인 겐나디 우도벤코를 외무장관으로 기용하는 등 취임 1개월 만에 핵심 각료직을 대상으로 한 개각작업을 모두 완료했다.

친정체제를 강화한 후 쿠츠마는 이제 크라프추크 시대의 부산물인 사회병리 현상과 흐트러진 국내 질서를 바로잡기 위한 국가시스템 개조작업에 박차를 가한다. 우선 해이한 국가기강 확립 차원에서 부패와의 전쟁을 선언하고 그 본보기로 1994년 11월 예핌 즈비아길스키 전 총리를 공금 2천5백만 달러 횡령 혐의로 법정에 세운다.[18] 이어서 정치개혁을 단행하는데, 95년 5월 대통령이 총리와 모든 각료들을 의회의 동의 없이 임명함과 동시에 대통령의 개혁계획을 '포고령'을 통해 신속히 추진할 수 있도록 하는 법안을 통과시켜 대통령의 권한을 확대한다.[19] 96년 6월에는 신헌법을 채택하여 논란의 대상이었던 대통령과 의회 그리고 행정부 사이의 권력구조 배분 문제를 말끔히 매듭짓는다.[20] 또 97년 10월에는 정정 불안의 원인인 정당의 무분별한 난립을 막기 위해 비례대표제 도입을 주요 골자로 하는 국회의원 선거법을 제정한다.[21]

쿠츠마의 국가 통치구조 개조 작업은, 정치적 불안정이 일관된 개혁정책의 걸림돌로 작용하였던 과거의 경험을 거울삼아 경제개혁의 효율성을 제고하기 위한 일종의 정지작업이었다. 요컨대 쿠츠마의 통치 프로그램의 최종 종착지는 첫째 경제 재건, 둘째도 경제 재건이었던 것이다. 실제로 쿠츠마 대통령은 국내 경제개혁을 최우선 정책으로 표방하였고, 경제외교의 중요성을 한층 강화시켜 나갔으며 심지어 대외정책 노선까지도 악화되는 경제난을 해결하는데

---

18) 〈우크라이나 대통령, 前총리 체포령 발부〉, 『연합뉴스』, 1994년 11월 18일.
19) 〈우크라 議會, 대통령 권한 강화법 승인〉, 『연합뉴스』, 1995년 5월 19일.
20) 우크라이나는 91년 독립 이후에도 지난 70년대 제정된 옛 소련 헌법을 그대로 사용하고 있었다. 따라서 체제변동과 사회변화와는 동떨어진 구소련 헌법의 적용으로 우크라이나는 정쟁이 그칠 날이 없었다.
21) 1997년 10월 국회의원 선거법은 의원 수를 지역구 225명, 비례대표 225명 등 총 500명으로 하고, 비례대표는 전체 유효득표의 4% 이상 지지를 획득한 정당에만 배분하기로 하였다.

한국과의 경제협력 확대를 위해 서울을 방문한 레오니드 쿠츠마 우크라이나 대통령이 김영삼 대통령과 1996년 12월 16일 청와대에서 만났다.

종속시켰다. 94년 7월 최고권좌에 오른 쿠츠마가 취임 직후 처음으로 초빙한 인사가 클린턴 미 대통령도, 옐친 러시아 대통령도 아닌 국제통화기금(IMF) 총재 캉드쉬였다는 점이 이를 여실히 입증해 준다.

경제이익 확보의 중요성 강조는 총리 시절 친러적 성향을 보였던 쿠츠마의 대외노선 성향마저 뒤바꿔놓았다. 역설적이게도 크라프추크보다도 더 친서방적 정향으로 변했다. 경제가 권력기반 강화의 기초공사라는 점을 터득하였고, 또 우크라이나 국가의 생존을 위해서는 서방의 경제지원이 절대적이라는 냉엄한 현실을 깨달았기 때문이었다. 따라서 쿠츠마는 집권과 함께 과거 자신이 반대했던 입장에서 한발 물러나 우크라이나 내 핵무기 폐기와 NTP 가입이라는 대서방 유화책을 제시하면서 서구로부터 최대한의 경제지원을 확보하는 데 외교적 총력을 기울이기 시작하였다.

경제외교의 성과는 크게 만족스럽지는 않았지만 우크라이나 경제에 어느 정도 '숨통'을 틔워 주었다. 캉드쉬 총재의 키에프 방문 후 우크라이나는 IMF와 첫 번째 협정을 맺고 7억 달러의 체제전환 차관을 제공받았고, 1995~1997년에는 15억 달러의 대기차관을 공여 받았으며, 98년 9월에는 IMF로부터 22억 불의 3개년 확대기금(Entended Fund Facility) 차관까지 확보했다. 이 밖에 95년에는 서방선진국 G7으로부터 2000년까지 체르노빌 원전의 영구폐쇄를 조건으로 31억 달러를 지원받는다는 약속을 이끌어 냈다.[22] 이 모두는 쿠츠마의 대미 및 대서방 접근책을 강화한 노력의 결과였다.[23]

쿠츠마는 국내 경제개혁 속도에도 불길을 댕겼다. 그는 미로 속의 우크라이나 경제 출구를 자력갱생이 아닌 해외투자 유치에서 찾았다. 아사상태의 우크라이나 경제 회생을 위해서는 서방국가들의 외자유치 확대가 필수적이라고 판단하였던 것이다. 이를 위해서는 서구적 형태로의 경제구조 정비가 불가피하다고 보고 과거의 온건적 태도에서 벗어나 급진적 개혁 노선으로 선회한다. 먼저 96년 4월에는 외국인 투자유치 확대를 겨냥해 외국인 투자법을 제정하였고, 외환시장의 안정과 러시아의 경제예속에서 벗어나기 위해 96년 9월 독자적 화폐인 '그리브나'(GRIVNA)를 도입한다. 아울러 IMF 차관을 경제구조 개혁작업에 쏟아 부었는데, 특히 금융·사유화·농업 및 에너지 분야에서의 강도 높은 개혁을 추진하였다.

침체된 생산부문 활성화와 재정 건실화 작업에도 총력을 기울였다. 쿠츠마는 재정적자의 주범인 국영기업의 정부보조금 축소를 위해 일종의 주식형태인 '바우처'를 국민들에게 분배하는 방식으로 1만6천여 개의 중·대형 국영기업을 민영화시키는 작업에 착수했다. 이와 함께 기업에 대한 세금경감 조치로 기업의 생산활동을 증대시켰다. 또 달러화에 대한 환율이 지역마다 달

---

22) http://www. mofat. go. kr/ukraine (검색일: 2000년 6월 28일).

23) 이를테면 1995년 5월과 2000년 6월 클린턴 미 대통령의 키에프 초청, 96년 2월과 97년 5월 그리고 99년 12월의 3차례에 걸친 쿠츠마의 미국 방문, 94년 6월 "우크라이나-유럽연합(EU) 간 동반자 협력협정" 서명, 97년 9월 "NATO-우크라이나 간 특별 동반자 협정" 체결 등이 그 구체적인 사례들이었다.

라 기업들의 수출활동에 큰 장애가 되어왔던 변동환율제를 정부고시제로 바꿔 환율의 안정을 기했다.[24]

　강도 높은 구조개선 노력 결과 우크라이나 경제는 서서히 기지개를 펴기 시작한다. 물론 경제 회복에는 서방과의 원만한 관계가 결과한 IMF의 차관 공여가 크게 기여하였다. 독립 이후 지속적으로 감소하던 산업생산은 1997년 바닥권에 도달했고, 과거 살인적인 인플레이션은 98년에 이르러 10% 수준으로 진정되었다. 지난 9년 간 계속적인 마이너스 성장을 기록했던 우크라이나 경제는 99년에 사상 최저인 -0.4%를 기록한 이래 점차 회복 국면에 돌입하였고, 2000년 국내총생산(GDP)은 1.6% 성장할 것으로 예상되고 있다.

　이와 같은 가시적인 괄목할 만한 경제성과는 쿠츠마에 대한 국민들의 기대치를 증가시켰다. 따라서 쿠츠마는 1999년 11월 실시된 제3대 우크라이나 대통령 선거에서 강력한 정적 표트르 시모넨코 공산당 당수를 어렵지 않게 물리치고 재선에 성공한다.[25] 일련의 지난한 정치·경제개혁 과정에서 사회적 소요와 의회의 완강한 저항이 있었으나 국민들은 우크라이나의 미래를 다시 한번 쿠츠마에게 맡겼다.

‘개혁전도사’ 에서 ‘개발독재자’ 로

　사진에서 알 수 있듯 쿠츠마 대통령의 웃지 않은 얼굴 인상은 포커페이스, 근엄함, 과묵성을 떠올린다. ‘회색 추기경’이란 별명처럼 무언가 음모적이고 권위적인 냄새가 짙게 배어 있다. 강렬한 눈빛은 냉혹한 승부사를 연상시킨다. 이런 스타일

---

24) 〈우크라이나 경제 ‘기지개’〉, 『세계일보』, 1994년 12월 8일.
25) 1999년 11월 14일 결선투표까지 간 우크라이나 제3대 대통령 선거에서 현직 쿠츠마 대통령이 시모넨코(Symonenko) 공산당 당수를 약 20% 차이(56% : 36%)로 누르고 재선에 성공한다.

지도자들의 공통점은 토사구팽의 달인이라는 것이다. 집권 1기 대통령 재임 5년 동안 갈아치운 총리의 평균 재임 기간을 살펴보면 잘 알 수 있다. 비탈리 마솔 총리(94. 7~95. 3), 예벤 마르추크(95. 3~96. 5), 파벨 라자렌코(96. 5~97. 7), 발레리 푸스토보이텐코(97. 7~99. 12), 빅토르 유시첸코(99. 12~현재) 수상 등은 평균 재임 수명이 1년 안팎으로 '소모품 총리'에 지나지 않았다. 사실 대통령제하에서 총리는 얼굴마담일 수밖에 없다는 한계를 지니고 있지만 개혁의 불가피한 부작용에 대한 비난의 화살을 차단하는 더할 나위 없는 '방패막이'였던 것이다. 권력의 속성이 분점을 용납하지 않는다는 측면에서 쿠츠마는 역설적으로 크라프추크 전임대통령을 능가하는 정치가의 자질을 훌륭히 갖추고 있다고 봐도 무방하다.

쿠츠마는 안팎에서 독재자란 소리를 듣고 있다. 법의 지배가 아닌 인치(人治)와 법의 독재를 강화하고 있기 때문이다. 대체적으로 독재적 성향과 언론탄압은 비례한다. 일인권력 지향형 지도자일수록 눈에 거슬리는 언론인들을 그냥 내버려두지 않는다. 그런 측면에서 쿠츠마도 예외가 아니다. 1999년 5월 '국제 언론인 보호위원회'(CPJ)는 세계 언론자유의 날을 맞아 세계 언론 10대 적들의 명단과 그 죄목을 발표하였는데, 쿠츠마 대통령도 슬로보단 밀로세비치 유고연방 대통령과 장쩌민(江澤民) 중국 국가주석, 피델 카스트로 쿠바 국가평의회 의장 등과 함께 이 명단에 포함되어 있다. 앤 쿠퍼 CPJ 사무총장은 이들 지도자들이 보도활동을 억압하기 위해 고의적으로 언론인들에 대한 검열, 투옥, 물리적 공격, 살해 등의 방법을 자행한 인물들이라고 지적하고 있다. 쿠츠마의 경우 검열, 신문사 폐쇄, 명예훼손 관련 언론인 투옥 등으로 언론탄압을 주도하고 있다고 발표했다.[26]

권력 독점에 대한 쿠츠마의 집착은 지능적인 언론탄압에 머무르지 않았다. 권력을 향한 끝없는 욕망은 절대적인 대통령제 강화작업으로 이어졌다. 쿠츠마는 1999년 11월 대선에서 유세 기간 중 줄기차게 '강력한 대통령제'를 외

---

26) 〈밀로세비치·장쩌민·카스트로, 언론의 최대 적〉, 『연합뉴스』, 1999년 5월 3일.

치고 다녔다. 개혁의 일관성과 가속화를 위해 대통령에게 힘을 실어 달라는 명분을 내세웠고, 국민들은 쿠츠마의 그런 요구에 동조하였다. 이는 10년 만에 처음으로 성장세로 돌아선 쿠츠마의 개혁정책 성과가 국민들 사이에 어느 정도 체감되기 시작하였고, 또 기성 정치인들에 대한 국민들의 냉소적 태도, 즉 "국회의원들이 국가를 위해 아무 것도 하지 않고 사사건건 개혁의 발목만을 잡는다"는 인식이 팽배해 있었기 때문이었다.[27] 이런 국민들의 지지에 힘입어 쿠츠마는 재임 성공 직후 의회와 반대세력의 격렬한 저항에도 아랑곳하지 않고 재차 대통령의 권한을 대폭적으로 강화하는 개헌작업에 착수한다.

쿠츠마는 자신의 의지를 관철시키기 위해 무소불위의 대통령 포고령을 발동하여 의회를 해산하고 2000년 4월 16일 자신이 제시한 개헌안에 대해 여론의 신임을 묻는 국민투표를 실시한다. 쿠츠마 개헌안의 핵심골자는 의회 권한의 축소와 대통령 권한의 대폭 확대로 요약된다. 즉, ▲현행 단원제 의회의 상하원 양원제로의 개편과 지역대표로 구성되는 상원의원에 대한 대통령 지명권 부여, ▲국회의원수를 현 450명에서 300명으로 축소, ▲대통령에게 의회해산권 부여, ▲경우에 따라 의원들의 면책특권을 박탈한다는 내용이다.[28] 이 개헌안은 입법부에 대한 행정부의 힘의 우위를 의미하기에 기득권 상실을 우려한 의회가 첨예한 반발을 보인 것은 자명한 일이었다. 이들은 쿠츠마가 전체주의적 독재자의 길을 가고 있다고 비난하면서 개헌안을 저지시켜줄 것을 호소하였다. 그러나 국민들은 부패척결과 개혁의 가속화를 위해 대통령의 권한을 강화해야 한다는 쿠츠마의 주장에 더 귀를 기울였고, 81%라는 압도적인 지지로 그의 손을 들어주었다.[29] 일인집중의 대통령 권한강화는 향후 우크라이나의 개혁 방향과 관련하여 쿠츠마가 자유주의적인 시장개혁보다는 개발독재 형태의 시장개혁을 취할 가능성을 시사한다.

---

27) 〈우크라, 대통령 권한강화 국민투표 실시〉, 『연합뉴스』, 2000년 4월 17일.
28) 위의 글.
29) 〈우크라, 대통령 권한강화 압도적지지〉, 『연합뉴스』, 2000년 4월 17일.

아무튼 쿠츠마는 의회라는 커다란 장애물을 극복함으로써 보다 안정된 정치적 여건 속에서 21세 우크라이나 개혁호가 순항할 수 있는 발판을 마련하게 되었다. 그러나 쿠츠마에겐 개혁의 순조로운 진행을 위해 해결해야 할 결코 쉽지 않은 과제들이 가로놓여 있다. 뿌리깊은 관료주의와 부정부패의 척결, 분열된 민족의 통합, 우크라이나 경제의 서유럽 편입, 국가의 안전보장, 러시아의 과도한 영향력 침투 억제 등이 그것이다. 이 가운데 가장 핵심적인 과제라 한다면 다음 두 가지 대내외적 문제로 압축된다. 하나는 대내적인 국론과 민족통합의 문제이고, 다른 하나는 국익과 안보를 담보하는 실리적인 외교적 좌표의 설정이다. 이 모두는 개혁의 성패 및 우크라이나의 미래와 직결된 문제이다.

민심을 가르는 드네프르강

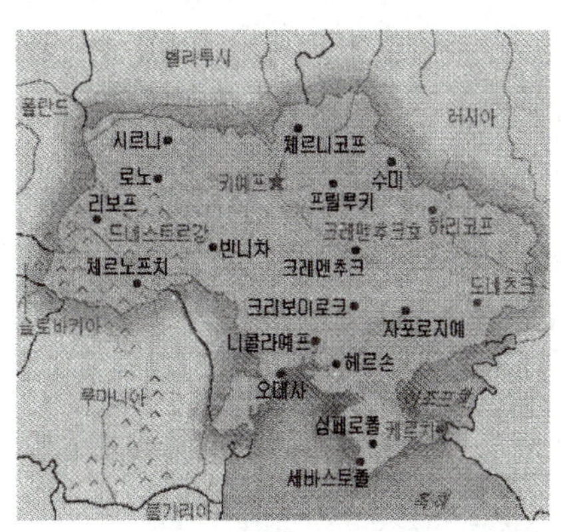

우크라이나를 북에서 남으로 정 가운데를 가로지르는 드네프르강은 국론분열의 경계선이다(옆의 우크라이나 지도 참조). 요컨대 민심은 드네프르강을 중심으로 동부 우크라이나 지역과 서부 우크라이나 지역으로 확연히 갈라진다. 동부지역은 '도네츠크'가 그 중심지로서 탄광 및 공업지대가 밀집해 있어 많은 러시아인들이 이주해 살고 있다. 뿐만 아니라 지리적으로도 러시아와 가까워 우크라이나 민족주의가 희박하고 대슬라브주의가 지배하고 있다. 반면 서부 지역은 농업지대로서 반러적이며 독립적인 우크라이나 민족주의 색채가 강세인 지역이다. 2차 세계대전 당시 잠시 존재했던 친독(親獨) 우크라이나 괴뢰정부의 주력들은 모두 서부 출신이었다. 그 당시 서부지방의 일부 우크라이나인들은 독일군을 해방군으로 받아들이고 게릴라 부대를 조직하여 소련군에 맞서기도 했다. 또 소연방 붕괴 이후 러시아에 대항하기 위해 결성된 우크라이나의 극단적인 민족주의 정치·군사 조직인 YNA(우크라이나 민족회의), YNSO(우크라이나 민족자위대)도 모두 서부지역을 거점으로 하고 있다.[30]

전통적으로 과거 소연방 시절 우크라이나의 정치권력은 동부 도네츠크파에 의해 독점돼 서부 지역 출신들은 제대로 고개를 들지 못했다. 그러나 소련 붕괴 이후 상황은 역전되었다. 우크라이나 국가 성립과 더불어 서부 지역 민족주의자들이 권력의 전면에 부상하기 시작한 것이다. 크라프추크 대통령으로 대표되는 서부 지역 출신들이 권력의 요직을 독차지하면서 '친서탈러' 정책을 추구하자, 권력에서 소외된 동부 출신들이 의회를 장악하고 크라프추크에 대한 정치적 파상공세를 강도 높게 전개하였다. 정국은 긴장감이 감돌았고 양측의 대립은 팽팽한 평행선을 그었다. 이때 중부의 드네프로페트롭스크 지방 출신들이 동·서부의 세력균형을 틈타 새로운 권력의 핵으로 등장하기 시작했는데, 레오니드 쿠츠마 대통령이 바로 이곳 출신이었다.[31]

우크라이나 국가의 성장 및 발전 방향과 관련하여 서부 지역은 개혁 지향적이고 서구세계로의 편입을 바라고 있다. 반면 동부는 보수적 성향의 온상지로 대슬라브주의를 외치며 러시아와의 재통합을 희망하고 있다. 따라서 선거 때마다 드네프르강을 경계로 민심은 극명한 편차를 드러낸다. 1994년 제2대 우크라이나 대통령 선거 때 서부 지역 출신의 크라프추크 대통령은 드네프르강 서부 지역에서 94%의 득표율을, 쿠츠마는 동부지역에서 80%의 득표율을 각각 기록하여 심각한 지역갈등을 표출한 바 있다.[32] 이 과정에서 중부 출신의 쿠츠마는 친러노선을 표방하면서 지역감정을 적절히 이용 동부 지역

---

30) 황성준, 〈세계 3위 핵강국 우크라이나-2위 핵강국 러시아간 긴장 고조〉, 『월간조선』, 제198호 1996년 9월, 446쪽.
31) 황성준, 위의 글.
32) 〈兩國 現 지도자 패배 …… 충격〉, 『연합뉴스』, 1994년 7월 12일.

에서 압도적인 지지표를 이끌어 냈다. 이러한 투표행태는 마치 우리 나라 영호남 지역갈등 '복사판'을 보는 듯하다.

대통령 선거는 우크라이나 민족주의자와 러시아계 주민 사이의 민족적 갈등을 '표심'을 통해 적나라하게 표현하였다. 그와 같은 현상은 아직까지도 지속되고 있다. 러시아계 주민이 압도적인 동부 공업지대는 우크라이나와 러시아의 2중국적 취득허용과 러시아어의 공용화, 대러 경제통합 등 모스크바와의 관계 강화를 요구하고 있다. 한편 서부 농촌지역은 우크라이나 민족 정당의 거점으로 우크라이나의 독자적인 정체성을 강조하고 있고, 국가의 발전과 미래를 러시아보다는 서유럽 방향에서 찾고 있다.

이런 양측의 민족적 대립 양상은 향후 우크라이나의 국가적 분열을 예고하는 전조가 될 수 있다. 그런 조짐이 이미 현재적으로도 나타나고 있다. 우크라이나 동부지역 흑해 연안의 크림 자치공화국은 인구 270만의 주민 가운데 3분의 2가 러시아계로 우크라이나로부터의 분리독립을 요구하고 있다. 1991년 우크라이나의 주권 회복 이후 크림 자치공화국은 러시아계 주도하에 러시아로의 재(再)편입운동을 벌여왔다. 94년에 접어들면서 독립운동이 가속화되는데, 동년 1월 새로이 선출된 크림 공화국 대통령 메쉬코프는 공식언어로 러시아어를 채택하여 친러정책을 강화하였고 공공연히 분리독립을 주장하였다. 나아가 95년 4월에는 분리독립을 위한 신헌법까지 통과시켰다.[33] 그러자 쿠츠마 대통령은 크림 자치공화국을 자신이 직접 관장한다는 대통령 포고령을 전격 발표하고 군대를 투입하여 크림 자치공화국 정부 통제권을 장악하는 강경 진압책을 썼다. 이 과정에서 마찰이 심화되어 내전 발발의 위기까지 고조된 적이 있다.

크림 자치공화국의 분리독립 문제는 아직까지 완전 해소되지 못한 채 잠복성 분쟁의 지뢰 상태로 남아 있다. 크림 공화국 문제가 '도화선'이 되어 우크

---

33) 우준모, 〈우크라이나 민족과 민족주의 진로〉, 『러시아 지역연구』, 창간호(서울, 한국외국어대학교 러시아연구소, 1997), 90쪽.

라이나 국가 분열의 파국을 초래할 개연성을 배제할 수 없다. 따라서 쿠츠마에게 지역갈등은 어쩌면 경제난 극복보다 더 무서운 짐으로 작용할 수 있다. 특히 크림반도에 위치한 흑해함대 관할권 문제와 관련하여 호시탐탐 크림 공화국의 분리독립을 부추기는 러시아의 태도를 예의 주시하지 않으면 안 된다. 이와 관련하여 우크라이나를 자신의 세력권에 묶어 두기 위한 러시아의 과도한 영향력 행사 기도가 쿠츠마로 하여금 친러주의자에서 친서방주의자로 변신하게끔 자극한 중요한 동인으로 작용하고 있다.

우크라이나와 러시아의 역사적 악연

쿠츠마의 대내외정책 성패 여부는 러시아와 가장 밀접한 함수 관계에 있다. 심각한 국론 및 민족분열의 봉합과 우크라이나의 대외적 진로의 생산성은 모두 러시아에 의해 지대한 영향을 받지 않을 수 없다. 이는 러시아와 우크라이나 양국 관계의 역사적 특수성에 기인한다. 따라서 이를 이해하기 위해서는 러시아와 우크라이나 간의 현상적 관계만을 검토하는 것으로는 부족하다. 역사적 시·공간대 속으로 들어가 양국 관계를 살펴볼 필요가 있다.

사실 우크라이나는 러시아의 역사적, 문화적, 종교적, 인종적 '원류'(原流)이다. 말하자면 러시아와 우크라이나의 국가적 기원은 다 같이 최초의 민족국가 형태를 완성한 882년 '키에프 루시'라는 고대국가에서 출발한다. 우크라이나의 수도 '키예프'는 우리 나라의 '경주', 러시아의 수도 '모스크바'는 '한양'쯤에 해당한다. 인종적으로도 러시아인과 우크라이나인은 백러시아인과 함께 슬라브 혈통을 이어받은 동슬라브족이다. 인척관계로 치면 사촌쯤에 해당한다. 언어도 심한 사투리 정도밖에 차이가 나지 않는다. 이렇게 같은 역사적 뿌리, 거의 동일한 언어, 유사한 문화의 러시아와 우크라이나는 왜 다른 민족으로 불리우며, 또 서로 적대적이기까지 할까? 가장 핵심적인 이유는 무엇보다도 양국간 역사적 단절에 따른 민족적 분열에서 찾을 수 있다.

　러시아도 우크라이나도 모두 자신의 뿌리를 882년 최초의 고대국가 '키에프 루시'에서 찾는다는 점에서는 동일하다. 그러나 12세기 초 '키에프 루시'가 분열하여 12개 공국으로 분화되었던 시점부터 역사적 해석이 판이하게 다르다. 우크라이나는 12개 공국 중 남서부의 '갈리찌야 볼르인 공국'이 키에프 루시의 적통의 계승국이라고 주장한다. 그러나 러시아는 북동부의 '블라지미르 수즈달 공국'이 키에프 루시의 민족적, 역사적 정통성을 이어받았다고 강변한다. 키에프 루시의 적자논쟁을 떠나 양국의 역사가 본격적으로 나뉘지기 시작한 것은 13세기 초 몽고의 타타르 지배(1240~1480) 이후부터였다. 몽고족 침입 당시 블라지미르 수즈달 공국의 알렉산드르 넵스키 대공은 몽고 타타르에 대해 사대외교를 전개, 명맥을 유지하면서 스웨덴과 전쟁을 수행하였다. 반면, 갈리찌야 볼르인 공국의 다니엘 가리츠키공은 서구와 동맹을 맺고 몽고에 저항했다. 이렇게 키에프 루시 혈통의 한 부분은 아시아와 동맹을, 다른 부분은 유럽과의 동맹을 택했는데, 그 결과 전자는 러시아가 되었고, 후자는 우크라이나가 됐다. 이러한 역사적 선택으로 헤어진 양자는 1654년 '페레야슬라브 조약'으로 우크라이나가 러시아의 로마노프 왕조에 의해 합병될 때까지 약 4백 년 동안 역사적 단절을 겪었다. 결국 이 기간 동안 언어문화의 이질화가 발생했으며, 합쳐진 지 350여 년의 세월이 흘렀는데도 그러한 잔재가 강하게 남아 있는 것이다.

　또 우크라이나는 영토의 거의 정 가운데를 흐르는 드넓은 드네프르강의 영향으로 서부 지역과 동부 지역의 단절이 심하다. 이는 19세기 드네프르강 서쪽이 오스트리아·헝가리 제국의 영향하에 놓였던 역사와도 무관하지 않다. 이 당시 이미 일부 우크라이나 민족주의자들은 고유언어와 문화를 고수하려고 했으며, 이에 대해 러시아는 잔인한 탄압으로 맞섰다.[34] 따라서 우크라이나 민족주의자들은 러시아인에 대해 역사적 앙금이 깊이 쌓여 있다. 이들은

---

34) 황성준, 〈세계 3위 핵강국 우크라이나-2위 핵강국 러시아간 긴장 고조〉, 『월간조선』, 제198호 1996년 9월호, 449쪽.

1997년 9월 "NATO-우크라이나 간 특별 동반자 협정"을 체결한 후 하비에르 솔라가 나토 사무총장과 기쁨의 악수를 나누고 있다.

러시아인을 "유럽인의 얼굴을 한 몽고인", "몽고의 피에 의해 순결이 더럽혀진 사생아"라고 비난하고, 우크라이나 민족의 정체성을 강조한다. 그리고 러시아에 대한 반발력으로 머리를 서쪽으로 돌리자 한다.

슬라브권의 '이단아'

총리 재임시절(1992. 10~1993. 9) 쿠츠마는 친러적 성향을 견지하였다. 그렇다고 반서방적 태도를 보인 것도 아니지만 크라프추크의 일방적 친서방 경사노선에 대해서는 비판을 가했다. 쿠츠마의 외교노선은 우크라이나의 '교량 역할론'으로 집약된다. 요컨대 우크라이나가 경제고립 상태에 있다면서 "울타리가 아니라 다리를 건설하자", 즉, 우크라이나를 러시아와 서방을 잇는 다리로 삼아야 한다고 주장했다.[35] 이는 국익 극대화를 위한 친서·친러 정책의 표현으로서, 다분히 러시아계 동부 지역 주민들의 여론을 의식하고 보수세력의 '둥지' 의회의 눈치를 살피는 고감도 정치적 제스처였다. 그리고 쿠츠마의 최고 권좌 등극에는 그러한 친러주의적 자세가 절대 기여하였다. 실제로 1994년 7월 크라프추크와 2차 결선투표까지 치른 치열한 대통령 선거전에서 쿠츠마는 승부의 관건인 우크라이나 동부 지역을 공략하기 위해, 지역 자치를 확대하고 러시아어를 공용어로 채택하겠다고 공약하여 동남부 산업지대 및 크

---

35) 〈兩國 現 지도자 패배 …… 충격〉, 『연합뉴스』, 1994년 7월 12일.

림반도의 1천1백여 만 러시아계 유권자들의 전폭적인 지지를 받았다.

그러나 러시아와의 유대강화를 부르짖었던 쿠츠마의 친러주의적 입장은 집권과 함께 단지 선거공약 수준에 머물러 있었다. 오히려 크라프추크 시대보다도 러시아와의 관계가 더 악화되었다. 그것은 크게 다음 두 가지 요인을 그 배경으로 한다. 첫째는 수술대 위에 오른 우크라이나의 경제상황이 쿠츠마의 친러노선의 현재화를 제약하였다. 권력의 2인자와 최고지도자 간의 위상 차이처럼 서방과 러시아를 바라보는 쿠츠마의 시각에 커다란 변화가 생겼다. 추락하는 러시아가 더 이상 우크라이나의 구원자가 될 수 없고, 우크라이나의 생존을 위해서는 철저히 서방에 의존하지 않으면 안 된다는 현실주의적인 인식이 자리잡기 시작한 것이다. 그러한 시각의 변화가 친서·친러노선의 균형을 파괴하였다.

두 번째 요인은 러시아의 과도한 우크라이나 '길들이기' 전략이다. 러시아는 쿠츠마의 친서방 밀착을 차단하기 위해 다양한 압박전략을 구사하였다. 이를테면 흑해함대의 소유권을 강압적으로 요구하였고, 크림 자치공화국의 독립을 은근히 부추겼으며, 또 우크라이나에 대해 5~10억 달러에 이르는 대(對) 러시아 가스부채 상환을 독촉하는 등 쿠츠마의 친서방 경사노선에 대한 다면적 경고성 압력을 가했다.

그러나 우크라이나를 '순치'시키려는 러시아의 기도는 오히려 역효과만 불러일으켜 우크라이나를 더더욱 서방의 품안으로 내모는 결과를 초래했다. 쿠츠마는 러시아가 CIS를 자신의 배타적 세력권으로 간주하면서 제국주의 정책을 추구하고 있으며 우크라이나의 국가적 실체를 인정하려 들지 않는다고 비난하고, 러시아가 결성코자 했던 러시아-우크라이나-백러시아로 연결되는 슬라브 연방과 CIS 정치통합에 대한 가입을 거부하였다.

뿐만 아니라 나토의 동진 압력에 시달리는 러시아를 자극하면서 친서방정책을 노골적으로 전개하였다. 1995년 5월 쿠츠마 대통령은 키에프를 방문한 클린턴 미 대통령에게 "나토를 유럽 안정의 한 요소로 생각한다", "나토의 점진적 확대에 찬성한다"는 입장을 확인하였고,[36] 97년 8월에는 미국과 흑해 연안에서 최초의 합동군사훈련('씨 브리즈 97' 훈련)을 실시하였으며,[37] 급기야 97년 9월에는 "NATO-우크라이나간 특별 동반자 협정"을 체결하여 러시아를 분노케 하였다. 또 쿠츠마 대통령은 99년 봄 유고연방의 코소보 사태와 관련하여 러시아의 나토 공습에 대한 격렬한 비판에도 동조하지 않고 침묵을 지켰다.

러시아와 민족적, 종교적, 역사적 사촌인 우크라이나의 서방 진영에의 가담은 크레믈린의 입장에서 볼 때 도저히 묵과할 수 없는 배신행위였다. 따라서 러시아는 쿠츠마를 슬라브권의 '이단아'라고 격렬한 비난을 퍼부으면서 우크라이나에 대한 강경 자세를 굽히지 않았다. 1999년 12월 러시아는 우크라이나를 관통하는 러시아산 가스관의 불법 유용을 문제삼아 우크라이나에 대한 석유 및 가스 공급을 전면 중단하여 쿠츠마에 대한 압력의 고삐를 늦추지 않았다.[38]

한편 2000년 1월 러시아의 새로운 푸틴 정권의 출범은 쿠츠마에게 커다란 위기의식으로 다가왔다. '대(大)슬라브주의'라는 민족주의 슬로건을 내걸고 등장한 푸틴이 핵무기 사용도 불사한다는 공격적 성향의 신안보전략을 채택하고 독립국가연합(CIS)에 대한 집안단속을 천명하였기 때문이다. 실제로 푸틴은 다양한 채널을 통해 우크라이나의 러시아 궤도권 이탈에 대해 강력한 메시지를 보냈다.

쿠츠마의 선택

미국은 러시아와 우크라이나 간의 갈등의 증폭을 멀리서 흐뭇하게

---

36) 〈클린턴, 우크라이나에 금융지원 약속〉, 『연합뉴스』, 1995년 5월 12일.
37) 〈미-우크라, 크림반도에서 합동군사훈련 실시〉, 『연합뉴스』, 1997년 8월 23일.
38) 〈러-우크라이나 무역분쟁 조짐〉, 『연합뉴스』, 1999년 12월 11일.

즐기고 있다. 슬라브가(家)의 '내홍'이 미국에게 전략적 이익을 안겨주고 있기 때문이다. 러시아의 강대국화를 견제하는 미국은 즐기는 차원을 넘어서 그런 절호의 기회를 이용하고 있다. 미국은 우크라이나에 안전보장의 제공과 다양한 경제적 미끼를 던지면서 쿠츠마를 나토의 견고한 동맹세력으로 흡인시키고자 한다. 궁극적으로 미국의 대(對) 우크라이나 정책은 강력한 러시아의 부활 억제라는 대러전략의 연장선상에 놓여 있다. 따라서 미국의 대(對)우크라이나 전략의 초점은, 이집트의 호스니 무바라크 대통령을 아랍세계의 친서방주의자로 변신시킨 것처럼, 쿠츠마를 슬라브권의 '호스니 무바라크'로 만드는데 있다.[39]

쿠츠마는 '줄서기'를 강요하는 국제정치적 현실 속에서 서방과 러시아 사이에서 방황하지 않을 수 없다. 서방을 따르자니 눈을 부릅뜨고 신경질적인 반응을 보이고 있는 거인 러시아로부터의 항구적 '안전보장'이 어렵고, 러시아를 따르자니 IMF 자금 유입이 차단되어 최대의 국가적 과제인 경제가 망가진다. 또 우크라이나가 간절히 바라는 EU와 WTO 가입도 요원해진다. 이처럼 우크라이나는 양 가위의 날개에 끼인 형국처럼 이러지도 저러지도 못하는 아주 곤혹스런 입장에 처해 있다. 이러한 상황이 미국과 러시아라는 샌드위치에 낀 쿠츠마에게 '곡예외교'를 강요하고 있다.

현실정치적 맥락에서 우크라이나는 러시아의 시선을 일방적으로 외면하면서 서방에만 무한정 몸을 팔 수가 없다. 지정학적으로 바로 코앞에 인접해 있어 영토적 안전보장을 훼손당할 수 있고, 인구의 절반이 여전히 친러노선을 요구하고 있으며, 경제 회생을 위해서도 서방의 경제지원 못지 않게 러시아로부터 저렴하고 안정적인 석유 및 가스 자원의 공급이 필요하기 때문이다.

자칫 러시아의 신경을 예민하게 할 경우 경제이익을 대신해 안보이익을 회

---

39) 〈Leonid Kuchma: Hosni Mubarak of the Slavic world ?〉, 『Ukrainian Weekly』, 16 May, 1999.

생당할 수도 있다. 즉, 러·우간 쌓인 정치적 앙금이 양국간 마찰의 진앙지 크림반도 문제로 불똥이 튈 경우, 상황 여하에 따라 제2의 체첸전쟁으로 비화될 수 있다. 또 러시아에 대한 높은 에너지 의존도와 막대한 국가채무가 우크라이나의 무분별한 러시아 궤도권 이탈을 제한한다. 쿠츠마가 곡예외교를 펼칠 수밖에 없는 이유가 바로 여기에 있다. 따라서 우크라이나가 어디로 가느냐라는 질문을 받을 때마다 쿠츠마 대통령은 항상 "우크라이나는 '동'(유럽)이나 '서'(러시아)로 가지 않고 세계로 간다"고 되풀이한다.

블라디미르 푸틴

포스트 옐친 시대의 개막

정 은 숙
세종연구소 연구위원

고려대학교 정치외교학과 졸업
미국 오하이오주립대학교 정치학과 박사
미국 스탠포드대학교 후버연구소 객원연구원
핀란드 국제문제연구소 객원연구원
1992년~현재 세종연구소 연구위원

◇ 국　명: Russian Federation(러시아 연방)
◇ 수　도: 모스크바(Moscow)
◇ 독립일: 1991년 8월 24일(구소련에서 분리)
◇ 면　적: 1707만5400㎢(한반도의 170배)
◇ 인　구: 1억4750만 명(97년 6월 현재)
◇ 인　종: 러시아인(81%) 및 기타 민족,
◇ 기　후: 대륙성 기후(모스크바 부근은 겨울 평균기온 영하 10℃,
　　　　　 여름 평균 기온 영상 16℃)
◇ 종　교: 러시아 정교, 회교 및 기타

21세기, 푸틴 시대의 서막

러시아연방(이하 '러시아')은 1996년에 이어 2000년 3월 26일 건국 이후 두 번째로 대통령 선거를 치뤘다. 예상했던 대로 총리이자 '대통령 권한 대행'인 블라디미르 푸틴이 대통령으로 당선되었다. 푸틴은 2000년 5월 대통령으로 취임하여 향후 4년 간 세계 제2위 핵강국의 국가원수이자 최고사령관으로서 자리매김하였다. 바야흐로 보리스 옐친의 시대 10년을 뒤로하고 '푸틴의 시대'가 개막된 것이다.

푸틴이라는 인물이 구소련 KGB 요원, 그리고 러시아 내 KGB 3대 후신 중 하나인 연방보안대(FSB) 대장을 역임한 정보-치안 출신이라는 점에서 서방 정책 입안가와 전문가, 그리고 냉전시 KGB로부터 박해의 경험을 가진 러시아 내 인사들은 그가 옐친 대통령에 의해 신임총리로 임용되던 1999년 8월부터 그의 과거 경력에 촉각을 곤두세워 왔다. 총리에 임명된 그가 9월부터 체첸군사작전을 밀어붙이면서부터는 '만일 푸틴이 차기 대통령으로 당선되면 국방비를 50% 더 늘릴 것'이라는 경고 등, 서방 일각에서 우려의 목소리가 그치지 않았다. 차라리 공산당 당수 쥬가노프가 당선되는 것이 서방의 입장에서 덜 위협적일 것이라는 경고도 있었다.

과연 푸틴은 어떤 성향을 소지하고 있을까. 그의 경력, 특히 1975년부터 1991년까지 냉전 말기 16년 간 KGB 근무경력을 어떻게 받아들여야 할까. 흔히 정책결정자의 과거 경력은 정책결정의 향방에 중요한 영향을 미친다고 한다. 특히 러시아가 강력한 대통령제를 표방하고 있으며 정치문화적으로 '군림자'에 익숙한 터여서 푸틴이라는 인물에 대한 연구는 그 중요성을 더하고 있다. 미국 등 서방은 한편으로는 푸틴에 대한 경계를 늦추지 않으면서 또다른 한편으로는 21세기 서막, 포스트-옐친(post-Yeltsin)을 상징하듯 젊은 신임 러시아 대통령과의 협력관계 발전을 기대하고 있다. 핵무기 보유, 유엔안보리 상임이사국 지위, 유럽-아시아에 걸친 거대영토, 이행기적 특징 등으로 인해 러시아의 불안정은 곧 세계의 불안으로 이어질 것이라는 점에서 서방세계는 포스트-옐친 시대를 개막한 푸틴 정권의 향방을 예의 주시하고 있다.

차제에 본고는 푸틴 러시아 대통령에 관한 분석을 시도하였다. 푸틴이 현존인물인 만큼, 현시점에서 그의 업적이나 역사적 의의에 대한 객관적 평가는 사실상 불가능하다. 다만 소비에트 시민으로 그리고 민주러시아의 국민으로 48년간을 살아온 그의 삶속으로 들어가 그 성장과정과 경력, 그리고 소신을 다룸으로써 푸틴이라는 개인을 보다 심층적으로 이해함은 물론 궁극적으로는 그가 이끌어갈 21세기 초 러시아를 전망하는 데 일조가 되고자 한다.

어느 국가의 지도자나 마찬가지이겠지만 사회주의권, 특히 러시아의 경우 보다 심층적인 인물 이해를 위해서는 러시아 최근세사, 즉, 10월혁명의 소용돌이와 짜르체제의 토양에서 탄생한 소비에트 문화를 상기할 필요가 있다.

전후세대(戰後世代) 인물 푸틴[1]

푸틴은 제2차 세계대전이 종식되고도 7년이나 후인 1952년 10월 7일 탄생하였다. 따라서 엄밀히 말하자면 짜르 시대의 억압상, 제1차 세계대전, 레닌의 10월혁명, 스탈린의 집단농장화, 제2차 세계대전, 나찌의 침공 등 역사적으로 굵직한 러시아 최근세 사건들은 푸틴에게 있어 역사로 남을 뿐이다. 그러나 그에게 이들 역사는 그리 먼 역사는 아니다. 푸틴의 할아버지와 아버지 세대의 삶에 직접적인 영향을 준 사건들이었으며 그렇기에 푸틴에게도 직간접적인 성장 환경을 조성해 주었다고 보아야 한다.

할아버지와 아버지, 그리고 푸틴은 모두 러시아 제국의 수도인 페테르부르그(구명: 레닌그라드)[2]에서 출생하였다. 할아버지는 평생 요리사로 일하였는데

---

1) 이 부분은 Gevorkyan, N., Timokova N., Kolesnikov A., 『Ot pervogo listsa: Razgovori s Vladimirom』(Moskva, Vargas, 2000) 참조. (번역본: 유학구, 『세종연구소 정책자료』, 2000년 3월).
2) 본 글에서는 '페테르부르그'로 통일한다.

혁명지도자인 레닌의 투병생활 중 레닌 일가의 조리를 맡았으며 레닌 사후에는 스탈린이 서거할 때까지 스탈린의 별장 한 곳에서 일하였다고 한다. 스탈린 사후에는 모스크바시 당위원회의 휴양소에서 조리사 일을 하면서 만년을 보냈다. 아마도 할아버지는 혁명정부의 주요 인사를 위해 요리를 하는 것에 대해 큰 자부심을 가지고 있었을 것이다.

푸틴의 아버지는 1911년 페테르부르그에서 태어났다. 그러나 제1차 세계대전으로 생활이 어려워지자 시골로 이주, 17세 때 동갑인 시골 처녀와 결혼하였다. 21세에 다시 페테르부르그로 돌아와 정착하였다. 군에 징집되어 잠수함대에서 근무 후 제대하였다. 1941년 독일 나찌군과의 전쟁이 일어나자 내무인민위원회의 유격대원으로서 독일군의 후방교란작전에 참가했으며 이때 중상을 입어 평생 다리를 절게 되었다. 이 점은 그의 아들 푸틴이 후에 러시아 내 대표적 독일통 인사로 부각된 사실과 함께 이들 父子와 독일간 묘한 인연을 생각하게 한다. KGB 대외정보국 요원으로 1980년대 후반 다년간 독일 드레스텐에 주재하였던 사실을 연상시킨다. 제2차 세계대전 종전 후 푸틴의 아버지는 지하철 차량 제작공장에서 현장감독이자 공장 당조직의 책임자로 일하였다.

푸틴의 어머니는 공산당원인 아버지 모르게 아기 푸틴을 러시아정교 교회로 데려가 세례를 받게 하였다. 푸틴은 1993년 페테르부르그 시청 근무시 이스라엘을 방문하게 되었는데, 이때 어머니가 세례 십자가를 내주며 그리스도 무덤 위에 놓고 정화하라고 했다 한다. 푸틴은 이 부탁을 실행하였으며 현재 이 십자가를 보관하고 있다고 한다. 맑스-레닌이즘의 이념이 퇴색된 새 러시아에서 러시아 전통교인 러시아정교가 국민들에게 정신적 위안을 주고 있음은 주지의 사실이다.

푸틴의 부인 류드밀라 푸틴은 1947년 칼리닌그라드시에서 태어났으며, 공과대학 3학년 중퇴 후 국내선 여객기의 스튜어디스로 복무 중 푸틴과 연애결혼하였다. 이후 페테르부르그 대학교 스페인 문학과를 졸업했다. 푸틴과의

푸틴이 청년 유도대회에서 그의 기술을 선보이고 있다(1999년).

사이에는 두 명의 딸이 있다.

청소년 시절의 꿈[3]

푸틴은 자신이 초등학교 6학년까지 공부에는 관심이 없는 골목대장이었다
고 술회한다. 10세쯤 운동을 시작했는데 권투를 하다가 유도부로 옮겨 줄곧
이에 매료되어 왔다. 푸틴이 유도를 단지 스포츠가 아닌 철학이라고까지 극
찬함에 비추어 일본 혹은 동양적인 예절 등에도 관심이 있을 것으로 보인다.
그는 유도를 계속 수련하여 1976년(24세)에는 페테르부르그 챔피언의 타이틀

3) Gevorkyan, N., Timokova N., Kolesnikov A., 『Ot pervogo listsa: Razgovori s
Vladimirom』(Moskva, Vargas, 2000) 참조. (번역본: 유학구, 『세종연구소 정책자료』, 2000년
3월).

을 쟁취하기도 하였다.

한편 소년 푸틴은 소련 정보요원의 활약을 선전하는 책과 영화를 보고 다분히 낭만적인 동기에서 정보요원을 동경하게 되었다. "한 사람이 대규모 군대도 할 수 없는 큰 일을 해낼 수 있는 것"이 매력적이었다고 한다. 푸틴은 9학년 때 정보요원이 되기 위해 어떤 준비를 하여야 하는지 문의하러 페테르부르그 KGB 민원실을 찾아가 군필자나 대학 졸업자이어야 하며 자원으로 선출되는 것이 아님을 알게 되었다. 어떤 전공이든 무방하다는 담당자에게 캐어물어 '법과대학이 좋다'는 말을 얻어냈다. 마침내 푸틴은 경쟁률이 40:1이나 되는 페테르부르그 국립대학교 법과대학에 합격하였으며 공산당청년동맹(콤소몰) 등의 단체활동을 하지 않은 채 학업에만 전념하였다. 22세인 4학년 때(소련 대학은 5년제) 푸틴은 KGB로부터 '그 곳'에서 일하지 않겠느냐는 제의를 받고 응하였다. 소년 푸틴의 꿈이 마침내 실현된 것이다.

꿈에 그리던 KGB 복무, 그리고 허탈감(1975~1991)

푸틴은 드디어 1975년 대학 졸업과 함께 KGB에서 근무하게 되었다. KGB 내 노른자라고 할 대외정보 분야를 선호한 푸틴은 모스크바에서 1년간의 특수훈련을 받은 후 KGB 대외정보국인 제1총국 페테르부르그 지부에서 4년 간 근무하였다. 그리고는 다시 모스크바로 가서 '안드로포프 붉은깃발 대학'(現 대외정보아카데미)에서 학업을 받았다. 이 특수 대학 내 모든 학생들과 마찬가지로 푸틴도 가명을 사용하였는데 '프라토프'가 그의 이름이었다. 이곳에서 독일어 맹훈련을 받은 푸틴은 이수 후 KGB 동독 대표부에 배속되어 1985년부터 5년 간 동독 드레스덴에 주재하였다. 1989년 베를린 장벽의 붕괴로 KGB 동독 대표부가 더 이상 존속할 수 없게 되자 푸틴은 1990년 페레스트로이카의 개혁 열기로 가득 찬 그의 고향 페테르부르그로 귀환하였다.[4]

---

4) Gevorkyan, No, Timokova No, Kolesnikov A., 위의 글.

과연 1985~1990년 간 동독에서 푸틴은 어떠한 임무를 수행했을까? 푸틴은 당시 NATO가 소련의 주적이었던 만큼 자신이 속한 KGB 동독 대표부는 NATO에 대한 정보 입수에 최우선적 관심을 가지고 있었다고 한다. 그에 따르면 KGB 동독 대표부의 모든 활동이 동독 보안부의 양해하에 이루어졌기 때문에 동독측이 모르는 비밀공작은 없었다고 한다. 또한 동독 정치지도자에 대한 정보수집도 KGB 동독 대표부에게는 금지되어 있었다고 한다. 그러나 최근 발표되는 독일 내 잡지들에 따르면 푸틴이 당시 호네커(Erich Honecker) 수상의 보수 동독 공산당 내 반대파 구축을 도모하는 과업을 맡았었다고도 한다.[5]

이처럼 그의 재독 복무기간 중 과업에 대해서는 엇갈리는 주장이나 보도들이 흔치 않게 발견되고 있다. 그러나 서방 관측자들 대부분은 1980년대 후반 KGB 동독 대표부의 가장 주요한 과제는 역시 구소련 생존을 위한 서방 기술의 유입이었을 것이라 보고 있다. 소비에트 블록 숲지역 내 컴퓨터를 공급하던 로봇론(Robotron)社가 푸틴이 주재한 드레스덴에 있었다는 점에서 이들은 푸틴의 부서와 동독 비밀경찰의 대외정보국이 유기적으로 협력하면서 同社와 서방기업(Siemens나 IBM 등) 간 교류 내역을 수집하였을 것이라 보고 있다.[6] 그러나 기술첩보 방식에 의존하여 서방과 소비에트 블록간 기술 격차를 좁히려는 이들의 노력은 한계에 부딪칠 수밖에 없었고 아이로니컬하게도 서방의 침투 방지를 목적으로 하던 KGB 스스로 서방의 투자와 기술이전 없이 소련의 기술 및 전문성을 개발한다는 것이 불가능함을 체득하게 되었다. 체제 내 페레스트로이카 및 서방과의 관계 개선이 전제되어야 한다는 것을 시인하지 않을 수 없었다. 실제로 2000년 3월 한 인터뷰에서 푸틴은 "과학기술 정보분야에서 일하던 자신의 친구들이 소련이 자력으로 개발하려면 수십억 불의 비용이 드는 중요한 정보를 수백만 불을 주고 입수하여 중앙에 전달

---

5) http://www.stratfor.com/CIS/countries/Russia/russia2000/putin1.htm.
6) http://www.stratfor.com/CIS/countries/Russia2000/putinmaintemp.htm.

했으나 결국은 소련의 공업기술 수준이 낮아 이 정보를 이용할 수 없었다"고 회상하고 있다.[7]

KGB 동독 대표부는 1990년 철수 전 모든 첩보망을 파괴하고 극히 일부의 주요 서류만 모스크바로 반출한 채 모든 서류를 난로가 과열할 만큼 태워버렸다고 한다. 푸틴은 당시를 회상하면서 솔직히 소련이 아무런 반대급부도 없이 유럽에서 입지를 상실한 사실을 매우 아쉽게 느꼈다고 한다. 중앙에 대한 불만이 생겼다. "우리는 결국 쓸데없는 일만 했다. 무엇 때문에 정보 제공자를 포섭하고 정보를 모았으며 보고서를 제출해 왔는가, 우리는 앞 일을 경고하고 대안을 제시했는데 아무런 반응이 없었다. 나의 인생 몇 년을 낭비해 버렸다.……"[8] 푸틴은 이렇듯 허탈감을 안고 1990년 페테르부르그로 돌아왔다. 그는 여전히 KGB 소속이었지만 모교인 페테르부르그 국립대학 부총장의 섭외담당 보좌관 역할을 하였다.

이듬해인 91년 8월 KGB 의장이 포함된 보수 세력의 불발 쿠테타는 푸틴으로 하여금 KGB에 대한 더할 수 없는 실망을 안겨 주었다. 이 일로 인해 소년시절부터 꿈꾸어 왔던 16년간의 정보요원의 길을 완전히 접고 사직하였다. 이때 그의 계급은 KGB 중좌였다. 후에 "KGB에 취직할 당시 생각했던 이상과 목적이 모두 무너져 버렸다"고 술회한다.[9] 푸틴이 사임한 후 91년 10월 KGB는 대외정보, 국내치안, 국경수비의 3개 조직으로 분리·조직 개편되어 오늘에 이르고 있다.

---

7) Gevorkyan, No, Timokova N., Kolesnikov A., 『Ot pervogo listsa: Razgovori s Vladimirom』(Moskva, Vargas, 2000) 참조. (번역본: 유학구, 』『세종연구소 정책자료』, 2000년 3월).
8) Gevorkyan, N.; Timokova N.,; Kolesnikov A., 위의 글.
9) Gevorkyan, N.; Timokova N.,; Kolesnikov A., 위의 글.

새 러시아 내 행정 · 정치가로의 변신

1. 페테르부르그(1990~1996)

1990년 동독을 떠나 푸틴이 찾아온 고향 페테르부르그는 모스크바에 이어 러시아 제2대 도시로서 개혁의 와중에 그를 필요로 하고 있었다. 보다 정확하게는 민주화 물결 속에서 시의회 의장인 전국적 개혁인사 아나톨리 소브착이 KGB 대외정보국에서 국제적 견문을 넓혀온 푸틴을 필요로 했다고 보아야 할 것이다.[10]

푸틴은 1990년부터 소브착의 고문역을 맡아 시장개혁 및 외자도입을 추진하기 시작하였으며 91년 2월, 소브착이 시장선거에서 승리를 거둔 직후부터는 본격적으로 시정부의 대외관계위원장 자격으로 같은 업무에 전념하였다. 앞서 언급하였듯 같은 해 8월 모스크바에서 KGB 의장을 포함한 보수파에 의한 불발쿠데타가 일어나자 그는 KGB에 사직서를 내고 명실공히 KGB와 결별하였다. 개혁의 일선에 선 푸틴으로서는 여전히 구습에 젖어 시대를 역류하는 KGB에 머무를 수가 없었던 것이다. 전국 차원에서 인기 개혁정치인이던 소브착은 주요 행정문제를 푸틴에게 맡기게 되었고 푸틴은 페테르부르그와의 거래를 원하는 자라면 누구든 거쳐야 할 인물이 되었다. 94년 3월에는 대외관계위원장직을 유임한 채 제1부 시장으로 승진하기도 했으나, 96년 소브착의 시장 재선 패배를 계기로 6년간의 페테르부르그 시정 업무를 마감하였다. 동(同)기간 중 푸틴은 페테르부르그 증권거래소 창설, 서방회사들과의 계약, 독일계 은행들의 유입 등 큰 성과를 거두었다. 특히 러시아 영내에서 가장 먼저 개설된 외국은행의 하나인 BNP-Drezdner Bank의 진출은 푸틴의 간접적 지원 덕분이라고 알려져 있다.[11]

---

10) 푸틴은 1970년대 초, 페테르부르그 대학교 법학과 재학 중 경영법 조교수였던 소브착의 수업을 잠시 받은 바 있다고 한다.
11) http://www.nns.ru/person/putin

　동시에 푸틴은 시청 복무기간 중 적어도 몇 차례 정치적 반대파들로부터 그의 활동과 경력에 대한 불신혐의를 받은 경험이 있다. 첫 번째는 1990년 소브차크의 고문시절, 시의회가 원료 및 비철금속의 해외반출 허가증 하부에 관한 그의 업무를 조사한 것이다. 시정부 결정서에는 식량과의 교환을 조건으로 원료를 해외 반출토록 되어 있으나 푸틴의 불찰로 식량이 아예 공급되지 않았다는 것이다. 시의원들은 소브착에게 푸틴의 파면을 권고하였으나 소브착은 이를 받아들이지 않았다. 두 번째는 부시장 시절 푸틴의 KGB 경력이 노출되면서 비난과 협박이 있었다. 푸틴은 부시장직 사직서를 제출한 연후 텔레비전 연설을 통하여 자신이 KGB에 근무한 사실이 있음을 공개적으로 밝혔다. 소브착은 이때도 푸틴의 사직서를 수리하지 않았었다. 왜 KGB 요원을 채용했는가 라는 기자들의 질문에 대해 소브착은 "그는 KGB 요원이 아니라 나의 제자이다"라고 응하였다. 푸틴이 KGB 복무기간 중 입수한 각종 정보가 소브착에게는 큰 도움이 되었을 것이다. 세 번째는 1996년 봄, 페테르부르그 시장 선거를 앞두고 특정인으로부터 푸틴이 범죄에 연루되어 있으며 프랑스 대서양 연안에 부동산을 가지고 있다는 비난이 있었다. 이에 대해 푸틴은 2억 루블의 정신적 손해배상을 청구하며 기소하기도 했다.[12]

　일설에 의하면 소브착의 선거 패배 이후 시장 당선자인 블라디미르 야코블레프가 푸틴에게 시정부에서 자신과 같이 일할 것을 권했다고 한다. 그러나 소브착의 충복인 푸틴은 사임을 결정하였다. 전화위복이라는 말이 있듯 페테르부르그 시청 사임과 모스크바로의 진출은 결국 그에게 러시아 대통령의 길을 열어 주었다. 1996년 당시 푸틴의 모스크바 진출에는, 페테르부르그 부시장을 역임하다가 92년 러시아 연방 사유화장관으로 임명되어 모스크바로 앞서 진출한 사유화의 대부 아나톨리 츄바이스의 도움이 있었다는 것이 중론이다.

---

12) http://www.nns.ru/person/putin

블라디미르 푸틴 러시아 대통령 당선자가 2000년 5월 7일 공식 취임식에서 보리스 옐친 전임 대통령이 지켜보는 가운데 헌법에 손을 얹고 대통령 선서를 하고 있다. (『경향신문』, 2000년 5월 8일)

2. 모스크바(1996~현재)

푸틴은 1996년 9월 크렘린 총무차장으로 발탁되어 모스크바로 진출한 이래 옐친 대통령에 의해 대통령 행정실 차장, 대통령령의 전국적 이행을 감시하는 중앙감독청장 등으로 임명되는 행운을 얻었다. 이들 요직에서 푸틴은 KGB 경력을 잘 활용, 지방지도자는 물론 행정관료에 관한 파일을 능숙하게 관리하였다고 한다. 덕분에 모스크바로 올라온 지 2년 만인 1998년 7월, 옐친 대통령은 푸틴을 KGB의 3대 후신 중 하나로서 국내 치안을 담당하는 연방보안대의 대장으로 임명하였다. 다시 8개월 후인 99년 3월, 옐친 대통령은 그에게 러시아 안보회의 서기직마저도 겸임케 함으로써 바야흐로 푸틴은 국방부, 연방보안대, 대외정보국, 내무부 등 무력 관련 부서간 정책 조율을 담당하는 실세가 되었다. 옐친은 다시 5개월 후 세르게이 스테파신 총리를 해임하면서 푸틴을 신임총리로 임명함으로써 세상을 놀라게 하였다. 옐친의 인사방식이 늘 기대를 초월하고 자의적임은 잘 알려진 사실이었지만 내외적으로 잘 알려지지 않은 KGB 정보요원 출신 푸틴을 러시아의 총리로 임명된 사실에 임해서 국내외 논객들은 가히 충격적이라는 평가를 하였다. 옐친은 코소보 문제, 체첸군의 다게스탄 침투문제 등에 대한 푸틴의 접근 방식을 긍정적으로 보았으며 보다 중요하게는 12월 대선과 2000년 총선에서 옐친 측근의 승리를 확보해줄 인물로 푸틴을 평가했던 것이다. 주지하다시피 옐친 집권 2기 특히 1998~1999년, 옐친과 그 측근은 정치적 곤경에 처하였었다. 잦은 총리의 교체, 두마의 대통령 탄핵 위협, 검찰의 옐친 측근에 대한 비리 및 부패조사 시도 등이 이를 말해 주었다.

옐친의 기대가 현실화되려는 징조이었던지 푸틴이 총리로 임명된 이후 곧 실시된 對체첸 군사작전은 푸틴 총리의 對국민 인기를 급속히 높여 주었다. 1999년 12월 실시된 총선에서 옐친과 그 측근은 푸틴 총리의 인기를 활용, '단합당'을 조직하여 자신들을 견제하려는 프리마코프-루쉬코프의 '조국-전러시아당'을 누르는 데에 성공하였다. 옐친은 이에서 더 나아가 임기 6개월을 남겨 놓고 12월 말 자신이 조기사임을 표함으로써 헌법이 정한 바, 대선 시기를 예정보다 최대한 3개월 앞당기게 하였다. 다음의 고려가 있었을 것이다. 첫째, 진행 중인 체첸 군사작전이 몇 달 새 갑자기 푸틴의 목을 잡을지 알 수 없는 일이었다. 따라서 푸틴의 당선 가능성을 높이기 위해서는 조기선거가 필요하다. 둘째, 현직 총리인 푸틴에게 3개월 간 대통령 권한대행의 기회를 줌으로써 푸틴의 약점, 즉 인기가 추락한 옐친 대통령의 심복 총리라는 인상을 어느 정도 불식시키는 데에 보탬을 줄 수 있다. 셋째, 자신의 사임 후를 위해 당장 법적 구속력을 지닌 보호장치를 만드는 것이다. 실제로 푸틴은 옐친이 사임하던 날(1999년 12월 31일) 대통령 권한대행으로서 '옐친 대통령과 그 가족 신변보장에 관한 대통령령' 및 '옐친 대통령에 대한 면책과 형사상 혹은 행정적 조사면제에 관한 대통령령'에 서명하였다.

푸틴은 옐친이 바라던 대로 '대통령 권한대행'의 임무를 수행하는 가운데 보나파르트식 인물로 부각되어 마침내 2000년 3월 26일 대선에서 승리하였다.

2000년 대선과 '푸틴현상'

2000년 대선은 '푸틴현상'이라는 말을 만들어 냈다. 단적으로 푸틴의 낮은 인지도에 비해 상당한 인기가 있었던 것에 대한 괴리를 지칭하는 것이다. 푸틴은 대선 7개월 전인 1999년 8월 총리로 지명될 당시만 해도 전국적으로 잘 알려지지 않은 인물로서 인기율은 2%에 불과했었다. 그러나 9월부터 착수된 체첸 군사작전, 강력한 국가, 질서 회복, 테러리즘 근절, 군사력의 중요성 역설 등으로 對국민 인기를 몰아갔다. 옐친이 선택한 인물임을 모두들 모르는 바 아니지만 심장병을 앓고 있는 옐친과 그 측근의 부패에 실망해온 국민들은 푸틴의 청렴하고 엄격한 인상, 젊음, 결단력 등을 높이 평가한 것이다.

1. 개인적 신선감

2000년 현재 48세인 젊은 푸틴은 러시아 민중들에게 매우 강인한 모습으로 다가왔다. 특히 수준급 유도 실력은 국민들로부터 인기를 더해 주었다. 옐친을 향해 고령, 알콜리즘, 동맥경화, 친서방정책 등을 약점으로 강조하던 쥬가노프도 푸틴에게는 그럴 수 없었다. 젊고 적극적이며 최고의 인기율을 확보하고 있는 푸틴에게 오늘날 러시아의 모든 어려움에 대한 책임을 물을 수

는 없었던 것이다. 또한 정계에 입문하기 전 옐친은 건설부문 전문가로서 정
가생리에 비교적 생경하였던 반면 푸틴은 냉전 말기 16년 간 KGB 대외정보
국, 구소련 붕괴 후 페테르부르그 시정부, 그리고 크렘린 내 여러 부처 및 연
방보안대, 국무총리실 경력 등, 정치·경제·군사 제측면에서 국내외의 정보
를 수집해 온 만큼 정가 입문을 위한 수려한 배경마저 안고 있다.

2. 對체첸 군사작전

1994~1996년 옐친의 對체첸 군사작전의 부정적 여파와는 대조적으로 99년
감행한 푸틴의 체첸 군사작전은 소위 '푸틴현상'을 만들어 낸 핵심적 요인이
되었다. 러시아 내 여론이 지난 2년 간 체첸 반군들의 빈번한 국내 테러활동
에 대해 분개하고 있던 터에 99년 8월 총리로 임명되면서 푸틴은 연방의 통합
은 물론 테러리즘 근절이라는 차원에서 대대적인 對체첸 반군 소탕작전에 들
어갔던 것이다. 집권 2기 노화, 부패한 옐친의 지도력에 실망한 대다수 러시
아인들에게 신선한 충격을 안겨 주었다. 더욱이 서방의 부정적 논평에도 불사
하고 푸틴이 체첸 문제는 국내 문제라며 군사작전을 굽히지 않은 모습은 냉전
이후 열등감과 자존심이 상해 있었던 러시아인들의 성원을 얻는 데에 크게 기
여하였다.

3. 대선운동 양상

2000년 선거운동은 지난 10여 년 러시아 선거사에서 찾아볼 수 없을 정도
로 순탄하고 조용하게 진행되었다. 2000년 정초, 이미 푸틴에 대한 여론 지
지율이 50% 내외를 기록함으로써 그의 당선이 기정사실화 되었다. 관건은
단지 50%를 넘길 것인가 못 미칠 것인가, 즉, 2차 투표의 필요성 여부뿐이
었다.[13] 처음부터 푸틴을 제외한 10인의 후보가 자신의 당선을 '절대적으로'

---

13) 러시아 대통령으로 당선되기 위해서는 유권자 과반수의 투표와 투표자 과반수의 지지를 얻어야
    한다. 만일 1차 투표에서 과반수의 지지를 얻지 못하는 경우, 3주 이내 최다득표자 2인간 결선투
    표를 치뤄야 한다.

확신하지 않은 상황인 만큼 혼탁선거, 저질 비방유세 등의 소지가 약하였던 것은 당연한 일이다. 집권자인 푸틴으로서도 선거운동보다 '대통령 권한대행'의 업무 자체를 수행하는 데에 치중하였다. 현직 '대통령 권한대행'으로서 일거수일투족이 뉴스로 방영되는 것 자체가 훌륭한 선거운동 수단이 될 수 있었다. 푸틴은 그렇게 조급한 인상을 주지 않았다. 엄격한 공복의 이미지를 흐트러 뜨리지 않은 채, 군과 국방부에 대한 배려를 보였을 뿐이다. 이는 옐친과 두마 내 제1당인 공산당 당수 쥬가노프간 치열한 접전이 벌어졌던 4년 전 대선과는 매우 대조적이었다고 하겠다. 한편 1999년 내내 대선주자로 인구에 회자되어 오던 프리마코프 전 총리, 레베드 크라스노야르스크 주지사, 키리엔코 전 총리, 루쉬코프 모스크바 시장 등은 푸틴 현상에 눌려 입후보를 포기하였다. 대부분 러시아 내 주요 정치인들이 앞다투어 푸틴의 눈치를 보고 지지를 천명하는 소위 '정치매춘'의 징후가 나타났다. "바람이 불때는 침을 뱉지 않는다"는 러시아의 속담대로 주요 정객들이 푸틴에 대한 직접적 공격을 피하였던 것이다.

4. 대선 개표 결과

대선에서 푸틴은 무난히 52.94%의 득표율을 확보하였다. 재정적 어려움에 봉착해 온 러시아 정부로서는 푸틴 대통령 권한대행에 대한 국민의 높은 지지도를 확인한 외에도 과반수 득표에 미달일 경우 결선투표 비용으로 잡아 두었던 약 8억 루블을 절약할 수 있다는 점에서 반가운 소식이 아닐 수 없었다. 옐친과 쥬가노프 간 팽팽한 결선투표를 치루어야 했던 4년 전 대선과 대조된다.

'푸틴현상'은 상대적으로 쥬가노프의 정치적 무게를 왜소하게 만들고 말았다. 푸틴의 승리는 2위인 쥬가노프에게 무려 23%나 지지율 격차를 보인 빛나는 승리였다. 득표 격차가 벌어진 것은 물론 전통적으로 공산주의 지지도가 높은 소위 '붉은지대(red-belt)'에서조차 여러 선거구에서 푸틴에 대한 지지도가 쥬가노프를 능가하였던 것이다. 더구나 케메로보주 주지사이자 공산당원인 아만 툴례프는 자당 당수인 쥬가노프의 출사에도 아랑곳하지 않고 동시 출마하였으며 나아가 결선투표가 필요한 경우, 쥬가노프가 아닌 푸틴을 지지할 것이라고 공표함으로써 쥬가노프의 체면을 더욱 깍아 놓았다.

<표1> 후보별 득표가황

후보명	득표율(%)	득표수
푸틴 (Vladimir Putin)	52.94	39,740,434
쥬가노프 (Gennadi Zyuganov, 공산당)	29.21	21,928,471
야블린스키 (Grigory Yavlinsky, Yabloko)	5.80	4,351,451
툴례프 (Aman-Geldy Tuleev)	2.95	2,217,361
지리노프스키 (Vladimir Zhirinovsky, 자민당)	2.70	2,026,513
티토프 (Konstantin Titov)	1.47	1,107,269
팜필로바 (Ella Pamfilova, 시민가치)	1.01	758,966
고보루킨 (Stanislav Govorukhin)	0.44	328,723
스쿠라토프 (Yuri Skuratov)	0.43	319,263
뽀드베레즈킨 (Aleksei Podberezkin, 영적유산)	0.13	98,175
드쟈브라일로프 (Umar Dzhabrailov)	0.10	78,498
모두 반대	1.88	1,414,648

*자료: 러시아 중앙선거위원회 최종발표(2000년 4월 7일).

5. 여론조사를 통해 본 '푸틴 현상'

과연 푸틴의 급작스런 인기는 어떻게 설명될 수 있을지 여론조사 결과를 통해 분석할 필요가 있다. 대선 3개월 전인 1999년 12월 총선에서 푸틴을 지지하기 위해 급조된 단합당을 지지한 자들 중 50%가 '당의 프로그램' 혹은 '자신의 이익 대변' 등의 이유보다는 '푸틴을 선호'하기 때문에 단합당을 지지한다는 답변을 하고 있다. 이는 공산당 지지자 중 21%만이 지도자 때문에 공산당을 지지하는 것과 대조적이다.[14] '프로그램' 때문이라는 응답이 공산당의 경우 41%인데 반해 단합당은 21%에 불과하였다. 만일 결선투표가 있다면 푸틴과 쥬가노프 중 누구를 지지하겠느냐는 질문에 대해 단합당 지지자 중 92%가 푸틴을, 2%가 쥬가노프를 지지할 것이라 답한 반면, 공산당 지지자의 경우, 75%가 쥬가노프, 23%가 푸틴을 지지할 것이라 응답하였다.[15] 거리조사에서도 전통적으로 공산당 혹은 자유주의자 게오르기 야블린스키를 지지해 온 유권자 상당수가 이번에는 푸틴을 지지할 것이라고 응답하였다. 즉, 초이념적 지지인 것이다. 지난 10년 기성 정치인에 식상한 이들은 "푸틴이 국민을 위하는 사람"이라는 자기암시를 토로하였다. 더구나 프로그램상 쥬가노프와 푸틴을 크게 차별화시키지 않고 있었다.

특이한 것은 적어도 체첸전 수행에 관한 한 러시아인들은 2000년 1월 시점, 거의 초당적으로 70% 이상의 지지를 보이고 있다. 푸틴이 총리로 임명된 이래 공식적으로 체첸 작전을 자기의 일로 투사해 온 만큼 '푸틴 현상'의 배경에 잠복된 체첸 군사작전의 영향력을 감지할 수 있다.[16] 요컨대, 이념이나 정책보다는 체첸 군사작전 등 푸틴 개인에 대한 신뢰감이 총선에서 단합당 지지를 유도했다고 보겠다.

동시에 2000년 1월 시점, 옐친에 대한 부정적 시각도 초당적이다. 예측했던 대로 공산당 지지자의 경우가 95%로 가장 높지만 단합당 지지자도 80%나 기록하고 있다. 즉, 단합당 지지자들에게 푸틴은 단지 옐친이 만들어낸 '후계자'에 불과한 것이 아님을 알 수 있다.[17] 지난해 말 옐친의 조기사임은

---

14) http://www.russiavotes.org/NRBDuma.htm
15) http://www.russiavotes.org/NRBDuma.htm
16) http://www.russiavotes.org/NRBDuma.htm
17) http://www.russiavotes.org/NRBDuma.htm

국민들로 하여금 푸틴을 옐친으로부터 비교적 독립된 인물로 평가하는 데에 일조하였다고 하겠다. 앞서 밝혔듯 푸틴은 옐친이 사임하던 날(1999년 12월 31) 대통령 권한대행으로서 '옐친 대통령과 그 가족 신변보장에 관한 대통령령' 및 '옐친 대통령에 대한 면책과 형사상 혹은 행정적 조사 면제에 관한 대통령령'에 서명한 것은 사실이지만 대부분의 국민은 푸틴을 옐친의 사고처리 전담자로 보고 있지 않음을 알 수 있다.

6. 러시아 정국 동향

1999년 12월 총선 이후 현재까지 여타 정당의 이탈 조짐과 대조적으로 푸틴을 지지하는 단합당 주변에는 정치인들이 모이고 있다. 단적으로 원내 단합당 의석수가 증대된 반면, 공산당과 '조국-전 러시아' 의석수는 감소되고 있다.[18] 키리엔코 전 총리의 '우파세력연합'이 처음부터 푸틴을 지지한 사실을 제외하고도 제1당인 공산당과의 공조가 어렵지 않게 수행되고 있다. 7년 간 끌어온 START II의 비준이 푸틴 당선 후 한 달 만인 4월 중 푸틴의 독려에 의해 찬성 288, 반대 133으로 성사된 것도 이러한 맥락에서 이해될 수 있겠다. 현 상태대로라면 향후 4년 간 행정부와 의회 관계가 순탄할 것으로 보인다.

푸틴의 성향 및 견해

1. 내성적·학구적 성향

푸틴은 스스로를 보통의 아이들이 3학년 때 공산소년단원(피오네르)이 되는데 자신은 6학년 때까지 이에 가입하지 않고 골목대장으로 불량스럽게 지냈다고 회고한다. 그렇지만 이후 그의 KGB 요원이 되기 위한 집념과 명문 페테르부르그 대학교 법학부 합격, 중단 없는 유도 연마 등을 통해 볼 때 그

---

18) 〈Floating Party Alignments in the Duma〉, http://www.russiavotes.org/Duma_align.htm

는 결코 비규율적 인물이라는 인상을 주지 않는다. 특히 KGB 특수학교인 '안드로포프 붉은 깃발' 대학시절 그는 '다소 내성적이고 사교성이 부족하며 학구적'이라는 평을 들었었다. [19]

페테르부르그 시청에 근무하는 동안 푸틴은 막후 인물이라는 의미에서 '회색 추기경'이라는 별명을 얻었다. 사람들의 눈에 띄는 곳에 나타나는 것을 꺼리지만 정작 그의 양해 없이는 시청에서 아무 일도 해결되지 않은 실세임을 잘 드러낸 별명이다. 푸틴은 전국적 유명인사인 소브차크의 뒤에서 음지에 남아 있었지만 대외관계는 물론 실질적으로 시의 치안기관과 민원국 업무도 총괄할 만큼 핵심인사가 되어갔다. 푸틴은 시의회에서 자주 연설을 해야 했는데 이론이 정연하고 간결했다고 한다. 물론 성격상 푸틴에게는 시의회 내 연설이나 의원들과의 담화가 매우 고되고 긴장된 일이었다. [20]

2. 러시아 발전과 관련된 견해 [21]

(1) 1991년 8월 불발쿠데타

기본적으로 푸틴은 구소련 체제의 실책과 문제점을 부인하지 않는다. 푸틴은 1980년대 후반부터 동독의 드레스덴에서, 그리고 페테르부르그에서 서방의 약진과 소련의 후진성을 대비하며 개혁의 필요성을 절감할 수 있는 최일선에 서 있었다. 즉, 고르바초프가 열어 놓은 페레스트로이카의 물결을 타고 있었다. 따라서 소비에트 체제의 우월성을 고집하며 개혁의 물결을 거스르는 KGB 중앙의 보수지도자들과는 노선을 달리할 수밖에 없었다. 그런데 주지하

---

19) Gevorkyan, N., Timokova N., Kolesnikov A., 『Ot pervogo listsa: Razgovori s Vladimirom』(Moskva, Vargas, 2000) 참조. (번역본: 유학구, 『세종연구소 정책자료』, 2000년 3월).

20) http://www.nns.ru/person/putin

21) 이 부분은 대선 직전인 2000년 3월 출판된 푸틴의 인터뷰 자료를 중심으로 분석하였다. Gevorkyan, N., Timokova N., Kolesnikov A., 『Ot pervogo listsa: Razgovori s Vladimirom』(Moskva, Vargas, 2000) 참조. (번역본: 유학구, 『세종연구소 정책자료』, 2000년 3월).

푸틴 대통령과 김정일 국방위원장이 평양에서 만나 악수를 하고 있다(2000년 6월).

다시피 1991년 8월 보수 세력의 쿠데타 주동 세력 중에는 당시 KGB 의장이 던 블라디미르 크류치코프가 깊이 관여하였다. 조직과 권력이 막강했던 KGB 가 개혁을 부르짖던 고르바초프 소비에트 지도부에 위협을 가한 것이다.

쿠데타 발발 당시 페테르부르그 대외관계위원장으로 복무 중이었지만 형식 적으로는 여전히 KGB 장교의 신분을 지니고 있었던 푸틴은 "쿠테타 주동자 들의 편에 서지 않겠다"는 다짐과 함께 즉각 사직서를 제출하고 KGB와 결별 하였다. 그보다 2년 전 베를린 장벽이 무너졌을 때 가졌던 KGB 중앙지도자 들에 대한 실망과 허탈감이 한층 더 강화된 것이다.

(2) 러시아의 '유럽' 정체성

러시아는 지리적으로 유라시아에 걸쳐 있다. 따라서 러시아 문명사를 보면 러시아가 유럽과 아시아 중 어느 쪽과 더 밀착되어 있는가 라는 논쟁이 끊이

지 않아 왔다. 푸틴은 단정적으로 러시아가 서구문화의 일부라고 말하면서 민주 발전은 기정 사실이라고 한다. 러시아인은 동아시아에 근접한 러시아 극동지방과 모슬렘 지대에 근접한 남부지대에 살던 유럽인이라는 것이다. 따라서 유럽인들도 러시아인을 그렇게 인정해야 한다는 지론이다. 푸틴은 만약 유럽이 러시아를 밀어낸다면 자강책을 구할 수밖에 없다는 자못 강경한 입장을 편다. 푸틴은 이 점에서 헬무트 콜 독일 전 총리의 말을 기억하고 있다. '러시아가 없는 유럽이 어떻게 존재할 수 있는지 모르겠다. …… 독일인들은 러시아의 시장에 관심을 갖고 있을 뿐 아니라 러시아가 훌륭한 상대자가 되기를 희망한다.

국제관계 차원에서 푸틴의 유럽 정체성을 해석해 본다면 푸틴은 냉전 이후 유럽의 경제공동체나 안보공동체에 지대한 이해를 표명하고 있다고 볼 수 있다. 냉전 이후 러시아가 동아시아의 중요성을 새삼 부각해 왔음에도 불구하고 여전히 유럽 중심적 정책을 강구할 것으로 보인다. 그러나 유럽에서 인정을 받지 못하는 경우 러시아는 불가피하게 동아시아, 특히 중국과 긴밀한 전략적 협력관계를 도모할 것이라는 경고를 하고 있는 듯하다.

(3) 실무적 정치인 에하르트 존경

푸틴은 농담식으로 2인의 프랑스 정치인을 인상적인 정치인으로 꼽는다. 나폴레옹과 드골이다. 그러나 실무적 인물로 푸틴은 서부독일의 전후 경제 기적을 창출한 경제장관으로서 1960년대(1963~1966)에는 총리를 역임한 서독의 루드비히 에하르트를 들고 있다. 푸틴은 에하르트의 부흥이론은 나찌사상이 붕괴된 독일에서 그 무엇보다도 새로운 사회윤리를 정립함으로써 실천 가능하였다고 분석하고 있다. 어쩌면 푸틴은 공산주의 이념이 붕괴된 조국 러시아에서 경제부흥이라는 자신의 과제를 앞두고 내심 에하르트의 국가운영 방식을 시대에 맞게 재적용할 생각인지 모르겠다. 자본주의와 시장경제를 위한 개혁을 지속적으로 추진하되 질서와 윤리개념을 강조하는 것이다.

(4) 체첸 군사작전의 정당성

푸틴은 체첸의 분리독립을 인정할 수 없다는 입장을 견지하고 있다. 첫째, 체첸이 분리될 경우 독립 자체에 만족하지 않고 영토 확장을 위해 러시아를 공격할 것이라 믿고 있다. 1999년 여름, 체첸반군의 다게스탄 공격이 그 적나라한 예라면서 다게스탄이 휘말리면 분쟁이 카프카즈 지역 전체로 깊숙이 파고들어갈 것이고 러시아와 같은 광대한 나라의 내분은 세계적 파국을 의미한다는 것이다. 둘째, 체첸 분리를 인정하는 경우 여타 러시아 연방구성체들의 독립 요구가 가시화될 것으로 본다. 셋째, 체첸의 독립을 인정하는 경우 지구상 적지 않은 국가가 즉각 체첸을 공식적으로 지원하면서 러시아의 체첸 군사작전을 국내 문제가 아닌 침략으로 간주할 터인데 이는 러시아 국익에 큰 손실이 된다는 것이다. 이를 이유로 푸틴은 99년 8월 총리로 임명되면서 문제가 악화되기 전에 체첸반군들을 엄중히 다루어야 한다는 판단을 했다고 한다.

동시에 푸틴은 러시아의 군사작전이 체첸반군의 다게스탄 선제 습격에 의한 것인 만큼 어디까지나 공격이 아닌 방어의 성격을 가지고 있었음을 강조한다. 푸틴은 1999년 모스크바 등 주요 러시아 도시 내 아파트 폭파사건이 사실은 체첸 군사작전을 정당화하기 위해 러시아 특수기관들이 수행한 것이라는 일설을 전면 부인한다. "러시아 특수기관에는 자국 국민에 대한 이런 범죄를 자행할 수 있는 사람은 아무도 없다. 망상이다."

푸틴 대통령과 러시아의 미래

'옐친헌법'으로 불리는 현행 러시아 헌법은 1993년 12월 정부의 헌법 초안을 국민투표에 부쳐 통과시킨 것으로서 대통령 권한의 대폭 강화를 특징으로 하고 있다. 옐친 당시 대통령이 93년 10월 자신의 개혁정책을 반대해 온 보수 소비에트를 강제 해산시킨 후 채택된 헌법인 만큼 그리 놀랄 일은 아니다.

헌법에 따르면 대통령은 국가원수로서 대내외적으로 연방을 대표하며, 연방 헌법과 국민의 권리 및 자유, 연방의 주권, 독립, 국가안보를 수호한다. 또한 국가 권력기관의 기능조정 및 상호협력을 보장하며 대내외 정책의 기본 방향을 설정한다. 행정부의 총수로서 총리를 임명하며 총리의 건의를 받아 각료를 임명·해임한다. 또한 국가두마 해산권, 법안제출권을 소지한다. 한편, 군최고사령관으로서 국가침략 또한 침략의 직접적 위협이 발생하는 경우 영토 전역, 혹은 일부지역에 계엄을 선포할 수 있다. 대통령은 또한 러시아 전 영토에서 구속력을 지닌 대통령령 혹은 명령을 공포할 수 있다. 기타 러시아 대통령은 국가안보회의를 구성·주재하며, 대통령실을 구성하고 외교사절을 임명·소환한다. 푸틴은 이처럼 강력한 권한을 소지한 러시아의 대통령이 된 것이다. 더구나 '푸틴현상'을 몰고 여유 있게 대통령으로 당선되었다. 그러나 대선 다음날 기자회견에서 그는 러시아 국민들에게 희망적 약속을 할 수 없음을 밝혔다. 현실적으로 21세기 입문에서 오늘날 러시아가 당면한 제반 위기 현상을 보면 그가 쓴 관이 가시면류관이라는 생각이 든다. 과연 푸틴이 '강력한 국가'를 창출할 것인가. 지난 10년 사양화되고 부패한 러시아의 국가제도와 경제에 비추어 쉽지 않은 과제이다. 두마와의 관계는 비교적 순조로울 것으로 보이지만 올리가르키의 장악, 지방지도자 관리, 국가제도 복원, 부패척결 등의 문제는 이미 만연된 상태이고 구조적이기 때문이다. 푸틴의 용기, 정직성, 단호성에 작은 기대를 걸어 볼 수밖에 없다. 푸틴 행정부는 질서 회복, 테러리즘, 부패, 조직범죄 등의 퇴치를 앞세워 안보 부문의 역할을 강화시킬 것으로 보인다. 실제로 올리가르키를 포함, 경제개혁에 방해가 되는 제세력의 퇴치를 위해서 한때 자신이 수장이었던 연방보안대가 강화될 가능성도 있다. 그렇다 하더라도 이것이 제반여건상 근본적인 독재로 변모할 가능성은 높지 않아 보인다.

서방 입장에서는 러시아의 2000년 대선에서 푸틴보다는 선명한 개혁파들이 대권을 잡는 것이 바람직했다고 평가할 수 있을 것이다. 그러나 푸틴의 당선을 그렇게 비관적으로만 볼 필요는 없을 것 같다. 그가 KGB의 아들인 것은 사실이지만 당시의 KGB는 시기적으로 개혁을 추구하던 유리 안드로포프하 KGB였다. 더구나 푸틴은 냉전의 최전선 동독에 머물면서 누구보다 분명히 소련의 침체와 서구의 약진을 비교할 수 있는 입장에 있었다. 당시 푸틴과 그 동료들은 KGB 역사상 독특한 사명 즉, 국가와 정권의 유지를 위해 소비에트 경제와 소비에트 사회, 그리고 서구와의 관계 각 부문에서 대대적 재조정을 도모하지 않으면 안 된다는 애국적 사명을 가지고 있었다. 러시아가 위기에 처한 2000년, 소련은 이미 역사 속으로 소멸되었지만 당시 푸틴과 그 동료들 에게 주어졌던 사명은 더욱 의미를 더하고 있다고 보여진다.

　적지 않은 러시아 내 분석가들이 푸틴을 옐친 집권기 크렘린 노획자들과 동일시하고 있다. 실제로 옐친이 자신의 사임 후 안위를 위하고 측근을 보호 하기 위해 푸틴을 임명했을지 모른다. 그러나 푸틴의 배경을 보면 그는 분명 쇠퇴한 전 정권의 도구라고 보기 어려운 구석이 있다. 목표의식이 분명한 그 자신의 정보-치안 관료기반을 소지하고 있다. 협상의 양태상 KGB 요원 출신 으로서 '강력한 국가'나 '군사력'을 강조하고 있는 만큼 다소 강경한 인상을 줄 수 있다. 그렇다 하더라도 오랜 동안 유럽에서 체류했으며, 과도기 얼마간 대외 접촉 경험도 있는 만큼 그가 서방과의 협력을 통한 득을 도외시하지는 않을 것으로 보인다. 안보외교 때문에 경제외교상 절대적 피해를 보는 일은 피할 것이다. 즉, 푸틴의 합리성이나 신축성을 배제해서는 안 될 것이다. 이 점에서 여타 국가들은 국제관계상 '거울이미지'의 중요성을 상기할 필요가 있다.

| 참 | 고 | 문 | 헌 |

- 정은숙, 『러시아 총선결과 및 포스트-옐친 대선정국 분석』(세종연구소 정책브리핑, 2000년 2월)

- __________, 『2000년 러시아 대선; 분석과 대응』(세종연구소 정책브리핑, 2000년 3월).

- __________, 『블라디미르 푸틴의 시대』(대외경제정책연구원, 2000년 1월).

- Dunlop, John B., 〈Tightening the Screws in Russia〉, 『Hoover Institution Weekly Essay』(January 24, 2000).

- Gevorkyan, N., Timokova N., Kolesnikov A., 『Ot pervogo listsa: Razgovoris Vladimirom』(Moskva, Vargas), (번역본: 유학구, 『세종연구소 정책자료』, 2000년 3월).

- McFaul, Michael, 〈Ulterior Motives in Chechnya〉, 『Hoover Institution Weekly Essay』 (December 13).

- Putin, V. V., 『Rossiya na rubezhe tisyacheletii』(http://www. pravitelstvo. gov. ru/government/minister/article. vvpl. html), (번역본: 유학구, 『세종연구소 정책자료』, 2000년 1월).

- Ryakov, Andrey, 〈The Presidential Elections and the Evolution of Russia's Political System〉, 『The Carnegie Endowment Briefing Papers』, January.

- __________, 〈On Political Stability, the Presidency and the Split among the Governing Elites; Can Russia Avert Political Chaos?〉, 『The Carnegie Endowment Briefing Papers』, April.

- Schroeder, Hans-Henning, 〈El'tsin and the Oligarchs; The Role of Financial Groups in Russian Politics Between 1993 and July 1998〉, 『Europe-Asia Studies』, Vol. 51, No. 6.

- Shlapentokh, Vladimir, 〈Social Inequality in Post-communist Russia; The Attitudes of the Political Elite and the Masses(1991~1998)〉, 『Europe-Asia Studies』, Vol. 51, No. 7.

- Tresiman, Daniel, 〈Dollars and Democratization; The Role and Power of Money in Russia's Transitional Elections〉, 『Comparative Politics』, Vol. 31, No. 1.

- Tsygankov, Andrei, 〈Manifestations of Delegative Democracy in Russian Local Politics; What Does It Mean for the Future of Russia?〉, 『Communist and Post-Communist Studies』, Vol. 31, No. 4.

- Volkov, Vadim, 〈Violent Entreprenership in Post-Communist Russia〉, 『Europe-Asia Studies』, Vol. 52, No. 5.

- 『Politicheskie sily v kanun vyborov』, Carnegie Endowment(2000) Bulletin. No. 1.

- 〈Putin Regime in Russia: Towards Authoritarian Regime?〉, 『Strategic Comments』, (2000), Vol. 5, No. 1.

- http://www. nns. ru/person/putin

- http://www. russiavotes. org/Duma_align. htm

- http://www. russiavotes. org/NRBDDuma. htm

- http://www. stratfor. com/CIS/countries/Russia2000/putinmaintemp. htm

- http://www. stratfor. com/CIS/countries/Russia/russia2000/putin1. htm

- Izvestia

- Kommersant-Daily

- Moskovskiye novosti

- Nezavisimaya gazeta

- Rossiiskaya gazeta

- Sevodnya

아딸 비하리 바즈페이(*Atal Bihari Vajpayee*)

정객은 오늘만을 생각하지만
정치인은 다음 몇 세대를 생각한다

고 홍 근
부산외국어대 인도어과 교수

한국외국어대 인도어과를 졸업하고, 인도 중앙힌디연구소를 인도 정부 초청 장학생으로 마쳤으며, 한국
외국어대에서 정치학 박사 학위를 받았다. 1984년부터 부산외국어대 인도어과 교수로 재직중이며, 1988
~1989년에 인도 네루대학교 한국어과 초빙교수로 다녀온 바 있고, 현재 부산외국어대 동양어대학 학장
으로 재직중이다. 저서로 『초급 힌디 문법』, 『인도 민족주의와 힌두이즘』, 『비서구문명권의 국제관계 사
상』(공저) 등이 있다.

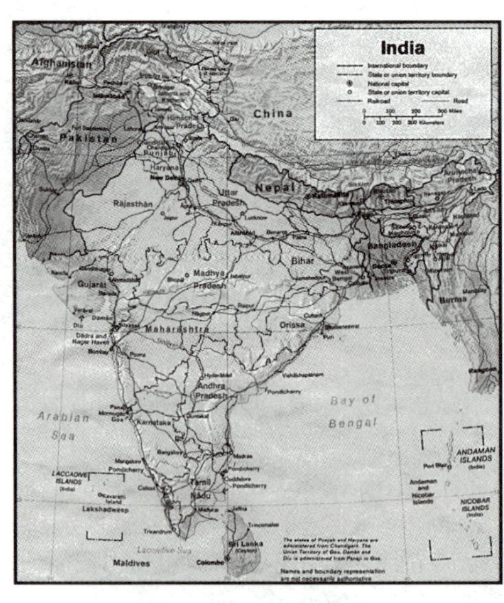

◇ 국명: The Republic of India(인도)

◇ 수도: 뉴델리(New Delhi)

◇ 면적: 3,287,263㎢(한반도의 15배)

◇ 민족: 인도 아리안계(중북부, 70%),
　　　　드라비다계(남부, 25%),
　　　　몽고계(동북부, 3%)

◇ 인구: 9억 6천만(96년 현재)

◇ 기후: 대체로 열대몬순 기후

◇ 종교: 힌두교(82.6%), 회교(11.4%),
　　　　시크교(2%), 기독교, 불교 등

내 소원은 인도가 위대한 나라로 성장하는 것

바즈페이는 매우 독특한 사람이다. 현재 75세이지만[1] 아직 미혼이고 개 두 마리, 고양이 한 마리와 함께 살고 있다. 또 그는 인도 최초로 세 번에 걸쳐 수상직에 취임한 인물이고 네 곳의 각기 다른 선거구에서 당선된 경력을 가진 최초의 하원의원이다. 또 인도와 같이 빈부의 격차와 계급적인 차별이 심하고 인맥과 혈맥이 중심이 되는 사회에서 뚜렷한 배경이 없이 출세한 전형적인 자수성가형의 인물이기도 하다.

그의 취미는 요리와 독서이고 인도의 전통음악과 무용을 좋아하며 이미 네 권의 시집을 출판한 시인이자 평상시에는 과묵한 사람이지만 대중 앞에서는 엄청난 웅변가로 변신하는 인물이다. 또한 그는 '내 인생의 모든 국면에서 내 의무를 다하고 인도가 위대한 나라로 성장하는 것을 보는 것'을 소원하고 있다. 바즈페이는 현재 인도의 수상이며 정치가, 사회사업가, 시인, 저널리스트, 웅변가 등 매우 다양한 방면에서 재능을 나타내고 있으며, 지난 두 번의 수상직에서는 각각 13일과 13개월 동안 인도를 통치했었던 인물이다. 또 현재 인도에서 가장 존경받는 인물 중의 하나이다.

바즈페이 개인에 대해 이야기하기 이전에 1990년대 인도 정치의 변화를 설명할 필요가 있다. 힌두(Hindu) 종파주의적 색채가 강한 인도인민당(Bharatya Janta Party: BJP)의 부상이 바즈페이의 등장을 가져왔기 때문이다.

국민회의당의 쇠퇴

잘 알려진 것처럼 인도 정치는 인도국민회의당(Indian National Congress)

---

1) 바즈페이의 출생 연도에 대해서는 1924년과 1926년 두 가지 설이 있다. 여기서는 인도 수상실(Prime Minister's Office)의 홈페이지(http://pmindia.nic.in)의 기록을 따랐다.

이 오랜 기간 동안 지배해 왔었다. 자와하랄 네루(Jawaharlal Nehru)에서 인디라 간디(Indira Gandhi) 또 라지브(Rajiv) 간디로 이어지는 네루-간디 가문의 사람들이 이 지배체제의 중심이 되어 왔었던 것도 사실이다. 1977년부터 약 3년 간 인디라 간디의 실정으로 인하여 인민당(Janata Party)에게 정권을 넘겨 준 일이 있었지만 국민회의당의 지배력이 완전히 사라졌다고 보기는 어렵다는 전망이 지배적이었다. 이와 같은 전망을 증명하듯이 1980년 1월 총선거에서 인디라 간디는 재집권했고 1984년 경호원들에게 암살될 때까지 국민회의당이 주도하는 인도를 이끌어 나갔다. 인디라의 갑작스러운 죽음으로 전국이 혼란에 빠지자 연방의회는 만장일치로 그녀의 아들 라지브를 차기 수상으로 선출하였다.

자와하랄 네루의 외손자이기도 한 라지브는 그 당시 정치 입문 3년째에 접어든 정치 초년생에 불과했었다. 라지브는 원래 정치에 뜻이 없는 인물이었고 그의 입문 자체도 동생 산자이(Sanjay)의 죽음에 따른 자의반 타의반의 것이었다. 따라서 그는 정치가로서의 체계적인 훈련을 받은 일도 없었고 국민회의당 내에도 확실한 자신의 인맥을 구축하지 못하고 있었다. 따라서 그는 공식적인 기구나 조직보다는 어린 시절부터 친구들을 중심으로 한 사조직에 더 의존할 수밖에 없었다. 그러나 이 사조직의 구성원들 대부분이, 아니 전부가 인도의 상류층 출신이었다는 점에서 라지브의 실패는 시작되었다. 라지브의 정책 중 경제개방, 정보통신 분야의 육성 등 긍정적인 측면도 있었지만 대부분의 국민들이 보기에는 부유한 사람들만을 위한 정책일 뿐이었다. 또 스리랑카(Srilanka)에 파견한 평화유지군의 작전 실패와 무기도입 스캔들 연루 등은 라지브와 국민회의당에 대한 불만을 증폭시키는 결과를 가져왔다. 특히 라지브는 비판에 대해 관대한 사람이 아니었다. 부유한 명문가의 장남으로 순탄하게 자라온 그는 비판보다는 찬사에 익숙해 있던 사람으로 정치가로서 흔히 당면할 수 있는 불쾌한 상황에 적절히 대처할 수 없었던 것으로 보인다. 그는 작은 비판에도 쉽게 흥분했고 정책에 대한 비판도 자기 개인에 대한 것으로 받아들였다. 이 결과 라지브의 주위에는 무능한 아첨꾼들만이 남아 그의 독선을 더욱 강화해 주었고 이것이 1989년의 총선 패배로 이어졌던 것이다.

1989년 제9차 총선 직전 국민회의당의 쇠퇴가 확실해지자 인도 정치에는 새로운 양상이 나타나기 시작했다. 즉, ‘신앙고백의 정치(Confessional Politics)’ 행태가 등장한 것이다. 인도는 전체 인구의 80%가 힌두(Hindu)임에도 불구하고 종교의 자유가 보장되는 세속국가(Secular State)다. 이것은 제헌의회 시절 힌두 국수주의자들의 ‘힌두교의 국교화’ 주장에 대해 철저한 세속주의자였던 네루가 적극적으로 반대한 덕분에 이루어진 것이다. 따라서 1980년대 말에 이르기까지, 비록 몇몇 종파주의 정당이 활동하기는 했지만, 인도 정치는 국민회의당을 중심으로 그 세속주의 원칙을 비교적 잘 유지해 왔었다. 그러나 국민회의당 1당 지배체제가 와해되자 각 정당은 유권자의 이성보다는 감성에 호소하는 전략을 펴 나갔다.

인도는 힌두교, 이슬람(Islam)교, 시크(Sikh)교, 불교 등 다양한 종교가 존재하는 다종교 사회지만 힌두교도와 무슬림(Muslim) 사이의 갈등은 근 100년의 역사를 가지고 있고 1980년대부터는 힌두교도와 시크교도 사이의 갈등이 지속되고 있는 사회이기도 하다. 따라서 각 정당은 정책의 개발이나 홍보보다는 자신이 어느 종교의 추종자이고 어느 종교에 더 호의를 가지고 있느냐를 선전하는 데 급급하였다. 네루의 외손자인 라지브마저도 그 당시 논쟁이 불붙기 시작하였던 아요디아(Ayodhya)를 방문하여 그 흙에 입을 맞추고 힌두의 전설적 왕인 ‘람(Ram)[2]의 정치’를 실현하겠다고 약속하였다. 라지브의 이와 같은 태도는 지식층들 사이에서는 정치적 냉소주의를 또 전통적으로 국민회의당 지지세력이었던 무슬림들이 등을 돌리게 하는 결과를 가져와 1989년 총선거에서 국민회의당이 패배하는 결과를 가져왔다.

---

2) 고대 인도의 2대 서사시 중의 하나인 라마야나(Ramayana)의 주인공인 람은 비쉬누(Vishnu)신의 화신으로 믿어지고 있으며, 아요디아 왕국의 왕자로 태어나 세계의 악마들을 평정한 인물로 숭상받고 있다.

국민회의당의 재집권과 아요디아 사건

1989년 9차 총선에서 집권한 국민전선(Natinal Front) 정부는 서로 성격
이 다른 야당의 연합정부였기 때문에 효율적인 정책을 시행하기가 어려웠고
내분까지 겹쳐 1990년 단명정권으로 끝나고 말았다. 그 뒤를 이어 국민회의
당의 지지를 바탕으로 셰카르(Chandra Shekhar)가 이끄는 정부가 잠시 집권
하였으나 곧 국민회의당과의 갈등으로 붕괴되어 91년 5월 10차 총선거가 실
시되었다.

10차 총선거에서 재기를 노리고 정력적으로 유세활동을 벌이던 라지브는
선거를 며칠 앞둔 5월 21일 인도 남부 따밀 나두(Tamil Nadu)주의 한 작은
도시에서 자살특공대에 의해 폭사당하고 말았다. 이것은 인디라 간디의 암살
에 이은 네루-간디 가문의 비극이었다. 라지브의 암살에 따른 국민의 동정심
으로 국민회의당은 10차 총선거에서 비록 의회의 과반수 의석을 차지하지는
못했지만 제1당으로 복귀하는 데 성공하여 연립정권을 수립할 수 있었다.

국민회의당 새 정부는 같은 해 7월 사회주의 경제체제에서 자본주의 시장
경제체제로의 전환을 선언하는 '신산업정책(New Industrial Policy)'을 공표
하여 외국 자본과 물품에 시장을 개방하였다. 이것은 1947년 독립 이래 인도
현대사에서 가장 획기적인 사건이었고 궁극적으로는 인도를 경제적 고립으로
부터 탈피시킬 수 있는 최선의 방법이었다. 그러나 신산업정책은 그 동안 사
회주의 체제에 길들여진 사람들에게 경쟁이라는 불편한 상황에 직면하게 만
들었고 개방에 따라 유입되는 서구 문물들은 전통적인 생활 방식에 익숙한
많은 사람들을 당혹스럽게 만들었다. 예를 들어, 국영기업의 민영화는 수십
년 간의 철밥통에 덧붙여 만만치 않은 연금까지 보장받았던 근로자들에게 위
협으로 다가왔고 위성방송을 통해 무차별적으로 전파되는 서양 문물 그리고
맥도날드 등의 새로운 식당문화와 그것을 이용하는 청소년들의 분방함은 인
도의 전통적인 미풍양속을 파괴한다는 느낌을 광범위하게 확산시켰다. 사실

상, 어떤 사회든 변화라는 것은 대중적인 불안을 야기하며, 그 변화의 혜택이 피부에 닿을 때까지는 반발을 가져오기가 쉽다. 인도인들은 경제 개방에 따른 불안과 반발을 복고주의, 더 나아가 종교적 근본주의에 의지해 해소하려 들었다. 1992년의 아요디아 사건은 이와 같은 사회 분위기를 극단적으로 반영한 것이다.

아요디아 사건의 발단은 1970년대 말부터 일부 힌두 학자들과 국수주의자들이 아요디아에 있는 바브리 이슬람 사원(Babri Masjid)이 힌두의 전설적인 영웅 람의 탄생지(Janmabhoomi)라고 주장한 데서 비롯되었다. 이와 같은 주장은 다음 세 가지의 서로 다른 근거에서 출발한다. 첫째, 바브리 사원에 사용된 건축 자재는 힌두 사원의 것들로 보이며 특히 14개의 지주는 전형적인 힌두 양식이므로 11세기 이전에 그 장소가 힌두 사원 또는 성지였음에 틀림없다는 것이다. 이 주장이 설득력을 갖는 것은 무슬림이 지배했었던 인도의 많은 지역에서 힌두 사원을 파괴한 잔해를 이용하여 건축한 이슬람 사원을 쉽게 발견할 수 있기 때문이다. 둘째, 바브리 사원이 세워지기 전에 그 곳이 힌두 사원이 아니라 궁궐터였다는 것이다. 즉, 바브리 사원은 아요디아 전체를 한눈에 내려다 볼 수 있는 가장 높은 장소에 위치하고 있으며 갠지즈(Ganges)강 유역의 고대국가들은 평지보다는 언덕, 산 등에 성을 축조하였으므로 그 장소가 람이 태어난 궁궐이었을 것이라는 주장이다. 셋째, 17세기와 18세기에 걸쳐 아요디아를 방문했었던 여행자들이 남긴 기록을 통해 바브리 사원과 람의 탄생지를 연결해 보려는 주장이다. 몇몇 유럽인 선교사들은 바브리 사원의 정원에서 힌두들이 제사를 드리는 모습을 보았고 그것을 무슬림 통치자가 제지하지 않았다는 기록을 남기고 있으므로 이것에서 유추를 해 볼 때 그 장소가 람의 탄생지임에 틀림없다는 것이다.

그러나 위의 주장들은 한결같이 정황증거에 바탕을 둔 것일 뿐이지 그 곳이 람의 탄생지라는 고고학적 또는 문헌적인 증거를 전혀 제시하지 못하고 있다. 특히 바브리 사원이 문헌상에 최초로 등장했던 1528년 이전에 그 장소가 람의 탄생지로 숭배되었다는 어떠한 힌두 측의 기록이 없다는 것도 이 주장의 신빙성을 약하게 만드는 결정적인 원인이 되고 있다.

바브리 사원이 람의 탄생지이든 아니든 간에 이 논쟁은 힌두-무슬림 사이의 긴장을 더욱 고조시켰고, 경제개방의 혜택에서 소외되고 있던 많은 사람들이 불만의 배출구로서 이 논쟁을 이용하였다. 특히 인도인민당(Bharatya Janta Party: BJP)의 지도자들은 이 문제를 정치문제로 비화시켰다. 인도인민당의 당수를 역임했었고 바브리 사원 문제에서 가장 종파적 성격을 드러냈던 아드와니(Lal Kishanchand Advani)는 1991년 2월에 한 연설에서 "아요디아에 대해 침묵하는 모든 인권보호기구들을 보라. 왜? 왜냐하면 이 문제가 힌두교와 관계가 있기 때문이다. 이것이 만약 이슬람에 관한 문제라면 그들의 반응은 달랐을 것이다. 모든 정당들이 바브리 사원을 지켜야 하는 것이 의무라고 생각한다면 왜 까쉬미르(Kashmir)에서 무슬림들에 의해 파괴된 55개의 힌두 사원에 대해서는 침묵하는가? 왜 그들은 이중적 기준을 적용하는가?"라고 주장했다. 그러나 인도 언론사들이 1993년 1월 까쉬미르에 기자를 파견하여 직접 조사한 바에 따르면 아드와니가 파괴되었다고 주장했던 사원의 절대다수는 전혀 손상된 일이 없었다.

92년 당시 아드와니의 주장이 사실이건 아니건 그것은 인도 국민의 대다수를 차지하고 있는 힌두들에게 중요한 문제가 아니었다. 그들에게 중요했던 것은 경제개방 등 사회변화에 따른 불만을 폭발시킬 대상이 나타났다는 점이었다. 인도인민당의 지속적인 선동에 힘입은 10만 명 이상의 힌두가 아요디아로 모여들었고 12월 6일 바브리 사원을 철저하게 파괴하였다. 종파적 갈등이 심각하지 않은 국가에서도 특정 종교의 신자들이 다른 종교의 사원을 파괴했다면 그것은 걷잡을 수 없는 종파분쟁의 원인이 된다. 인도와 같이 힌두와 무슬림의 갈등이 노골화된 국가에서 이 사건은 2만5천 명의 사상자가 발생한 연속적인 종파폭동의 원인이 되었다.

바브리 사원 사건은 독립 이후 인도의 세속주의 헌법과 정부의 종파 화합을 위한 노력이 얼마나 취약한 것인가를 보여주는 상징적인 사건이었다. 이 사건은 그 당시 아요디아가 위치해 있는 우따르 쁘라데쉬(Uttar Pradesh) 주 정부를 장악하고 있었던 인도인민당의 방조 그리고 국민회의당의 연방정부 묵인하에서 이루어진 것이었다. 이것은 단순히 이슬람 사원이 파괴되었다는 의미만을 가지고 있는 것이 아니라 모든 종교의 자유를 보장하는 헌법의 정신이 현실적으로 구속력을 지니지 못하게 되었고 정부 및 정당들도 더 이상 헌법의 정신을 수호할 의지가 없음을 나타내는 전환기적 사건이었던 것이다.

바브리 사원을 둘러싼 소모전적인 논쟁 그리고 사원의 파괴와 그에 따른 막대한 유혈사태 속에서 이익을 본 것은 인도인민당뿐이었다. 인도인민당은 이 문제를 정치화시키는 데 성공하였고 힌두들의 종교적 감성에 호소함에 의해서 그들을 효율적으로 동원하였다. 바브리 사원 문제를 통해 인도인민당은 인도에서 가장 강력한 정당으로 부상할 수 있었다.

인도인민당

공식적으로는 인도인민당은 1951년 창당된 인도인민연합(Bharatiya Jan Sangh)이 1980년 당명을 개칭하여 의해 출발하였다. 하지만 인도인민당의 근원은 그보다 훨씬 전인 1920년대로 거슬러 올라가야 한다.

인도 민족주의의 생성과 발전은 종파주의의 그것들과 속도를 같이 하였다. 왜냐하면 인도는 인종 언어 종교 또 지역적으로 원심력이 강한 문화적 배경을 가졌으며 역사적으로 인도는 중앙집권적인 정부에 의해 통합된 경험이 없었기 때문이다. 따라서 민족주의의 발아기에 지도자들은 개념 자체가 막연한 '인도'라는 용어를 사용하기보다는 지역의 명칭 또는 종파의 명칭을 통해 대중의 정치 참여를 유도했던 것이다. 따라서 벵갈(Bengal) 지역의 주민들을 결속하기 위한 '벵갈민족주의' 또는 무슬림의 권익을 위한 '무슬림민족주의'라는 말들이 대중들에게 호소력을 가지게 되는 결과를 가져왔다. 더 나가서

'어머니 인도(Mata Bharat)'라는 용어를 사용하며 전 인도인의 단결을 촉구했던 마하뜨마 간디(Mahatma Gandhi)조차도 대중연설에서 힌두 성전의 구절을 자주 이용하여 대중들이 민족적 충성과 종파적 충성을 혼동하게 만드는 부작용을 낳게 만들었다.

이와 같은 가치의 혼란을 틈타서 새로운 세력으로 등장한 것은 민족의용단(Rashtriya Swayamsevak Sangh)이었다. 1925년 헤드게와르(Hedgewar)에 의해 창설된 이 조직은 형식상으로는 사회단체를 표방하고 있지만 실제에 있어서는 힌두 국수주의적 성격을 강하게 띠고 있는 준정치조직이었다. 헤드게와르는 조국에 대한 절대적인 헌신과 끊임없는 신체단련 그리고 필요한 경우에는 폭력도 서슴지 않는 자세를 가지라고 단원들에게 요구했다. 특히 단원들은 매일 세 번, 즉 아침·저녁·밤에 개최되는 신체단련회에 한 번은 참석해야 했고 자기 희생의 정신, 자기 규제, 단원 상호간의 단결에 대해 반복적으로 교육받았다. 이와 같은 교육을 강조한 것은 영국에 의해 인도가 통치받는 것이 '인도인의 허약함' 때문이라는 헤드게와르의 생각 때문이었다. 단원들에게 단복을 지급하고 군대식 분열행진 연습을 시키고 시가행진을 하는 그의 방식은, 히틀러(A. Hitler)를 연상하게 했지만, 인도에서 찾아보기 힘든 모습이었다. 그러나 헤드게와르를 전투적 민족주의 운동가로 성급하게 단정지어서는 안 된다. 그는 영국 정부와 충돌이 일어날 상황에서는 교묘히 비켜나갔고, 국민회의당을 필두로 한 많은 정치 세력들이 대영투쟁에 전력을 다할 때도 그는 민족주의 운동에서는 등을 돌리고 무슬림을 상대로 종파폭동을 야기하는 데 민족의용단의 힘을 집중시켰다. 이것은 결과적으로 영국의 분리통치 정책을 도와주는 것이었고 그가 이야기하는 '조국'은 '인도'가 아니라 '힌두국가'라는 것을 분명히 해주는 것이었다.

민족의용단이 마하라쉬뜨라(Maharashtra)주만을 근거지로 하는 지방조직에서 북부인도 대부분의 지역에 포진하는 조직으로 확장하게 된 것은 1947년 인도와 파키스탄 분리독립 당시, 파키스탄 지역에서 피난해 온 힌두 피난민들에 대한 구호활동을 펼 때부터였다. 민족의용단은 난민수용소를 설치 운영함은 물론 오갈 곳 없는 피난민들에게 주택과 직업을 제공하였다. 이 당시 민족의용단에게 도움을 받은 사람들은 인도 전역으로 퍼져 나갔고 그들이 각자 정착한 지역에서 열렬한 지지자가 되었다는 것은 두말할 필요가 없을 것이다.

마하뜨마 간디가 힌두 국수주의자에 의해 암살당함으로써 민족의용단의 세력 확장이 위기를 맞는 듯했으나 1951년 인도인민연합(BJS)을 창설하여 정치에 진출하였다. 그러나 인도인민연합은 1951년 1차 총선거에서 겨우 2석만을 차지했고 1977년 인디라 간디에 반대하는 야당 연합세력인 인민당(Janata Party)에 합류하여 정권에 참여하기까지는 군소정당에서 벗어나지 못했다. 앞에서 이야기했듯이 인도인민연합은 인민당 정권이 붕괴된 후 당명을 인도인민당으로 고치고 1980년의 6차 총선거, 1984년의 7차 총선거에 참여했으나 각각 14석과 2석을 얻었을 뿐이었다.

인도인민당이 두각을 나타내기 시작한 것은 89년 9차 총선거에서 하원의석 543석[3] 중 87석을 차지하여 제3당으로 올라선 때부터였다. 또 9차 총선거는 국민회의당의 쇠퇴가 명확해진 인도 정치의 전환점이기도 하였다. 이후 인도인민당은 급신장하여 96년 11차 총선거에서는 비록 의석의 과반수를 차지하지는 못했지만 국민회의당을 누르고 제1당의 지위를 확보하였다. 그러나 그 당시 인도인민당은 내각 구성에 필수적인 하원의석의 과반수 확보에 실패하여 집권 13일 만에 정권을 내주어야만 했었다. 98년 12차 총선거에서도 제1당을 차지한 인도인민당은 군소정당과 지방정당을 규합하여 집권에 성공하였다. 하지만 이 집권도 의석의 과반수를 겨우 넘는 아슬아슬한 것이었으므로 99년 초 일부 연정세력의 이탈로 붕괴되고 말았고 99년 10월 13차 총선거가 실시

---

3) 인도는 연방의회가 상원과 하원으로 구성되어 있는 양원제 국가이다. 그러나 상원은 영국의 귀족원과 같이 명목상의 존재이고 하원에 모든 권한이 집중되어 있다. 하원의원의 총 수는 545명이지만 선출직은 543명, 나머지 2명은 대통령이 임명한다.

되었다. 이 총선거에서 인도인민당과 그 동맹 정당들은 297석을 차지하여 비교적 안정된 정부를 구성하였다.

1989년 총선거에서 인도인민당이 차지한 의석은 힌디(Hindi) 사용 지역인 중북부와 전통적으로 민족의용단이 강세를 보인 마하라쉬뜨라주에서 나온 것이었고 도시보다는 농촌에서 강세를 나타냈었다. 그 이후 선거에서는 점차적으로 힌두가 인구의 대부분을 차지하고 있는 남부지방으로 세력을 확장하였고 도시 지역에서 저소득 중산층과 빈민층을 중심으로 지지기반을 확장하였다. 불과 16년 전에는 매우 제한된 지역에서 극소수의 의원만을 배출하던 정당이 이제는 인도를 대표하는 전국적인 규모의 정당으로 성장한 것이다.

인도인민당의 성공은 어떻게 이루어진 것일까? 인도인민연합으로 1951년 출발했을 때부터 오늘에 이르기까지 그 정강은 크게 변화된 것이 없다. 정강의 철학적 배경은 힌두뜨바(Hindutva), 즉 '힌두민족'으로 요약될 수 있다. 일반적으로 이 '힌두민족'이라는 개념을 '힌두들이 갖는 민족적 감정 또는 신념'이라고 이해하기 쉽지만 인도인민당의 해석은 전혀 다르다. 힌두뜨바는 힌두들에게만이 아니라 인도인 전체에게 해당되는 '문화적 민족주의'라는 것이다. 인도인 속에는 불교도, 기독교도, 무슬림 등 많은 종교의 신자들이 있지만 그들은 수천 년에 걸친 인도 역사에서 형성된 독특한 생활양식을 공유하고 있고 그 생활양식을 바탕으로 하는 공통의 정신이 있으므로 종교에 관계없이 힌두민족에 포함된다는 것이 그들의 주장이다. 예를 들어, 인도에 유입되어 온 무슬림은 힌두의 언어, 음악, 문학과 접촉하게 되고 그것을 통하여 힌두의 정신을 직접 느끼게 되므로 '힌두화' 된다는 것이다. 여기서 주목할 것은 이와 같은 현상을 일반적으로는 '인도화'라고 이야기하는데 인도인민당은 '힌두화'라고 강조한다는 점이다.

정치에 있어서도 인도인민당은 앞에서 이야기한 공통의 정신을 강조한다. 인도에는 수많은 왕조가 생성과 소멸을 거듭했지만 그 모든 왕조들이 공통적으로 소유했던 정신은 '다르마(Dharma)'라는 것이다. 다르마는 우리 말로

'법'이라고 단순히 번역될 수도 있으나 이것은 '종교', '의무', '덕' 등 많은 의미를 가진 단어다. 인도에서 가장 일반적으로 사용되는 의미는 자신이 속한 카스트(Caste)에 대한 의무를 포함하는 '종교 또는 신에 대한 의무'라고 볼 수 있다. 즉, 개인적으로는 여러 가지 욕망을 억제하여 옳고 그름을 명확하게 구별하는 것이고 사회적으로는 개인의 무제한적인 욕망에 제동을 걸어 사회 전체의 이익에 합치하도록 하는 것이다. 이것을 정치에 적용한다면 '다르마에 의한 통치' 즉, 모든 정치지도자들은 권력욕을 억제하고 사회 전체의 복지를 위해 일해야 하는 것이다. 따라서 다르마가 실현되는 사회에서는 질서와 안정이 보장되고 사회의 발전과 번영이 약속된다는 것은 자명한 사실이라고 인도인민당은 주장한다.

힌두뜨바와 다르마로 요약되는 인도인민당의 철학은 얼핏 타당하고 건전하게 보인다. 힌두라는 개념을 종파적이 아니라 문화적으로 규정하여 모든 사람들에게 개방한 점 그리고 개인의 이익추구를 억제하여 전체로서의 사회발전을 역설하는 점 등은 매우 합리적이기 때문이다. 그러나 인도인민당의 철학에는 교묘한 함정이 숨겨져 있다.

먼저 힌두를 문화적 개념으로 규정하여, 고대로부터 인도 대륙에서 계승되어온 문화와 생활양식이며, 그것이 현대 인도의 밑바탕을 이룬다고 주장할 때 이것은 본질적으로 배타적인 것이 될 수밖에 없다. 만약 외부로부터 유입되어 온 세력이 인도의 전통적인 문화와 생활양식에 동화되기를 거부한다면 그것은 비민족적인 행위가 되기 때문이다. 예를 들어, 인도인민당의 입장에서 본다면, 무슬림들이 소의 도살이나 일부다처제 등 인도의 전통과 어긋나는 생활양식을 고집할 경우 그들은 인도를 분열시키고 미풍양속을 혼란시키는 파괴분자인 것이다. 따라서 힌두뜨바는 비힌두를 포용하여 전체 인도의 조화를 이루려는 것이 아니라 비힌두들에게 힌두적 전통을 강요하고 궁극적으로는 전 인도인의 힌두화를 목표로 하는 힌두 중심의 편의주의적 개념에 불과한 것이다.

다르마의 경우도 마찬가지이다. 인도 사회는 전통적으로 카스트 중심의 사회이다. 지난 수천 년 간 카스트가 사회제도로서 유지되어 왔었던 것은 그 엄격한 규범과 내세에 대한 희망 그리고 직업 집단으로서의 역할 때문이었다. 각각 독특한 성격과 풍습을 가진 수많은 카스트가 전체 사회의 구성원으로서 활동하기 위해서는 규범의 엄격한 준수와 철저한 자기 억제가 필요했다. 이것이 다르마의 또다른 측면인 것이다. 즉, 각 카스트는 전체 사회에 대한 봉사를 요구받았고 이것은 사회윤리 다시 말해 다르마로 자리잡았던 것이다. 그러나 다르마가 인도의 생활양식의 밑바탕이 되고 민족정신의 중심이 된다면 이것 역시 배타적인 것이 된다. 다르마는 근본적으로 내세를 위한 현세의 의무라는 윤회사상에 바탕을 둔 개념이다. 따라서 윤회사상을 부정하는 종교의 신자들에게 다르마가 갖는 가치는 전혀 없거나 상대적으로 약화될 수밖에 없는 것이다. 이와 같은 다르마를 인도의 민족정신의 중심 등으로 강조하는 것은, 더 나아가 심지어 '다르마에 의한 통치'를 이상적인 정치형태로 찬양하는 것은 카스트제도를 기초로 하는 전통적인 정치 사회체제로 복귀하자는 주장에 불과한 것이다.

인도인민당이 어떠한 단어로 자신들의 이념을 포장하더라도 그 국수주의적 성격을 부정할 수는 없다. 그들의 주장은 힌두를 중심으로 하는 인도 아니 형식적으로는 종교의 다양성을 인정하지만 내재적으로는 힌두적 가치가 바탕에 깔리는 사회로의 복귀를 목표로 하는 것이다. 이와 같이 복고주의적 내지는 근본주의적 성격의 정당이 인도 정치를 지배하게 된 배경에는 국민회의당의 쇠퇴와 깊은 관계가 있다는 것은 앞에서 지적한 바가 있다. 그렇다면 인도인민당의 어떤 면이 유권자들의 지지를 확보하게 했을까 ?

인도인민당의 고정적인 지지층인 힌디 사용 지역의 농민들 그리고 최근에 와서 지지층으로 돌아선 도시 지역의 저소득 중산층과 빈민층들의 공통점은 교육 수준이 낮다는 것과 빈곤하다는 것이다. 이 사람들의 대부분은 사회주의 체제에서도 또 경제개방 이후의 시장경제 체제에서도 개발의 혜택에서 소외된 사람들이었다. 따라서 그들은 정치와 사회에 대해 불만을 가지고 있었고 자신들의 불행의 원인을 알고 싶어했고 보복의 대상을 찾고 있었다.

여기에 해답을 준 것이 바로 인도인민당이었다. 먼저 인도인민당은 불행의 원인으로 외국인과 외국인에 동조하는 인도인들이라고 규정했다. 여기서 외국인이라는 것은 주로 역사적으로 기원 후 10세기를 전후하여 인도를 침입한 무슬림들을 가리키는 것이고 그 동조자들은 그 후에 무슬림으로 개종한 사람들 또 현재 파키스탄에 심정적으로 공감하는 인도 내의 무슬림들을 의미한다. 이 외국인과 그 동조자들이 인도의, 정확히 이야기하자면 힌두의 전통과 미풍양속을 파괴하고 힌두들의 이익을 가로채고 있다고 주장하는 것이다. '무슬림들만 없으면 선량한 힌두들이 힘을 합하여 개인과 국가가 함께 번영하는 인도를 건설할 수 있다'는 것이 이 주장의 요체인 것이다. 이것은 마치 유태인을 추방하였던 독일의 경우를 연상하게 하는 위험한 주장이지만 논리적으로는 매우 이해하기 쉽고 단순한 것임에 틀림없다. 여기에 덧붙여 인도인민당은 역사를 적당히 왜곡함으로써 자신들의 주장에 신빙성을 더하려고 한다.

그들의 주장은 두 가지 가설에 기반한다. 첫째, 힌두교는 고대로부터 통합된 종교였었고 둘째, '힌두 공동체(Hindu Community)'의 개념은 역사의 초기 단계부터 존재했었다는 것이다. 그러나 힌두교는 셈족계의 종교와는 달리 역사적으로 단일 진화체계를 가진 종교가 아니다. 힌두교에 속한 수많은 분파들은 독자적으로 발전해 왔으므로 그것들이 힌두교의 지파가 아니라고 부정할 수도 없지만 동일한 기원을 가졌다고 주장하는 것은 더욱 불가능한 일이다.

우리가 현재 사용하는 힌두교 또는 힌두 다르마(Hindu Dharma)라는 어휘 자체가 최근에 만들어진 것이고 힌두교의 역사성 역시 '합동 힌두이즘(Syndicated Hinduism)'의 출현의 결과로 나타난 현대적 해석인 것이다. 둘째, '힌두 공동체'의 개념도 무슬림이 인도에 진입하기 이전에는 인도의 어느 누구도 스스로를 힌두라고 부르지 않았고 단일종교의 신자로 자처하지도 않았다. 정체성의 문제에 있어서도 '힌두'가 아니라 카스트 또는 분파(Sect)적 정체성만이 존재하고 있었을 뿐이다. 따라서 인도인민당의 주장은 역사적으로 근거가 없는 것이다. 하지만 그들은 앞의 가설을 바탕으로 인도사를 세 가지의 단계 즉, 고대의 황금기, 중세의 쇠퇴기 그리고 근대의 부흥기로 나누기도 한다. 바꾸어 말한다면, 무슬림이 지배했던 중세는 인도사의 쇠퇴기라는 것이다. 이와 같은 쇠퇴의 역사를 되돌리기 위한 방법으로 그들이 제시한 것은 '과거의 잘못을 바로잡기(Correcting the mistakes committed in the past)' 운동이고 그 시작이 되는 것이 무슬림 지배자에 의해 파괴된 힌두 사원들의 복원이다. 아요디아 사건도 이 운동의 일환으로 벌어진 것이었다.

　인도인민당의 역사 왜곡은 여기에서 그치는 것이 아니다. 심지어 아리아인(Aryans)이 인도에서 기원하여 인더스 문명을 건설했고 서아시아를 거쳐 유럽으로 퍼져 나갔다는 세계사의 상당 부분을 새로 써야 하는 주장을 하고 있다. 그러나 문제는 이와 같이 신빙성이 약한 역사 왜곡에 대해 많은 사람들이 동조하거나 침묵하고 있다는 데 있다. 그 동조자들은 대부분 인도인민당의 역사 왜곡을 검증할 능력이 없는 사람들이고 침묵하는 사람들은 인도인민당의 역사 왜곡을 비난하는 행위가 힌두교에 대한 비난으로 비춰질 것을 두려워하고 있는 것이다.

　정치를 정책이나 이념이 아니라 종교의 대립으로 이끌어 간 인도인민당의 전술은 일단 성공한 것처럼 보인다. 지난 1999년 총선거에서는 지지층이 기업가, 대학교수, 기술자 등 고소득 중산계급으로 확산되는 경향도 보이고 있기 때문이다. 무슬림들을 힌두의 불행의 원인으로 매도하고 다른 한편으로는 힌두의 자부심을 고양시키는 교묘한 방법으로 인도인민당은 정권을 장악하였지만 인도 정치에 어두운 그림자를 드리웠다. 국가와 사회를 위해 권력을 잡는 것이 아니라 권력을 위해 권력을 잡는 선례를 남긴 것이다. 바꿔 말한다면 권력을 위해서는 어떠한 수단과 방법도 가리지 않는 '사나이다움만을 자랑하는 정치(Macho's Politics)'가 인도를 지배하게 된 것이다.

학창 시절과 민족의용단

바즈페이는 1924년 12월 25일 그와리오르(Gwalior)[4]의 브라만(Brahman) 가문에서 태어났다. 그의 아버지는 그와리오르의 학교 선생으로 근무하고 있 었지만 무슨 이유에서인지 바즈페이는 그의 가문이 조상 대대로 살아왔던 바 떼쉬와르(Bateshwar)[5]에서 할아버지와 함께 어린 시절을 보냈다. 바즈페이 는 이 시절을 '살랑대는 맑은 아침공기 속에서 뛰어 놀았고 강물에서 헤엄도 쳤다. 나를 둘러싼 나무와 농작물들 속에서 나는 자연을 사랑하는 것을 배웠 고 환경을 존중하는 마음을 얻었다'고 회상했다. 인도의 농촌과 농민의 감정 을 이해하고 정치적으로 적절히 이용하는 그의 능력에는 이 유년 시절의 경 험이 크게 기여했던 것으로 보인다.

바즈페이의 할아버지인 샴 랄 바즈페이(Shayam Lal Vajpayee)는 힌두 성 전의 암송을 전문으로 하는 브라만이었고 아버지 끄리쉬나 베하리 바즈페이 (Krishna Behari Vajpayee)는 앞에서 이야기했던 대로 학교 선생이었고 후에 는 교장 그리고 구역 장학사(Distircter Inspector)까지 지낸 사람이었다. 이 와 같은 배경 때문인지 바즈페이의 아버지는 자식이 일곱 명이나 되고-네 명 의 아들과 세 명의 딸-교육공무원의 적은 월급에도 불구하고 자식들의 교육 에 대해서는 조금도 게을리 하지 않았다. 이것은 학교에 보내기보다는 집안 일을 돕게 하고 특히 딸들의 교육에 대해서는 전혀 무관심했던 20세기 전반 기의 인도에서는 무척 보기 드문 일이었다. 바즈페이도 학령기가 되자 그와 리오르로 와서 빅토리아(Victoria) 대학 부속학교에 입학하였다. 바즈페이는

---

4) 그와리오르는 천년 이상의 역사를 가진 도시이고 14세기에는 한때 중부인도를 지배했던 또마르 (Tomar) 왕조의 수도이기도 했었고, 세포이(Sepoy) 반란을 이끌었던 여성지도자 잔시 여왕 (Rani of Jhansi)이 최후를 맞은 곳이기도 하다.
5) 바떼쉬와르는 그와리오르와 아그라(Agra) 사이에 있는 농촌 마을이다.

국회 회기 연설 중인 바즈페이(1981년).

매우 성실하고 탐구욕이 강한 학생이었다고 전해지고 있으며 특히 시인이기도 하였던 씽(Shivmangal Singh) 선생의 영향을 받아 힌디시에 대한 관심을 키우기도 했다.

1940년 바즈페이는 몇몇 가까운 친구들의 권유에 의해 민족의용단에 가입하게 된다. 두말할 나위 없이 이 사건은 바즈페이의 인생의 첫 번째 전환점이 되었다. 물론 14세 소년에 불과하였던 그가 민족의용단의 철학을 완전히 이해하였다고 보기는 어렵고 그 당시 그와리오르의 분위기가 민족의용단 가입을 촉진시켰을 것으로 보인다. 그와리오르는 민족의용단의 본거지인 현재의 마하라쉬뜨라주와 비교적 가까운 편이고 세포이 반란 당시에도 반란군의 최후 거점이었으므로 민족주의적 경향이 강했던 지역이었다. 여하튼 바즈페이는 민족의용단의 집회에 정기적으로 참석하였고 곧 그 나이 또래에서 두각을 나타냈다고 전해진다.

바즈페이는 대학 입학 자격 시험에 합격하여 빅토리아 대학에 진학하였다. 졸업학년에 이르렀을 무렵 그 대학의 학장은 그를 전국 대학생 웅변대회의 대학 대표로 지명하였다. 그러나 기차가 연착하는 탓에 바즈페이는 시간에 맞추어 대회 장소에 도착할 수가 없었다. 그가 헐레벌떡 대회장에 도착했을 때는 이미 웅변대회가 끝나고 심사위원들이 수상자를 발표할 순간이었다. 그는 연단 위로 뛰어올라가 심사위원들에게 늦게 도착한 이유를 설명하고 자신에게 기회를 줄 것을 요청하였다. 심사위원들은 결국 요청을 받아들였고 그 결과 바즈페이는 우승을 하게 되었다.

우리 기준으로 본다면 이 일화는 바즈페이의 웅변 능력을 과장하기 위해 조작된 것으로 보이기가 쉽다. 즉, 토론회가 끝난 후에 도착한 참가자에게 기회를 주고 더 나아가 그 사람을 우승자로 선정한다는 것은 시간엄수를 중요시하는 우리 기준으로서는 이해하기 어려운 것이기 때문이다. 그러나 지금도 마찬가지이지만 인도의 대중교통의 연착은 악명 높은 것이다. 비행기, 기차, 버스 등 모든 대중교통 수단이 제 시각에 출발하고 도착하는 경우는 매우 드물고 심지어는 노선 자체가 아무 예고 없이 폐쇄되는 일도 흔하다. 따라서 인도에서는 같은 도시 안에서조차 약속을 하더라도 우리처럼 '오후 4시에 만나자'는 식의 약속은 불가능하고 '오후 4시에서 5시 사이에 만나자'고 시간의 여유를 상당히 두어야만 한다. 심사위원들이 바즈페이의 변명을 받아들인 것도 이와 같은 맥락에서 이해를 해야 한다.

웅변대회에서 탁월한 능력을 보인 바즈페이는 빅토리아 대학을 졸업하고[6] 깐뿌르(Kanpur) 대학의 정치학과 법학 석사과정에 입학하였다.[7] 이때 벌어진 재미있는 사건으로는 바즈페이의 아버지가 공직생활을 은퇴하고 깐뿌르 대학의 법학과정에 입학한 것이다. 아버지와 아들이 같은 교실에서 공부하고 같은 기숙사에서 생활하게 된 것이다. 깐뿌르 대학에서 바즈페이는 빤데이 (M. M. Pandey) 교수를 만나 현대정치이론과 사상에 대해 폭 넓은 지식을 쌓게 된다. 바즈페이는 '빤데이 교수는 제자들에게 헌신적인 사람이었다. 강의실의 교육이 충분하지 않다고 생각하는 학생들을 위해 자신의 집에서 특별 강의를 해주기도 했다. 물론 무료로'라고 회상한다.

깐뿌르 대학 재학 시절에도 그는 민족의용단 활동에 열심히 참석했다. 밤늦

---

6) 바즈페이가 받은 학위는 문학사였고 전공은 영어, 싼스끄릿, 힌디어였다.
7) 깐뿌르 대학은 아그라 대학교의 분교였다. 그 당시 이 대학교의 규정에는 모든 석사과정 학생이 매년 학기말 시험에 참가하면 법학을 복수전공으로 인정하여 주는 학칙을 가지고 있었으므로 바즈페이는 법학까지 전공하게 되었던 것이다.

게까지 공부를 하였던 까닭에 이른 아침에 일어나기가 무척 힘들었음에도 불구하고 그는 민족의용단의 새벽 모임에 빠짐없이, 때로는 친구의 도움을 받았지만, 참가하였고 마침내는 깐뿌르 지역 민족의용단 학생회의 의장으로 임명되었다. 그의 정신적 명석함과 육체적 강인함이 민족의용단 지도자들에게 인정받은 결과였다. 학업과 학생지도자로서의 바쁜 일과 중에서도 바즈페이는 시에 대한 열정을 잊지 않고 있었다. 그는 젊은 시인들의 모임인 '까비 쌈메란(Kavi Sammmeran: 시인의 모임)'에서 정기적으로 자신의 시를 발표하였다.

바즈페이는 깐뿌르 대학의 법학 학위과정이 끝나기 전에 러크나우(Lucknow)로 거주지를 옮겼다. 이것은 보다 유명한 대학에서 박사과정을 이수할 목적이었다. 그 해가 바로 인도가 독립한 1947년이었으므로 민족의용단의 지도자였던 데오라스(Bhau Rao Deoras)는 민족의용단의 기관지를 만들 필요가 있다고 생각했고 러크나우의 우빠댜야(Deen Dayal Upadhyaya)에게 일임했다. 바즈페이는 우빠댜야에 의해 부편집장으로 발탁되어 기관지 제작에 참여하게 되었다. 이것이 그의 저널리스트로서의 첫걸음이었고 민족의용단의 활동에 모든 시간을 투자하는 계기가 되었다. 따라서 그는 법학과정은 물론 박사과정 진학의 목표도 포기하고 말았다. 20대 초반의 어린 나이에도 불구하고 바즈페이는 시인으로서 또 유능한 편집자로서 명성을 얻게 되어 지식인들 사이에서는 상당히 알려진 인물이 되었다. 물론 이와 같은 명성이 쉽게 얻어진 것은 아니었다. 이 시절 그는 사무실에서 숙식을 해결하였으며 벽돌을 베개삼아 하루에 세 시간밖에 자지 않았다. 바즈페이의 금욕적이고 성실한 자세는 민족의용단 지도자들의 눈에 들어 그는 1951년 인도인민연합의 창당 발기인으로 발탁되기도 하였다.

'다음 몇 세대를 생각하는 정치인'

바즈페이가 정치에 입문한 것은 1957년 총선거에서 인도인민연합의 후보로 출마하여 하원의원에 당선된 때부터였다. 당시 인도인민연합은 전국에서 겨우 4석밖에 얻지 못했는데 그 중 하나가 바즈페이였던 것이다. 하원에 들어가자마자 그는 인도인민연합의 원내 대표로 임명되었고 몇 개월 되지 않아 '힌디로 하는 연설에서는 바즈페이가 최고다'[8]라는 명성을 얻었다. 그가 동료 의원들에게 준 인상은 합리적이고 유머가 풍부한 사람이라는 것이었다. 비록 야당이었지만 사안에 따라서는 국민회의당의 입장을 적극적으로 지지하기도 했었고 국민회의당의 정책에 반대할 때도 냉정을 잃는 일이 없었다. 그의 유머 감각을 나타내는 대표적인 일화로서는 1958년 수상 네루가 의회에서 인도인민연합을 비난하는 연설을 한 직후 바즈페이가 한 답변을 예로 들 수 있다. '나는 수상이 매일 물구나무서기를 한다는 것을 알고 있다. 그것에 대해서는 반대하지 않는다. 하지만 수상은 왜 우리 당을 항상 거꾸로 보는가?' 평상시 의회에서 근엄하기로 유명했던 네루도 이 말을 듣고 폭소를 터뜨렸다고 한다.

바즈페이가 정치에 입문한 후 좌우명으로 삼았던 것은 '정객은 오늘만을 생각하지만 정치인은 다음 몇 세대를 생각한다'는 것이었다. 사실상 그는 장기적인 안목에서 정책을 분석하는 능력을 보여 준 일이 많았다. 제2차 경제개발계획의 제안서를 의회에 제출했을 때의 일이다. 국민회의당은 1차 경제계획의 성공에 힘입어 2차 경제계획은 중공업 중심의 개발에 중점을 두었다. 이에 대해 바즈페이는 '국민들은 경제계획에 대해 무관심하다. 이것은 경제계획이 정당 중심으로 이루어지기 때문이다. 이 계획서는 국가적 계획이 아니다. 내가 이 계획에 반대하는 근본적인 이유는 이것이 자본집약적이기 때문이다. 2차 계획은 노동집약적인 것이 되어야만 한다'고 주장했다. 바즈페이의 주장대로 2차 경제계획은 실패로 끝나고 말았다. 인도와 같이 인구는 많고 자본은 부족한 국가에서 중공업 육성은 너무 성급한 것이었다. 2차 경

---

8) 인도 의회에서는 대부분의 연설과 토론이 영어로 진행되지만 의원이 원할 경우에는 18개 공용어 중 하나의 언어로 연설하는 것이 가능하다.

제계획의 실패는 인도가 후진국 중의 후진국으로 남는 발단이 되었다.

바즈페이는 의회 활동 중 많은 분야에 관심을 보였지만 외교문제에 대해서는 더욱 더 적극적인 활동을 했다. 특히 파키스탄과의 관계에 있어 그는 양국 간의 대화의 중요성을 강조했고 파키스탄에 대한 미국의 군사원조가 미래에 인도와 파키스탄 사이의 전쟁의 원인이 된다고 주장했다. 그의 예언대로 파키스탄은 미국의 군사원조를 바탕으로 1965년과 1971년에 인도와 전쟁을 하였다.

이와 같이 탁월한 능력을 보여 주었음에도 불구하고 62년 총선거에서 바즈페이는 근소한 차이로 낙선하고 말았다. 이 패배의 원인에는 네루의 바즈페이에 대한 견제가 크게 작용했다. 철저한 세속주의자였던 네루는 바즈페이를 '미래의 인도 수상'이라고 격찬한 일도 있었지만 그의 힌두 국수주의적 경향을 매우 위험스럽게 보았다. 따라서 네루는 바즈페이의 경쟁자인 국민회의당 후보를 위해 직접 선거운동에 참여했을 정도로 바즈페이의 낙선에 적극적이었다. 바즈페이는 여기에 낙심하지 않고 같은 해 시행된 상원의원 선거에 입후보하여 상원 진출에 성공하였다.[9] 상원에서도 그는 자신의 뛰어난 웅변술로 명성을 얻었고 활발한 활동을 하였지만 하원의원 시절에 비해서는 큰 영향력을 가질 수 없었다. 이것은 바즈페이 자신의 문제라기보다는 구조적으로 상원의원은 입법 과정에 있어서 힘을 가질 수 없었기 때문이었다. 1964년 네루가 사망했을 때 바즈페이가 상원에서 한 추도연설은 아직까지도 인도 의회의 명연설 중의 하나로 손꼽히고 있다.

1968년 바즈페이를 민족의용단의 간부로 발탁했고 그간 인도인민연합의 당수를 맡고 있었던 우빠댜야가 사망하자 바즈페이가 당수로 선출되었다. 그 전해인 67년 총선거에서 그는 62년의 패배를 설욕하고 다시 하원으로 돌아와 있었다. 당수로 취임한 바즈페이는 북부와 중부 인도에서 인도인민연합의 세

---

9) 인도의 상원의원은 주의회에서 간접선거로 선출된다. 인도는 상원과 하원의 양원제를 채택하고 있지만 실질적인 권한은 모두 하원에 있고 상원은 영국의 귀족원과 같이 명목상의 존재일 뿐이다.

력을 확장했고 남부인도의 일부 지역에서도 어느 정도의 성공을 거두는 업적을 남겼다. 그러나 네루의 딸인 인디라 간디(Indira Gandhi)의 수상 취임과 71년의 방글라데시(Bangladesh) 독립전쟁[10]은 바즈페이는 물론 그의 당에도 치명적인 것이었다. 별다른 정치적 경험 없이 아버지의 후광만으로 수상이 된 인디라 간디는 일반적인 예상과는 달리 국민회의당의 개혁에 성공하여 전권을 장악했고 야당에 대해서도 매우 공격적인 자세를 취했으므로 야당들은 매우 당혹스러운 입장에 빠질 수밖에 없었다. 또 인디라 간디는 방글라데시 독립전쟁에서 파키스탄에게 완벽한 승리를 거둠으로써 국민들의 열광적인 지지를 받았기 때문에 인도인민연합을 포함한 야당들의 입지는 매우 좁아졌다. 이 전쟁 당시 바즈페이는 인도 전역을 여행하며 인도인의 단결을 호소하고 전쟁수행의 정당함을 역설했다. 그러나 승전의 공로는 모두 국민회의당 정권에 돌아가고 바즈페이를 비롯한 야당 지도자들은 열세에 몰렸다.

전쟁 승리와 그에 따른 국민들의 압도적인 지지에 도취한 인디라 간디는 점점 독선적이 되어 갔다. 야당의 의견은 묵살되었고 국민들은 물가앙등과 기본적인 생필품 부족에 시달렸지만 그녀는 그것에 대해 책임지려는 자세를 전혀 보이지 않았다. 궁지에 몰린 야당들은 1974년 초 야당연합전선을 구축하여 대항하려 하였지만 인디라 간디는 1975년 전국적인 규모의 비상사태를 선포하여 정치활동과 언론의 자유를 제한했을 뿐만 아니라 바즈페이를 포함한 모든 야당 지도자들을 투옥했다. 바즈페이가 투옥된 소식을 듣고 감옥으로 면회를 간 보좌관이 죄수복을 입은 그의 모습을 보고 '이게 무슨 일입니까?'라고 한탄을 하자 그는 태연하게 '인디라 간디가 나를 먹여 주고 입혀 주고 있어. 내 주머니에서는 한푼도 나가지 않지'라고 대답했다. 감옥 속에서도 유머 감각을 잃지 않는 바즈페이의 성격을 보여 주는 일화이다.

---

10) 동파키스탄이 서파키스탄으로부터 독립을 요구하여 발생한 전쟁이며, 제3차 인-파전쟁이라고도 부른다. 사실상 내전이었던 이 전쟁에 인도가 개입하여 승리를 거둬 동파키스탄이 방글라데시라는 새로운 국가로 출발하게 되었다.

외무부 장관 바즈페이

　17개월에 걸친 비상사태가 끝나고 1977년 3월 총선거가 실시되었다. 이때 인도인민연합을 포함한 5개 야당이 연합하여 인민당(Janata Party)을 결성하고 인디라 간디에게 대항하였다. 비상사태 기간 중의 인디라 간디의 악정에 힘입어 야당연합 세력은 하원 의석의 과반수를 차지하여 인도 역사상 최초의 정권교체를 이루어 냈다. 새로 출범한 정권에서 바즈페이는 외무장관에 임명되었다.

　바즈페이가 장관에 임명되었다는 소식을 들은 외무부 관리들은 매우 불편해 하는 반응을 나타냈다. 외무부는 다른 행정 부처들과는 다른 관료 문화를 가지고 있었다. 네루와 인디라 간디는 외교에 가장 큰 비중을 두어 외무부 관리들에게 특권을 부여했을 뿐만 아니라 서구적 생활방식이나 외교세계의 문화를 잘 이해하고 있었으므로 업무 수행에 많은 도움을 받아 왔던 것이다. 그러나 새 외무장관은 외교의 본질을 잘 이해하지 못하고 그의 문화적 편향성 즉, 힌두 국수주의적 성향이 인도 외교의 신뢰성을 떨어뜨릴 것이라고 예상했기 때문이었다. 또 외무부의 고위관료들은 국민회의당 정권이 영속하리라 믿고 과잉충성을 해왔었기 때문에 두려움을 느꼈고 중·하위 관료들은 바즈페이가 인도 외교의 핵심인 비동맹 정신을 훼손하지 않을까 하여 신경을 날카롭게 하였다.

　취임 첫날 바즈페이는 외무부의 과장급 이상의 직원들이 모인 자리에서 자신은 네루를 존경하고 그의 비동맹 정신을 계승하겠다고 선언하여 일부의 우려를 불식시켰다. 또 정권이 바뀜에 따라 외무부 고위관료들에 대한 비난과 고발 심지어는 모함까지 난무하였지만 바즈페이는 이 모든 압력들을 단호히 물리쳤다. 그는 의회민주정치 체제에서 관료는 정권에 대한 충성 여부가 아니라 전문성에 의해 판단되어야 한다는 소신을 가지고 있었기 때문이다. 바즈페이의 이와 같은 소신은 외무부에서 학살극이 벌어지리라는 세간의 예상을 뒤엎었고 관료들의 동요를 막는 데 크게 기여하였다. 이 외에도 그가 자신의 힌두 중심의 세계관을 외무부에 심으려고 하는 노력을 전혀 하지 않았다는 점도 관료들의 호감을 사는 계기가 되었다. 그는 어떤 사안에 대해 자신의 의견을 먼저 주장해 관료들의 의견 개진을 막는 일이 없었고 관료들의 의견을 충분히 들은 후 결정을 하는 신중함을 보여 과거 어느 때보다 관료들이 장관에게 정직한 조언을 할 수 있는 분위기를 만들었다.

외무부를 장악하는 데 성공한 바즈페이는 정력적으로 대외관계의 개선에 나섰다. 그는 파키스탄과의 관계를 정상화시키는 싸랄(Salal) 협정을 체결하였고, 1978년에는 파키스탄을 직접 방문하기도 하였다. 바즈페이의 파키스탄 방문은 인도 내에서도 하나의 사건으로 취급될 정도로 놀라운 것이었다. 그는 1947년 인도와 파키스탄의 분리독립을 반대했었고 두 국가 사이의 최대 현안인 까쉬미르(Kashmir) 문제에 있어서도 강경파였으며 심지어는 파키스탄의 국가적 정체성을 인정하지 않았던 인물이었기 때문이다. 파키스탄 방문 중 그는 '앞으로 인도는 하키를[11] 제외하고는 파키스탄에게 이기려고 하지 않겠다'고 해학적으로 화해를 제안했고 파키스탄도 이 제안에 호의적인 반응을 보여 두 국가 사이에 1971년 이래 최초로 긴장이 해소되었다. 강경파에서 온건파로의 갑작스러운 변신은 많은 사람들을 혼란스럽게 했지만 바즈페이 나름으로는 그 자신의 원칙 즉, '나 자신의 신념보다는 국가의 이익에 충실한다'는 원칙을 지킨 것에 불과했다.

파키스탄과의 관계 개선에서 성과를 얻은 바즈페이가 그 다음의 목표로 삼은 것은 중국이었다. 중국과 인도는 1962년 전쟁을 치른 바가 있으며 그 당시, 오늘날도 마찬가지이지만, 약 80,000 km²의 영토가 양국간의 미해결 문제로 남아 있었고 중국은 인도 내의 분리독립운동 세력들에게 무기를 공급하고 있었다. 두 나라는 1976년 대사급 외교 관계를 회복하였지만 바즈페이는 자신이 직접 북경에 가서 영토문제를 비롯한 여러 문제들에 대한 해결의 실마

---

11) 영국 통치의 영향으로 하키는 크리켓과 함께 인도와 파키스탄에서 가장 인기 있는 경기다.

리를 찾고자 하였던 것이다. 1979년 2월 북경을 방문한 바즈페이는 중국 지도자들과 두 나라 사이의 문제점을 재확인하고 앞으로 문제를 해결하기 위해 공동으로 노력하겠다는 합의를 이끌어내는 데는 성공하였다. 그러나 북경에서의 공식일정을 마치고 바즈페이가 항주를 방문하고 있는 시기에 중국은 베트남을 침공하였고, 인도 국내에서는 중국의 침공은 인도에 대한 모욕이라는 여론이 들끓었다.[12] 특히 등소평이 언론과의 인터뷰에서 베트남 침공은 '1962년 인도에 대한 응징'과 같은 성격이라고 말하여 인도의 자존심에 더욱 큰 타격을 가했다. 바즈페이의 중국 방문은 한마디로 두 나라 사이의 감정의 골만 더 깊게 하는 결과를 가져왔다.

바즈페이가 외무장관이 되었을 때 미국을 비롯한 서방 국가들은 인도 외교가 친소일변도의 정책에서 벗어나기를 기대했다. 바즈페이 역시 인디라 간디의 친소정책이 비동맹 정신에 어긋난다는 것을 지적한 일이 있었지만 재임기간 중 그것을 바로잡을 수는 없었다. 이질적인 정당들의 연합인 인민당 정권이 내분에 휩싸여 1979년 7월 해체되었기 때문이다. 2년 4개월에 불과한기간 중 인도 외교의 근본 노선을 변경시키기는 불가능했던 것이다.

13일 천하

1980년 1월 총선거에서 인디라 간디의 국민회의당은 재집권에 성공하였다. 인민당의 내분으로 인한 자멸의 결과였다. 바즈페이 역시 의사당 내의 여당의석에서 야당의석으로 되돌아가야만 했다. 인도인민연합은 이 총선거에서 불과 14석을 확보했을 뿐이었다. 이 상황에 위기를 느낀 인도인민연합은 당명을 바꿈으로써 이미지를 쇄신하려고 했고 그에 따라 인도인민당이 탄생했다. 바즈페이는 인도인민당의 당수로 선출되어 1986년까지 그 직위를 유지하였다.

---

12) 전통적으로 인도는 동남아 지역을 자신들의 세력권으로 간주하고 있었다. 따라서 인도 외무부 장관이 중국을 방문한 기간 중 베트남을 침공한 것을 모욕으로 받아들였던 것이다.

이 기간 중 시크(Sikh) 분리주의 운동[13]의 격화와 인디라 간디의 암살 그리고 그녀의 아들 라지브 간디의 수상 취임 등 정치적 소용돌이가 계속되었다. 이 와중에서 바즈페이는 주로 인디라 간디의 독재적 통치 자세에 맞서면서 새로 탄생한 인도인민당의 결속과 세력 확장을 기도했다. 그러나 1984년 총선거의 결과는 경악 그 자체였다. 인디라 간디의 암살 직후에 치러진 이 선거에서 유권자들의 동정심에 힘입은 국민회의당이 역사상 유례가 없는 409석을 차지했고 인도인민당은 2석만을 얻었을 뿐이었으며 심지어 바즈페이 자신도 낙선의 고배를 마시고 말았다. 이것은 바즈페이의 정치경력 중 최대의 시련이었다. 1986년 상원의원에 다시 당선되기는 하였지만 인도인민당 내에서도 정치 지도자로서의 그의 경력은 끝났다고 보는 사람들이 많았다. 즉, 온건노선의 바즈페이보다는 전투적인 지도자를 인도인민당은 원했던 것이다.

바즈페이가 당수직을 사퇴한 이후 인도인민당은 정부의 실정에 대한 맹렬한 공격 그리고 아요디아 문제 등 종파적 갈등을 전면에 내세우는 정책을 선택했다. 이 전술은 어느 정도의 성과를 거두었다. 1989년 총선거에서는 87석을 차지했고 92년에는 아요디아 사건을 발생시키는 데 성공했다. 그러나 아드와니를 비롯한 강경파들은 멈추어야 할 선을 알지 못했다. 무슬림에 대한 일방적인 매도와 잦은 말 바꾸기 그리고 지나친 대중선동 등은 인도인민당에 대한 비난과 반동을 불러왔고, 급기야 1993년 주의회 선거에서 인도인민당은 집권하고 있었던 3개 주에서 패배하는 결과를 맞았다.

바즈페이는 아요디아 문제를 표면화시키기 위해 아드와니가 강행했던 전국 순회 유세인 '라트 야뜨라'(Rath Yatra: 전차유세)[14]에 대해서도 회의를 나타냈고 바브리 사원 파괴 요구에 대해서는 '정당은 그 종교적 그리고 문화적 배

---

13) 인도 서북부의 뻔잡(Punjab)주를 중심으로 시크교도들이 분리독립을 요구한 운동이다. 1984년 인도 정부의 과잉진압으로 무장투쟁화 하였으며 인디라 간디의 암살도 시크교도에 의한 것이었다. 과거에 비해 세력이 많이 약화되었지만 지금도 무장투쟁이 계속되고 있다.
14) 바브리 사원 문제를 정치적으로 비화시키기 위해 아드와니가 1990년 솜나트(Somnath)에서 아요디아까지 벌였던 유세여행.

경으로 자신의 정체성을 확립해서는 안 된다'고 말하며 반대 입장을 분명히 했다. 따라서 대내외적으로 곤경에 빠진 인도인민당으로서는 바즈페이를 다시 당수로 지명할 수밖에 없었다. 바즈페이가 당수 재취임 후 제일 먼저 착수한 일은 인도인민당의 전투적인 이미지와 힌두 국수주의적인 태도를 약화시키는 것이었다. 또 1991년 시행된 경제개방 정책에서 야기된 문제점을 부각시킴으로써 소외된 계층들의 환심을 샀다. 반면 당시 집권당이었던 국민회의당은 부패 스캔들과 물가앙등으로 국민들의 지지를 잃고 있었다.

1996년 총선거는 누구도 예상하지 못한 결과를 보여 주었다. 인도인민당이 162석을 얻은 반면 국민회의당은 139석에 불과했던 것이다. 물론 국민회의당의 인기가 하락하고 있다는 것은 누구나 알고 있었지만 인도인민당이 제1당으로 부상하리라고는 바즈페이 자신도 생각하지 못했던 일이었다. 바즈페이의 가장 가까운 측근인 바따차리야(Ranjan Bhattacharya)는 '1996년에 우리는 무슨 일이 일어날지 전혀 예상하지 못했다'고 회고했다. 대통령에게 조각의 위임을 받은 바즈페이는 군소정당을 규합하여 내각 출범에는 성공하였지만 13일 만에 내각은 붕괴되고 인도인민당은 다시 야당으로 돌아가야만 했다.

'존경받고 번영하는 인도'

1998년 총선거에서 인도인민당은 182석을 차지하여 다시 제1당이 되었다. 이번에는 바즈페이도 준비가 되어 있었다. 선거 전부터 그는 군소정당과 지역정당을 연합세력으로 확보해 두었기 때문에 비록 느슨한 형태지만 연립정권을 출범시킬 수 있었다.

바즈페이는 유세기간 중 인도인민당이 집권하면 '존경받고 번영하는 인도'를 건설하겠다고 약속했다. 사실상 인도는 인류문명의 발상지 중의 하나이고 세계에서 둘째로 인구가 많으며, 군사력에서도 5위 내에 드는 국가이므로 국제 사회에서 그에 걸맞는 대우를 받아야 한다는 것이 인도인들의 생각이다.

푼자브의 시민들이 1999년 3월 13일 뉴델리에서 라호로 가는 역사적인 버스여행길의 바즈페이를 축하하고 있다.

그러나 1950년대에 잠시 동안 네루의 개인적인 역량 덕분에 제3세계의 선두 주자로 각광을 받은 일이 있었을 뿐 인도의 국제적 지위는 날이 갈수록 떨어졌다. 비동맹 내에서조차 중국과의 불화로 주도권을 상실했고 미국과 소련의 정상회담의 정례화와 핫 라인 설치로 인해 냉전체제하에서의 인도의 중재자적 유용성은 사라져 버렸다. 1997년에는 핵확산금지조약(Nuclear non-Proliferation Treaty: NPT)에 서명하지 않는다는 이유로 국제연합 비상임이사국에서 축출되는 일까지 있었다. 이것은 인도의 숙원이었던 국제연합 상임 이사국 지위 획득과는 정반대의 사건이었다. 따라서 인도인들은 자신들이 정당한 대우를 받지 못하고 있을 뿐만 아니라 국제 사회에서 소외당하고 있다는 느낌을 갖고 있었던 것이다. 바즈페이의 선거전술은 이와 같은 국민들의 심리를 이용한 것이었고 다른 한편으로는 인도인민당이 계속 주장해 왔던 '힌두민족(Hinduttva)'의 위대함을 되살린다는 목표도 갖는 것이었다.

'존경받는 인도'를 만들겠다는 바즈페이의 생각은 98년 5월 핵실험으로 구현되었다. 인도는 1968년 핵확산금지조약 가입을 거부했을 뿐만 아니라 74년에는 자칭 '평화적 핵폭발(Peaceful Nuclear Explosion)'에 성공한 일이 있다. 그러나 미국을 중심으로 한 강대국들의 압력으로 1979년 더 이상의 핵실험을 하지 않겠다는 합의를 하였다. 그 이후 핵실험이나 핵개발 금지는 인도 역대

정부들에게 일종의 불문율이었지만 바즈페이가 이것을 깬 것이었다. 98년 5월 11일에서 13일까지 인도는 5차에 걸쳐 핵실험을 했다. 이 핵실험에 대해 미국은 인도를 맹렬히 비난했고 숙적인 파키스탄은 인도에 대응하는 핵실험을 했다. 남아시아 지역에는 어느 때보다 강한 위기감이 퍼져 나갔으나 인도 국내에서는 바즈페이의 이런 결단을 야당까지도 환영하는 분위기였다.

그러나 세계의 여론은 인도에게 유리하지 않았다. 미국은 인도가 핵실험을 공식적으로 발표한 직후 인도 주재 대사를 소환하였고 클린턴 대통령은 인도의 다섯 차례에 걸친 핵실험이 '매우 충격적(deeply disturbed)'이었다고 표현하며 94년 미국 의회가 통과시킨 비핵국가의 핵실험을 금지하는 법률에 의해 제재조치를 취하겠다는 의지를 나타냈다. 한편 핵보유국인 미국, 러시아, 영국, 프랑스, 중국은 98년 6월 4일 제네바에서 외상회담을 열어 인도와 파키스탄의 핵실험을 비난하고 인도 대륙에서의 핵무기 및 미사일 개발 경쟁을 중지할 것을 촉구했다. 또 국제연합 안전보장이사회도 인도와 파키스탄에 대해 핵보유국 지위를 인정할 수 없으며 추가 핵실험 자제, 핵무기 개발 중지, 핵확산금지조약의 무조건 서명을 촉구하였다. 미국의 제재 조치에 캐나다와 일본은 적극적 지지 의사를 나타냈지만 국제연합 안전보장이사회의 상임이사국 중 영국, 프랑스와 러시아는 제재에 미온적이거나 반대하는 태도를 나타냈다. 이 외에 독일, 덴마크, 노르웨이, 네덜란드, 오스트레일리아 등이 일방적인 경제제재 조치를 발표하였다.

이와 같은 경제제재에도 바즈페이는 1998년 5월 13일 '이상적으로는 핵무기가 없는 세계에서 살아야 하지만 현실세계는 그렇지 못하다. 우리는 모든 인간들이 보호되고 평등하다고 느끼는 세계적 상황이 되어야 한다고 생각한다'고 주장하며 핵실험을 강행했던 입장에서 전혀 물러서지 않았다. 오히려 '핵보유국으로 인정받고 있는 국가들의 핵실험과 그렇지 않은 국가들의 핵실험이 무슨 차이가 있느냐?'고 반문하였다. 사실 미국을 중심으로 한 핵보유국들만이 핵실험을 할 수 있고 또 핵무기를 보유할 수 있다는 것은 논리적으로 모순이 있다. 물론 핵무기의 파멸적 위험성과 그것이 무분별하게 확산되어서는 안 된다는 점에 대해서는 국제적인 합의가 이루어졌다고 볼 수 있다. 그러나 현재 핵보유국으로 인정받고 있는 미국, 러시아, 영국, 프랑스, 중국을 제외한 국가들이 핵개발과 핵실험에서 차별적 대우를 받아야 하는 이유가 명확하지 않은 것이다. 특히 포괄적 핵실험금지조약의 서명국은 149개국이나 비준완료국은 13개국에 지나지 않고 심지어 미국마저도 98년 5월 현재 의회비준이 미결상태에 있으므로 인도와 파키스탄이 핵실험을 해서는 안 된다는 설득력이 약화될 수밖에 없는 것이다. 특히 인도는 오래전부터 핵확산금지조약의 모순, 예를 들어 핵보유국이 아닌 국가들은 민간용 핵개발에도 사찰을 받아야 하지만 핵보유국은 사찰에 선택적으로 응할 수 있는 규정 등을 모순이라고 지적해 왔다. 따라서 비핵보유국들의 이와 같은 불만을 명확히 해소하지 못하는 한 미국과 같은 핵보유국들의 핵확산금지 노력은 패권주의적 욕구에서 비롯된 것으로 간주되는 것이다. 98년의 핵실험은 현재의 핵체계에 대해 심각한 의문을 던진 것이었다.

인도와 파키스탄의 경쟁적인 핵실험은 예상치 못한 결과를 가져오기도 했다. 인도와 파키스탄 사이에 화해 분위기가 나타난 것이다. 핵실험으로 인해 남아시아의 정세가 불안정해지자 국제연합 사무총장 아난(Kopi Anan)이 적극적으로 중재에 나섰다. 이 중재의 결과로 같은 해 9월 인도와 파키스탄의 수상이 뉴욕에서 만나 양국 관계의 정상화와 현안의 평화적 해결에 합의했고 1999년 2월에는 다시 파키스탄의 라호르(Lahor)에서 만나 인도의 델리(Delhi)와 파키스탄의 라호르 사이의 버스 노선 재개통 등을 포함하는 라호르 선언을 발표하기도 했다.

99년 4월 바즈페이는 집권 13개월 만에 정권을 내놓아야 했다. 인도 남부에 기반을 둔 한 지역정당이 바즈페이 정부에 대한 지지를 철회하였기 때문에 시행된 하원의 신임투표에서 불과 한 표 차이로 패배하였던 것이다. 그러나 국민회의당이 내각 결성에 실패함에 따라 바즈페이는 과도내각의 수상으로서 계속 집권하게 되었다. 과도내각이 구성된 직후인 같은 해 5월 8일, 아직까지도 인도와 파키스탄 사이에서 논란이 되고 있는 까르길(Kargil) 사건이 발생했다. 까르길은 까쉬미르주에 있는 산악지역이고 현재 국제연합(UN)에 의해 인도와 파키스탄의 휴전선이 통제되고 있다. 인도 측의 주장에 따르면 이 지역에서 까쉬미르 무슬림 반군[15]으로 위장한 파키스탄 정규군을 발견하여 전투가 시작되었다는 것이다. 물론 파키스탄 측은 이 주장을 완강히 부정하였다. 두 국가 사이에 화해 분위기가 조성된 지 3개월도 지나지 않아 전투가 벌어진 것이다. 다행히 이 전투는 전면전으로 확대되지는 않았으나 2개월 동안 계속되어 양측에 각각 약 1,000명씩의 사상자가 발생했다. 바즈페이는 이 까르길 사건을 적절히 이용하였다. 승패가 가려지지 않은 전투임에도 불구하고 바즈페이는 인도군이 완벽한 승리를 거두어 파키스탄의 침략을 막아냈다고 선전했다. 이 선전이 10월에 시행된 총선거에서 바즈페이에게 유리한 요소가 되었다는 것은 재론의 여지가 없는 것이다.

'나쁜 정당 속의 좋은 사람'

1999년 10월의 13차 총선거에서 인도인민당과 연합세력은 모두 297석을 차지하여 안정의석을 확보하였다. 이 승리는 까르길 사건과 국민회의당의 몰락에 힘입은 바도 있지만 바즈페이 개인의 인기가 크게 작용하기도 했었다. 이 총선거를 취재한 외국 기자는 '바즈페이는 가는 곳마다 열광적인 환영을 받았다. 마치 대통령중심제 국가에서 대통령 선거유세를 보는 느낌이 들었다'고 평했다. 또 인도에서 가장 권위 있는 시사주간지인 『India Today』가 총선거 직전에 시행한 설문조사에서도 바즈페이에 대한 지지도가 62%로 나

---

15) 까쉬미르주는 인도와 파키스탄이 서로 자기 영토라고 주장하는 분쟁지역이다. 1947년 전쟁에서 인도가 전체 영토의 약 2/3를 차지했으나 이것은 주민들의 의사와는 관계 없는 것이었다. 따라서 1980년대 초부터 이 지역의 무슬림들이 무장독립운동을 벌이고 있다.

타났다. 그렇다면 바즈페이의 인기는 어디에서 오는 것일까?

가장 먼저 바즈페이의 청렴성을 들 수 있다. 인도의 정치 지도자들은 절대 다수가 부패했다고 볼 수 있다. 라지브 간디를 비롯하여 많은 정치가들이 부패에 연루되어 있었으며 1995년에는 여당과 야당 지도자를 망라한 부패 스캔들이 터진 일도 있었다. 그러나 바즈페이는 40여 년에 걸친 정치생활 중 부패에 연루된 일이 없으며 가장 강경한 바즈페이 반대자들조차도 그를 부패했다고 비난하는 일이 없다.

다음은 그의 온건한 노선이다. 바즈페이가 집권했을 때 많은 사람들이 그의 힌두 국수주의적인 사상을 우려했다. 힌두를 제외한 소수종파들이 탄압을 받게 되리라는 예상이 지배적이었다. 그러나 바즈페이는 예상과는 전혀 다른 태도를 나타냈다. 그는 반무슬림 경향이 강한 인도인민당의 당원들을 제지하였으며 민족의용단의 정치 개입을 봉쇄하였다. 심지어 1998년 성탄절부터 벌어진 기독교도에 대한 인도인민당 당원들의 방화와 살인에 항의하여 단식을 하기도 했다.[16] 또 99년 선거기간 중 인도인민당의 지도자들은 국민회의당 당수 소니아 간디가 이탈리아 출신이라는 점을 야비하다고 해도 좋을 정도로 공격했다. 이에 대해 바즈페이는 기자들에게 자신의 정당 지도자들이 정당한 전술을 사용하지 못하고 있다고 공개적으로 질책하기도 했다.

마지막으로 경제개혁에 대한 그의 의지이다. 앞에서 지적한 바 있듯이 인도인민당의 지지기반은 경제개방에서 소외된 농민들과 저소득 중산층이다. 또 인도인민당은 국민회의당 정부의 경제개방을 비난해 왔고 외국 기업들의 인도 진출을 일종의 침략으로 간주하는 자세를 보여 왔다. 따라서 인도인민당이 집권했을 때 한국 기업들도 인도 철수를 심각하게 고려한 일이 있었다. 그러나 바즈페이는 국민회의당의 경제개방 정책을 그대로 계승하여 외국기업들을 안심시켰다. 바즈페이의 인도 경제의 세계화 정책은 인도인민당 내에서

---

16) 인도인민당 당원들이 구자라뜨(Gujarat)주에서는 10여 개의 교회와 예배소에 방화를 하였으며 오리싸(Orissa)주에서는 오스트레일리아 선교사와 그의 두 아들을 불태워 죽였다.

도 반대가 많았으며 당의 지지기반을 붕괴시키는 행위라는 비난도 있었다. 바즈페이는 당과의 관계가 소원해짐에도 불구하고 '우리는 보다 급속한 성장을 해야 한다. 우리에게 다른 선택은 있을 수 없다'고 주장하며 소신을 굽히지 않았다. 왜냐하면 수상은 국가의 지도자이지 정당의 지도자는 아니기 때문이다.

많은 인도인들은 바즈페이를 '나쁜 정당 속의 좋은 사람'으로 평가한다. 74세라는 고령과 건강상의 문제[17]만 잘 극복한다면 바즈페이 개인의 인기는 앞으로 상당 기간 인도인민당을 지배정당으로 만들어 줄 것으로 보인다.

|참|고|문|헌|

·Chari, P. R., 〈India's Nuclear Option; Future Directions〉, 『Nuclear Non-Proliferation in India and Pakistan. P. R. Chari ed.』(New Delhi: Manohar, 1996).

·Engineer, Asghar Ali., 〈Communalism, Its Facets, Roots and Remedies〉, 『Selected Writings on Communalism』(New Delhi: People's Publishing House, 1994).

·Kaushik, Sanjay. 『A. B. Vajpayee』(New Delhi: A.P.H. Publishing House, 1998).

·Kothari, Rajni., 『Politics and The People: In Search of a Humane India』(Delhi:Ajanta, 1990).

·Raghavan, G.N.S., 『A New Era in the Indian Polity: A Study of Atal Bihari Vajpayee and the BJP.』(New Delhi: Gyan Publishing House, 1996).

·Thakur, C. P. & Sharma, D. P., 『India under Atla Behari Vajpayee』(New Delhi: UBSPD, 1999).

---

17) 바즈페이는 1985년 신장 하나를 제거했고 현재 심장이 좋지 않은 것으로 알려지고 있다.

리콴유(李光耀)

싱가포르의 리콴유
리콴유의 싱가포르

양 승 윤
한국외국어대 교수

한국외국어대 말레이 · 인도네시아어과를 졸업하고, 같은 대학교 대학원을 거쳐 경남대학교에서 정치학 박사학위를 받았다. 1984년부터 한국외국어대 교수로 재직 중이며, 인도네시아 가자마다 대학교의 정치학 박사과정을 수료하였다. 한국동남아학회 회장(1997~1999)을 역임하였으며,『동남아와 아세안』,『인도네시아史』,『인도네시아 현대정치론』,『인도네시아 사회와 문화』,『Seputar Kebudayaan Korea』등의 저서가 있다.

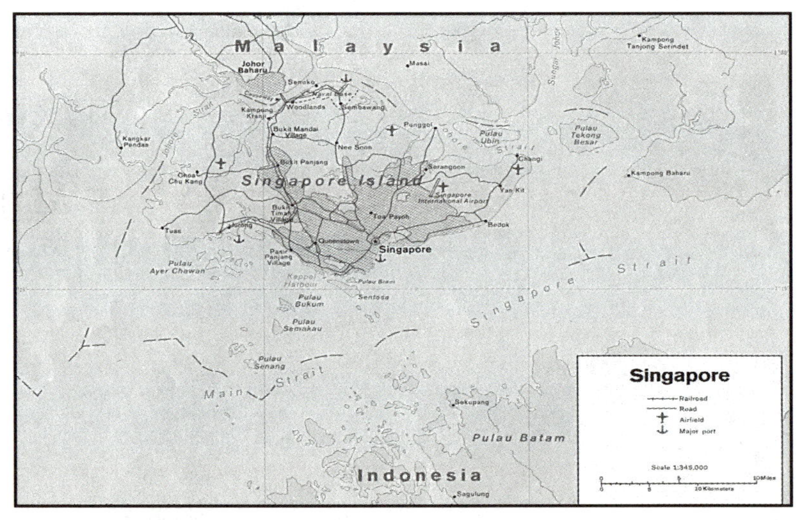

◇ 국명: The Republic of Singapore (싱가포르 공화국)

◇ 면적: 641 ㎢ (서울특별시 : 605.4 ㎢)

◇ 민족: 중국계(77.3%), 말레이계(14.1%), 인도계(7.3%), 기타(1.3%)

◇ 인구: 약 3백10만(1999년)

◇ 종교: 불교·도교(53.3%), 이슬람교(15.3%), 기독교(12.7%), 힌두교(3.7%)

◇ 기후: 고온다습의 열대성 기후(11월~1월간은 monsoon기로서 기온이 비교적 낮음)

싱가포르는 세계 최고 수준의 국가경쟁력을 갖춘 나라다

세계경제포럼(WEF)은 지난 1996년 이래 4년 연속 싱가포르의 국가경쟁력이 세계 1위임을 발표한 바 있다. 스위스 로잔에 소재하고 있는 국제경영개발원(IMD)도 '2000년 세계경쟁력연감'에서 국내경제·국제화·정부·금융·사회간접자본·기업·과학기술·인적자원 등 8개 부분으로 세분한 국제경쟁력 조사 결과, 싱가포르가 미국에 이어 조사대상국 47개국 중 2위라고 공표하였다. IMD가 발표한 우리 나라의 경쟁력은 지난 1995년의 26위에서 더 이상 상승하지 못하고 있음과 비교하여, 도시국가 싱가포르는 1996년 이래 계속 2위 자리를 고수하고 있어 우리의 부러움을 사고 있다.

97년 말과 98년 초에 걸쳐 동아시아를 휩쓴 금융위기의 간접적인 영향권하에 있었음에도 불구하고, 이 나라 경제는 지난 90년대를 통틀어 연평균 8.5% 수준의 놀라운 성장률을 기록하였다. 『아시아 2000년 연감』(Asia 2000 Year Book)이 밝힌 1999년 싱가포르 국민 일인당 국민소득도 같은 해 선진국 평균소득 2만6천 달러를 크게 앞지른 3만2천8백10달러를 기록하였다. 우리 나라의 경우는 99년에 1만 불 고지를 넘어서게 되었다. 같은 해 무역경쟁 국가로서 우리 나라는 4천6백만 인구가 2천8백6억 달러의 무역고를 기록한 데 비하여, 우리 나라 인구의 7% 미만의 인구를 가진 싱가포르는 우리와 엇비슷한 2천5백60억 달러어치의 상품을 전 세계를 상대로 중계무역하였다.

싱가포르의 국가경쟁력은 국민 전체가 공감하여 참여하는 국가전략에서 비롯되었다. 이 나라는 영국의 식민통치 시대부터 중계무역항으로서 아시아의 관문(關門) 역할을 해 왔다. 이때부터 싱가포르 경제의 3대 지주는 중계무역·외국투자 유치·서비스산업으로 자리잡기 시작하였다. 1965년 독립 후 지난 35년간 이 3대 지주는 흔들림 없이 유지·발전되었으며, 이 국가전략을 위해서 싱가포르의 모든 자원이 총동원되었다. 지난 80년대 초에 이미 암스테르담에 이어 세계 2위의 무역항의 자리를 굳혔던 싱가포르항은 90년대 중

반 이후에는 세계 최대의 무역항으로 발돋움하였다. 말레이반도 쪽 조호르 (Johor) 해협을 제외하고는 싱가포르 섬 자체가 모두 항구 역할을 하고 있는데, 1999년 말 기준으로 연 22만 척의 각종 선박들이 총 1천4백만 톤의 화물을 실어 나르고 있다. 90년대 초에 연간 2천만 명의 승객이 이용 가능하도록 시설을 확장한 창이(Changi) 국제공항에서 취급하는 항공화물만도 2000년 말까지 150만 톤에 이를 것으로 예상하고 있다.

모범 경제국 싱가포르는 특히 국제금융 분야에서는 '아시아의 거인'으로 변신하였다. 1978년 이후 모든 외환거래를 자유화시킨 이 나라는 70년대 들어서면서부터 외환정책을 경제시책의 최우선으로 삼았다. 싱가포르는 시카고의 선물(先物)시장에 착안하여 '국제금융 선물시장'을 조성하는 데 성공하였다. 무역과 금융으로 국가경제를 지탱하고 있는 이 나라가 금융 선물시장의 급성장 가능성을 예측한 것은 결코 우연이 아닐 것이다. 싱가포르에는 세계적인 은행이 모두 진출해 있으며, 활발한 외환거래로 20여 년의 짧은 역사에도 불구하고 런던, 동경, 뉴욕, 취리히, 프랑크푸르트와 동급으로 경쟁하는 세계적인 금융시장으로 성공하였다. 싱가포르는 홍콩이 중국에 반환된 1997년 말을 전후해서 아시아 최대의 금융 거점인 홍콩을 제압하기 위해서 정부와 기업인이 한 덩어리가 되어 총력을 기울였다. 그 결과 홍콩에 몰려 있던 다국적기업들이 대거 싱가포르로 교두보를 옮겼다. 현재 싱가포르에는 전 세계 5천여 개의 다국적기업이 진출해 있고, 이들 중 절반 이상이 이 곳에 아시아 지역 사업본부를 두고 있다.

싱가포르 정부는 "싱가포르가 동서양을 잇는 아시아의 관문이라는 지정학적 위치와 뛰어난 장거리 통신망과 정확한 항공 연계망을 구축하였기 때문에 아시아 지역 최상의 금융센터"라며, 세금감면과 영업비용 축소 등 갖가지 금융 유치정책을 내놓고 있다. 상품 유통과 국제금융을 석권해 나가고 있는 싱가포르는 지난 91년에 고척통(吳作棟) 수상이 취임하면서 싱가포르의 제2단계 국가전략으로 'IT 2000' 프로젝트를 제창하였다. IT 2000 프로젝트, 즉

21세기 정보산업시대를 맞이하기 위해 90년대 초에 이미 싱가포르는 '지능의 섬(Intelligence Island)'으로 변신하기 시작하였다. 21세기 아시아의 중심이 되려면, 정보통신을 확실하게 장악해야 한다고 판단한 것이다.

국가컴퓨터위원회(NCB)는 이에 따라 무역·건설·의료·교육·관광 등 5개 분야를 핵심사업으로 선정하였다. IT 2000 프로젝트로 싱가포르 비즈니스 구역의 모든 건물에는 광(光)케이블 설치가 일찌감치 완료되었고, 98년 말까지 78만 가구가 추가로 광케이블과 연결되었다. 오늘날 싱가포르의 모든 기업과 정부기관이 1996년 고척통 수상이 선언한 '싱가포르 원(Singapore One)' 정책에 따라 쌍방향 멀티미디어 회로 위에 올라앉아 있다. 그 위로 지구촌 구석구석으로부터 수집된 온갖 종류의 정보가 지금 공중파급 비디오 파일과 CD급 오디오 파일 형태로 초당 2.88메가바이트의 속도로 질주하고 있다. 리시엔룽 부수상은 "2001년까지 싱가포르 정부의 모든 서비스를 전자화할 것"임을 이미 오래전에 약속해 놓고 있는 상태이다. 빌 게이츠(Bill Gates)가 말했다. "오늘날 지구상에 싱가포르보다 정보화된 나라는 없다"고.

물과 거리와 공무원의 깨끗함이 이 나라의 경쟁력이다

말레이반도 남단에 위치하여 다이아몬드 형의 서울 면적과 엇비슷한 641km^{2}의 협소한 국토에 인구 310만(1999년)의 도시국가 싱가포르 공화국은 '물'과 '거리'와 '공무원'의 깨끗함을 자랑한다. 부존자원이 전혀 없는 이 나라는 식수(食水)를 포함한 생활용수의 거의 전량을 조호르(Johor) 해협 건너편의 말레이반도에서 가져오며 이를 다시 철저한 정수 과정을 거쳐서 사용하고, 일부는 말레이시아에 되팔아 왔다. 이로 인해서 싱가포르와 말레이시아 양국 관계가 미묘해지면, 무엇보다 먼저 '물 걱정'이 앞서게 마련이다. 싱가포르의 대 말레이시아 외교정책의 제1순위는 용수(用水)의 원활한 공급이었다. 최근 이 나라는 5년 간 15억 달러가 투입되는 상수원 공급 프로젝트를

인민행동당(PAP)을 장악하고 난 후 리콴유는 청결운동을 전개하였다.
사진은 거리청소의 시범을 보이고 있는 리콴유.

인도네시아 리아우(Riau)주와 체결하였다. 싱가포르 국내까지 총 450km에 달하는 해저 파이프라인을 경유해서 2011년부터 하루 최대 10억 갤런의 용수를 공급한다는 야심찬 계획에 이미 착수하였다.

　이 나라는 어디를 가나 깨끗하다. 도시 속에 공원이 있는 것이 아니라 공원 속에 도시가 있다고 표현될 정도로 나라 전체가 정갈하고 아름답다. 시드니, 나폴리, 리우 데 자네이로로 꼽히던 세계 3대 미항이 '3S'라 하여 시드니, 샌프란시스코와 함께 싱가포르가 꼽히기 시작한 것도 꽤 오래되었다. 지금도 싱가포르에서는 도시 번화가뿐만 아니라 버스 정류장, 극장과 호텔 주변 등 어디에서나 '오물을 버리면 5백 달러의 벌금'이라는 경고문을 볼 수 있다. 우리 돈으로 33만 원이 넘는 이 범칙금은 싱가포르 내국인은 물론이고 무심코 휴지나 담배꽁초를 버린 외국인들에게도 영락없이 적용된다. 이 나라는 청결을 이유로 껌을 생산하지 않으며 공항에서는 종종 외국인의 껌 과다 반입도 체크하고 있다. 휴지를 버린 사람이 범칙금을 낸 후에도 교육 정도와 사회적 지위에 따라 법원의 명령에 의해서 일정기간 동안 오물수거에 동원되고, 이를 어기면 징역형도 각오해야 한다.

싱가포르가 깨끗한 것은 결코 겉모습뿐만이 아니다. 건국 이래 중계무역과 국제화된 서비스 업종을 국가산업의 중추로 육성해 온 이 나라는 분명히 자유분방한 현대국가이지만 매우 엄격한 사회규율이 지켜지고 있는 나라이다. 리콴유의 수상 재임 시기인 지난 1979년부터 싱가포르 정부는 예절운동(Courtesy Campaign)을 국민적 캠페인으로 벌이기 시작했다. 이처럼 동양적인 규율은 관료사회에 더욱 엄격하게 적용되고 있다. 싱가포르의 공무원들은 외국인의 초대에 잘 응하지 않는다. 뿐만 아니라 장관들도 공식적인 행사가 아니고는 파티를 여는 일이 없다. 뇌물수수란 있을 수도 없으며 선물조차 받지 못하도록 규정하고 있다. 외국 손님이 주는 선물은 일정가격 이상의 값이 나가는 것은 반드시 신고를 해서 정부재산으로 귀속시키며, 그 물건을 꼭 갖고 싶은 경우에는 정부에 돈을 지불하고 매입하는 형태를 갖추어야 한다. 유명한 외국의 오페라단 방문 공연이 있을 때도 로열 박스에는 정해진 정부의 고관부처만 앉도록 되어 있으며, 그 이외의 가족들은 어김없이 일반석에 앉기 마련이다.

싱가포르 정부는 이들 공무원들이 긍지를 가지고 깨끗하게 살아갈 수 있도록 충분한 생활 보장을 해 준다. 대졸 공무원의 초봉은 같은 학력의 무역상사, 은행 혹은 기타 대기업의 신입사원보다 20% 가량 높다. 또한 근속기간이 길어질수록 공무원의 봉급은 타 분야에 비해서 큰 폭으로 높아진다. 2000년 1월 말 홍콩의 『애플 데일리(Apple Daily)』지 발표에 의하면, 고척통(吳作棟) 싱가포르 수상의 연봉은 약 85만 싱가포르 달러에 달해서 우리 화폐 단위로 5억8천만 원 상당이다. 『애플 데일리』는 클린턴(Bill Clinton) 미국 대통령의 경우는 2억3천4백만 원을 받는다고 발표하였는데, 이는 고척통의 약 40%에 지나지 않는 금액이다. 2000년 전반기가 막 지난 7월에 이 나라 공무원의 봉급이 다시 12% 내지 14%가 인상되었다. 이에 따라 장관들의 연봉이 65만5천 달러부터 81만9천 달러가 되었다고 『아시안 월 스트리트 저널』(Asian Wall Street Journal) 지가 보도하였다. 이처럼 높은 봉급 이외에도 싱가포르의 공무원들에게는 주택, 의료, 자녀 교육 등에서 많은 특혜가 따른다. 그러나 이들은 결코 직권을 남용하거나 특권을 요구하지 않는다. 그러므로 국민들로부터 질시나 반발을 불러일으킬 이유가 없다. 영어 사용이 전혀 불편하지 않은 이들 싱가포르 공무원들은 국가시험에 의해서 채용되는 것이 아니고, 고등학교와 대학의 우수한 학생 중에서 장차 공무원을 지망하는 사람에게 정부가 장학금을 주어 양성한다. 이들은 젊음을 상징하는 이 나라 국기의 상현달처럼(상현달 오른쪽의 다섯 개 별은 민주주의, 평화, 진보, 정의, 평등을 뜻함) 싱가포르 공화국의 미래를 건설하기 위한 젊고 유능한 일꾼으로 일찌감치 선택되는 것이다.

싱가포르에 투자하는 많은 외국의 기업인들은 서슴지 않고 '리콴유의 강력한 리더십과 이를 뒷받침하는 엘리트 공무원들의 투명한 집행능력'이 싱가포르를 세계 초일류 국가로 만들 원동력이라고 말한다. 싱가포르 정부는 그럼에도 불구하고 만에 하나 있을지도 모를 관료사회의 부정 부패를 방지하기 위해서 서릿발 같은 감시체제를 갖추고 있다. 수상실 직속기관으로 부패방지위원회(CPIB)를 설치해 놓고 있으며, 공무원들의 비리(非理)에는 관용을 베풀 수 있는 어떠한 예외 규정도 없다. 또한 불명예스럽게 면직된 공직자가 화려하게 변신하여, 재기할 기회란 싱가포르 관료사회에는 결코 있을 수 없는 일이다.

싱가포르의 번영은 리콴유(李光耀)의 업적이다

물과 거리와 공무원이 깨끗한 싱가포르는 36세의 나이로 영국 연방의 싱가포르 자치국 수상이 된 이래 1990년 11월까지 31년 간 이 나라를 통치해 온 '청렴한 독재자' 리콴유(李光耀)로 인해서 더욱 유명하다. 1959년 그가 수상에 취임했을 때 천연자원이 거의 없는 말레이반도 남단 싱가포르는 중국인, 말레이인, 인도인 등이 조호르 해협과 말라카 해협을 넘나들면서 이웃 나라의 소규모 영세 무역업에 종사하거나 영국의 해군기지 주변에 모여 사는 가난한 섬나라에 불과했다. 그러나 영국의 오랜 식민통치가 지속되어 온 이 곳에도 주민들의 반(反)식민주의 감정과 공산혁명의 기운이 고조되는 가운데, 리콴유는 시대적 조류를 간파하고 '좌익구호를 앞세운 우익정치전략'을 마련하였다. 싱가포르 주둔 영국 해군기지의 노무자와 부두 노동자, 그리고 각 업종의 노동조합 구성원들이 중심이 되어 1954년에 조직된 인민행동당(人民行動黨: PAP)은 리콴유의 좌익구호 전략에 따라 마오쩌뚱(毛澤東) 노선을 추종하는 좌익 세력을 규합하여 '반(反)식민 반(反)서구'의 기치를 높이 들었다.

인민행동당은 이로써 1959년 선거에서 51석 중 43석을 차지하게 되었으며, 싱가포르 대중정당으로서의 탄탄한 토대를 마련하였다. 선거가 승리로 끝난 후, 리 수상은 우익정치전략에 의거하여, 공산주의자를 대량으로 투옥하거나 해외로 추방하고, 화교자본가들을 설득하여 자유 경제체제로의 출범을 서둘렀다. 또한 그는 이때부터 자유민주주의와 사회주의 체제의 장점을 조화롭게 자신의 정부 통치에 수용하였다. 싱가포르는 오늘날 북구(北歐)의 사회민주주의 국가들이 사회보장제도의 결함으로 골머리를 앓고 있는 것과는 대조적으로 사회주의의 강점인 국가의 국익, 사회 전체의 공익(公益)을 우선하고 민주주의의 장점인 개인의 능력과 역량을 최대한 존중하고 개발하는 '싱가포르식 사회민주주의'를 성공적으로 정착시켰다. 이와 같은 리콴유의 통치이데올로기는 일찍부터 확고한 신념을 바탕으로 굳건한 터전을 다져왔던 것이다.

리콴유 수상은 복합민족국가인 싱가포르의 국민적 화합에 혼신의 노력을 기울였다. 310만의 인구는 76%의 중국인을 필두로 15%의 말레이인과 6.5%의 인도인, 그리고 2.5%의 유럽과 아시아의 여러 종족으로 구성되어 있다. 그는 이들 잡다한 이민족들을 싱가포리안(Singaporean)으로 탈바꿈시켜 국민 화합에 놀라운 수완을 발휘하였다. 동남아의 대다수 복합민족국가에서는 크고 작은 종족분규가 끊임없이 일어나고 있으나, 이 나라는 말레이시아 연방에서 탈퇴하기 직전인 1964년의 이민족 간의 분규를 경험한 후 현재까지 심각한 종족문제는 재발되지 않고 있다.

싱가포르 정부는 복합민족화합을 증진시킬 수 있는 합리적인 제도적 장치를 마련해 놓고 있다. 다언어정책(多言語政策)이나 다종교정책 등 싱가포르 국민이면 누구나 자신의 언어와 종교를 선택하여 자랑스럽게 사용할 수 있도록 한 것이다. 여기에서 한걸음 더 나아가 싱가포르 국민 전체를 하나되게 하는 문화 창출에 힘쓰고 있다. '치킨 윙(chicken wing)'이 하나의 예가 될 것이다. 현대인에게 가장 중요한 먹거리 문화를 싱가포리안들은 치킨 윙으로 구체화한 것이다. 닭고기는 종교적인 이유 때문에 돼지고기를 혐오하는 말레이인들도, 소를 신성시하여 쇠고기 소리만 들어도 화를 내는 인도인들도, 그리고 싱가포르의 중심 종족인 중국인들도, 유럽인들도 모두 좋아한다. 이들은 언제 어디서나 어느 음식과도 잘 어울리게 닭 날개를 맵지도 짜지도 달지도 않게 조리해 놓았다. 싱가포르 사람들은 치킨 윙을 싱가포르 음식 문화를 대표하는 먹거리로 당당하게 내놓고 있다.

싱가포르 정부는 이 밖에도 이들 소수민족들에게 싱가포리안으로서의 긍지와 자부심을 적극적으로 심어주는 한편, 싱가포르를 '화교(華僑)의 나라'로 보는 이웃 강대국인 인도네시아와 말레이시아인들의 오해를 불식시키기 위한 노력도 게을리 하지 않고 있다. 국회에서 재정된 모든 법률은 대통령의 최종 재가 이전에 지난 1970년에 설치한 소수민족 권익을 위한 대통령자문위원회를 필히 경유하도록 되어 있다. 이 위원회에서 거부된 법률은 다시 국회로 보내어 재심에 붙여지는데, 같은 회기 내에는 대통령의 재가가 불가능하다. 싱가포르는 중국인들의 나라가 분명하지만, 1985년 9월에 취임한 위킴위(黃金輝) 이전에는 국가의 상징인 대통령을 1959년 이래로 26년 동안 말레이계, 유라시아계 그리고 인도계 등 소수민족 중에서만 추대했었다. 주한 대사를 역임한 바 있는 위킴위 후임으로 옹텡청(王鼎昌)에 이어 현재는 나탄(S. R. Nathan)이 싱가포르의 국가원수직에 있다.

또한 싱가포르에서 크게 성공한 중국인들의 쇼비니즘(Chauvinism)이 자국의 화교들을 고무 선동할지도 모른다는 주변 국가의 우려를 최소화하기 위해서 이 나라 정부는 1980년대 초반까지도 '중국(인)적 행사'를 되도록 억제하는 데까지 세심한 배려를 해 왔다. 1978년 11월 동남아 4개국 순방 중 이 곳을 방문한 중국의 최고 실력자 덩샤오핑(鄧小平)은 한 연회석상에서 중화인민과 화교(싱가포르의 중국인을 지칭)의 연대성을 강조하였다. 그러나 답사에 나선 리콴유 수상은 '우리는 중국인이 아니라 싱가포르인'이라 하여 세인의 주목을 끌기도 하였다.

리콴유의 사회 안정과 국민화합 정책은 싱가포르 경제 발전의 원동력이 되었다. 태평양과 인도양을 잇는 말라카 해협의 남단에 자리잡은 싱가포르 공화국은 동남아의 요충이라는 천혜(天惠)의 이점을 극대화하여 서비스산업의 국제화를 통한 동남아 최고의 자유무역지대가 되어 지역금융의 중심지로 성장해 왔다. 60년대에 8.7%였던 이 나라의 평균 경제성장률은 70년대에 9.4%로 상승되었고, 80년대 이후 20여 년 동안에도 평균 8% 수준을 유지하였다. 『아시아 2000년 연감』이 밝힌 1990년부터 97년까지 8년 동안 싱가포르의 평균 경제성장률은 8.5%를 기록하고 있다. 이 나라는 0%의 실업률과 40%가 넘는 국민저축률, 800억 달러에 육박하는 외환보유고를 바탕으로 외채와 인플레이션이 없는 복지경제를 달성하였다. 99년의 경우 이웃 자원대국인 인도네시아는 수출입 총액 950억 달러와 1천1백10달러의 일인당 국민소득을 기록한데 비해 인도네시아의 1/320의 국토면적에 1.5%의 인구에 불과한 싱가포르는 인도네시아의 2.8배에 가까운 2천5백60억 달러의 무역고(수출: 1,244억 달러, 수입: 1,316억 달러)를 기록했으며, 같은 해 공식적인 1인당 국민소득은 3만2천8백10달러에 달하였다.

리콴유는 커지아(客家)인이다

리콴유는 커지아(客家)인이다. 동남아에 널리 알려져 있는 커지아(客家)는 성(省)이름도 아니고, 지역이나 지방 이름도 아니며, 더구나 중국의 소수민족 중의 하나를 지칭하지도 않는다. 커지아(客家)는 글자 그대로 '타 지역에서 온 사람'이라는 뜻이다. 19세기 중엽 이후 중국 대륙은 잦은 전란에 휩싸이게 되었는데, 이때 중원(中原)의 여러 지역에 넓게 분포되어 있던 한족(漢族)들이 전란을 피해 생존차원의 이주를 시작하였다. 이들은 주로 높은 신분 계층 출신들이었으며, 이들을 일컬어 커지아인이라고 했다.

커지아인들은 대개 전통 가문 출신으로 보수적이고 높은 학식을 갖추었으고, 유가(儒家)문화를 숭상하였다. 이들은 보다 나은 생활 여건을 찾아서 후찌엔(福建) 성이나 하이난(海南) 섬, 대만(臺灣)에까지 이주했으며, 이들 중 상당수는 동남아 여러 나라에 정착하였다. 이들 커지아(客家)인들은, 바다를 건너 온 중국 종족 중 가장 많은 비율을 차지하였다.

이들은 국경을 초월한 화교(화인) 인맥을 구성하여 동남아 각국의 경제 분야는 물론이고 정치 분야에까지 막강한 영향력을 구축하였다. 리콴유가 대표적인 인물의 하나이며, 필리핀의 아퀴노 전 대통령, 인도네시아의 최고 재력가인 수도노 살림(Soedano Salim), 싱가포르의 고척통(吳作棟) 현 수상, 대만 전 총통 리덩후이(李登輝)도 커지아 인맥에 포함된다. 커지아인들은 학문을 숭상하여 자신과 후예들의 교육에 열성적이었으며, 고위 관리와 군인으로 성공하기를 희망하였다. 미얀마 군부의 상징적인 지도자 네 윈(Ne Win)도 커지아의 후예다.

리콴유는 영국 식민통치 시대인 1923년 9월 16일 깜뽕쟈바(Kampong Java)가(街) 92번지에서 태어났다. 리콴유가 태어날 당시 그의 모친 추아 짐 네오(Chua Jim Neo)는 16세였고, 부친 리친쿤(Lee Chin Koon)은 약관 20세였다. 이들은 이로부터 만 1년 전에 결혼하였다.

리콴유 가(家)의 싱가포르 이주는 리콴유의 증조부인 리복분(Lee Bok Boon)으로부터 시작된다. 그의 묘비에 의하면, 리복분은 1846년생이고 구앙뚱(廣東)에 살다가 1870년에 싱가포르로 건너와서 미리 이주해 온 세우 후안

1946년 영국 유학 직전의 리콴유 일가, 부모 뒤의 다섯 자녀 중 가운데가 리콴유.

네오(Seow Huan Neo)와 결혼했다. 그는 1882년 돈을 많이 벌어서 고향으로 돌아갔으나, 리콴유의 증조모는 싱가포르에 남게 되었다. 리복분은 고향에서 재혼하였고, 거대한 저택을 건축하였으며, 높은 관직에도 올랐다. 그가 명조(明祖)의 관복을 입고 그린 초상화를 리콴유가 현재까지 보관하고 있다.

리콴유의 조부 리 훈 레옹(Lee Hoon Leong)은 1871년생이다. 래플즈 인스티튜션(Raffles Institution)에서 중학 과정을 마친 후 싱가포르와 네덜란드령 동인도(오늘날의 인도네시아)를 왕래하는 증기선의 사무장으로 일했다. 그가 증기선의 사무장으로 일하던 때에 리콴유의 조모인 코 리엠 니오(Ko Liem Nio)를 만났다. 그들은 1899년 3월 25일 동부 쟈바의 항구도시 스마랑(Semarang)에서 결혼했다. 당시 리 훈 레옹은 26세였고, 코 리엠 니오는 16세였다. 리콴유의 부친은 이들 사이에서 1903년 스마랑에서 태어났다. 그의 가족들은 곧 싱가포르로 이주하였다. 리 훈 레옹은 쟈바의 설탕왕(王)으로 이름을 떨친 우이 티옹 함(Oei Tiong Ham)의 두터운 신임을 얻어 그의 대리인이 되면서 거대한 부를 쌓게 되었다. 리콴유는 자신의 조부는 재력가였고, 부친은 단지 부자 아버지를 둔 아주 평범한 아들이었다고 회고하고 있다.

세계 대공황을 맞아 1927년부터 1930년 사이에 고무 가격이 1/4로 하락하는 바람에 싱가포르의 중계무역이 마비되었고, 리콴유의 집안도 크게 뒤뚱거렸다. 그러나 리콴유의 외조부 추아 킴 텡(Chua Kim Teng)은 고무 이외에도 몇 가지 사업체를 경영하였기 때문에 타격이 크지 않았다. 그래서 리콴유의 부모들은 1929년 떨록 구라우(Telok Kurau)에 있는 외가(外家)로 이사하였다. 리콴유의 유년 시대는 이 곳에서 시작되었다. 영국의 것들을 모두 선망했던 리콴유의 조부는 그의 이름 앞에 해리(Harry)를 붙여 주었다. 그래서 유년기 그의 이름은 해리 리 콴 유(Harry Lee Kwan Yew)였다. 두 동생이 잇따라 태어났는데 킴 유(Kim Yew)와 티암 유(Thiam Yew)였으며, 리콴유의 Harry처럼 데니스(Dennis)와 프레디(Freddy)라는 영국식 이름이 붙여졌다. 누이동생도 모니카(Monica)로 불렸다. 리콴유는 영국식 이름을 좋아하지 않았으므로 1933년 막내동생 수안 유(Suan Yew)가 태어났을 때 영국식 이름을 붙이는 것을 반대하였다.

그는 여섯 살이 된 1929년부터 1935년까지 싱가포르 떨록 꾸라우(Telok Kurau)에서 초등학교 과정을 마쳤다. 그 후 그는 1941년까지 래플스 인스티

튜션(Reffles Institution)과 전문대학 과정인 래플스 컬리지(Reffles College)
에서 수학하였다. 제2차 세계대전 직후인 1946년에 리콴유는 영국으로 건너
가 1949년까지 캠브리지(Cambridge University)에서 법학을 공부하였다. 그
후 미들 템플(Middle Temple)에서 1950년까지 수학한 후 리콴유는 변호사가
되었다. 그는 1950년 27세의 나이로 감리교여학교를 졸업한 후, 래플즈 컬리
지와 캠브리지를 거쳐 미들 템플에 이르기까지 리콴유와 같은 과정을 공부해
온 콰 게옥 추(Kwa Geok Choo)와 결혼하였다. 리콴유와 콰 게옥 추의 실질
적인 결혼 생활은 영국에서 1947년 12월부터 시작되었는데, 이들은 1950년
9월 싱가포르에서 정식으로 결혼식을 올렸다. 이들 부부는 2남 1녀를 두었는
데, 장남이 싱가포르의 제1부수상이자 고척통의 후임 총리감으로 세인의 입
에 오르내리는 리 시엔 룽(李顯龍: Lee Hsien Loong)이다.

  1950년에 싱가포르로 귀환한 리콴유는 1959년까지 변호사로 일하는 한편
여러 무역회사와 조합의 법률고문역을 맡아 왔다. 그는 1954년 인민행동당
의 창당 멤버로 활약한 후 당의 초대 사무총장이 되었다. 이듬해인 55년 그
는 약관 32세의 나이로 딴종 빠가르(Tanjong Pagar) 지역에서 출마하여 하
원의원이 되었다. 이후 그는 이 곳에서 하원의원직을 지켰으므로 딴종 빠가
라는 오늘날의 리콴유를 탄생시킨 싱가포르 정치 1번지인 셈이다. 리콴유는
59년 36세의 젊은 나이에 영국 보호령하 싱가포르 자치령의 수상에 올랐다.
그는 PAP가 총선에서 승리한 1963년, 1969년, 1972년, 1976년, 1980년,
1984년과 1988년까지 8차례에 걸쳐 수상이 되어 오늘날의 싱가포르를 만들
었다. 리콴유는 분명 싱가포르의 리콴유이다. 그러나 좀더 음미해 보면, 싱
가포르는 리콴유의 그리고 리콴유가 건설한 싱가포르임에 틀림없다.

리콴유는 조국을 위해서 청렴한 독재자를 자청하였다

  1965년 말레이시아 연방으로부터 분리독립한 이래 지난 35년 동안 싱가포

르를 복지국가로 탈바꿈시킨 리콴유는 자연인으로서 '청렴결백'이라는 기본적인 철학을 바탕으로 5가지의 분명한 통치원칙을 가지고 국가를 이끌어 왔다. 그 첫째가 모든 '정부시책의 시종일관'인데 여기에는 '명확한 대(對) 국민지표(시그널)'가 따르기 때문에 모든 국민이 이를 믿고 따른다. 이 외에 '국가이익의 국민에게로의 환원'이라는 원칙과, 인기에 영합하지 않고 '존경'을 바탕으로 국민 앞에 나서며, 항상 '최선'을 다한다는 지극히 평범한 원칙들이 그것이다.

이와 같은 불변의 통치원칙에 힘입어서 그가 이끄는 인민행동당(PAP)은 1963년 총선에서 51석 중 37석 획득으로 다소 후퇴했던 경우를 제외하고는 싱가포르의 정치를 독점하였다. 68년부터 매 4년마다 실시된 조기총선(국회의원 임기는 5년)에서 네 차례나 전 의석을 독점하면서도 국민의 PAP 지지율은 계속 증가하였다. 1980년 12월 총선의 경우 75.5%의 지지율로 75석 전 의석을 획득하였다.

그러나 리콴유에게도 정치적인 도전이 없었던 것은 아니다. 싱가포르 정치의 이변은 1981년 5월에 2대 벤자민 쉐어즈(B. Sheares) 대통령이 재임 중 서거하자 PAP 소속의 데반 나이르(Devan Nair) 의원을 후임 대통령으로 선출하고 그로 인한 보궐선거를 실시하면서 시작되었다. 81년 10월에 실시된 보선(補選)에서 PAP는 정치 경험이 부족한 32세의 젊은 테크노크라트를 최대 야당인 노동당(WP)의 제야레트남(Jeyaretnam) 사무총장과 대결시킨 결과 1석의 원내 의석을 야당에게 내주는 결과를 초래하였다. 이때의 이변은 84년 12월 총선으로 에스컬레이트 되었다. 84년 선거에서 PAP는 총 79석의 의석 중 30석의 무투표당선을 포함하여 대승을 거두었으나, 지지율은 80년 대비 12.6%가 떨어진 69.2%로 1968년 이래 최저수준을 기록하였다. 한편 야당은 2명의 후보를 당선시키면서 9.6%가 증가한 31.3%의 국민의 지지를 획득하였다. 리콴유 수상은 겨우 2석밖에 안 되는 야당 진출에 대해서 해당 지역에 대한 정부 혜택의 제외를 검토시키는 한편, '젊은 싱가포르, 젊은 내각'을 모토로 한 PAP의 홍보 활동을 배가하여 일찍부터 차기 총선에 대비하였다.

그러나 싱가포르 정국은 1980년대 후반에 들어서면서 조금씩 불안한 양상을 나타내기 시작하였다. 50년대 초 영국 보호령 치하에서 말라야공산당(MCP)의 파괴공작을 차단하고 이에 연계된 공산주의자들을 색출하기 위해서 만들었던 국내안전법(ISA)에 저촉되어 맑스주의자(Marxist) 혐의를 받고 22명이 구속된 사건이 1987년 말에 발생하였다. 이때의 불안한 정국이 88년 5월 미국과의 내정간섭 문제로 크게 동요하게 된 것이다. 그 내용은 싱가포르 주재 미국 외교관들이 싱가포르 반체제 인사들의 변호를 맡아 온 재야인사를 차기 총선에서 야당으로 출마하도록 권유했다는 것이다. 이 일과 관련하여 싱가포르와 미국 양국은 각각 자국 주재 외교관을 한 명씩 추방하는 등 양국 관계는 건국 이래 최악의 위기를 맞았으며, 문제의 재야인사는 재판 없이 장기간 구금을 허용하고 있는 ISA 위반 혐의로 구속되기도 하였다.

정국의 혼미가 계속되자 데반 나이르 전(前) 대통령 등 야당 세력들은 모든 혼란의 책임을 리콴유 수상에게 돌리고 수상직 사임을 강력하게 촉구하고 나섰다. 1993년 9월 16일로 만 70세를 맞은 리콴유는 누차 65세가 되면 자신의 수상직을 젊은 세대에게 물려주겠다고 말해 왔는데, 야당 세력들은 차제에 차기 총선에 대비한 공격의 표적으로 그의 사임을 들고 나온 것이다. 이와 같은 야당과 재야 세력의 공세 속에서 싱가포르 의회는 이제까지 상징적 국가원수인 대통령직을 고위공직자 임용 및 외환사용 거부권 등 강력한 권한을 가진 국민직선에 의한 대통령직으로 변경하는 내용의 개헌을 완료하였다. 야당은 이에 대하여 리 수상이 임기 만료(1988년 9월) 후 대통령에 취임하여 실질적인 권한을 계속해서 행사하기 위한 준비작업이라고 비난하였다.

이러한 상황하에서 싱가포르 정부는 88년 9월 3일 의원 임기만료 예정일보다 15개월이나 앞당겨서, 1965년 말레이시아 연방에서 분리독립한 이후 6회 총선거를 실시하였다. 6회 선거는 독립 이래 가장 대규모적이고 다루기 힘든 야당 후보들이 대거 입후보했으나, PAP의 압승(총 81석 중 80석 차지)으로 막을 내렸다. 지난 번 총선거(1984년)에서 처음 당선되었던 싱가포르 민주당(SDP)의 치암 씨 통(擔時中)만이 의석을 지킴으로써, 야당세(勢)는 겨우 명목만을 이어가게 된 것이다.

88년 선거를 즈음해서 노동당, 싱가포르 민주당 등 7개 야당은 새 대통령제가 실시되면 싱가포르의 의회정치는 말살되고 독재정부가 강화되어 인권이 침해되고 정부의 독주를 효과적으로 견제할 수 없다며, 리콴유와 PAP를 공격하였다. 야당은 연합전선을 구성하여 싱가포르 선거사상 최초로 81개 선거구 중에서 70개 선거구에 입후보하여 지식층과 젊은이들을 상대로 헌법개정을 지지할 수 있는 1/3 이상의 의석을 야당에게 몰아줄 것을 호소했지만 무위에 그치고 말았다. 국민들에게는 아직 PAP 이외의 대안이 없다는 것이 총선 결과로 나타난 것이다.

리콴유는 자주 '인민행동당(PAP)은 곧 정부이고, 정부는 곧 싱가포르'라는 말을 해 왔다. 여기에 '리콴유가 PAP를 키워왔다'는 전제를 붙이면, '리콴유는 곧 싱가포르'라는 싱가포르 정치의 4단 논법의 결론이 도출된다. 그러므로 PAP의 승리는 리콴유의 승리이며, PAP의 득표율은 당연히 리콴유에 대한 인기도와 직결된다. 리콴유의 마지막 총리직을 가능케 한 1988년의 9·3총선거는 예상대로 PAP의 일방적인 승리로 끝이 났으나, PAP는 사상 최저 수준을 기록했던 84년 총선의 62.9%보다 1.1%가 더 떨어진 61.8%의 지지율을 기록하였다.

그러나 90년대에 들어선 이후 고척통 수상 통치하의 총선거에서는 비록 약소한 수치이기는 하지만 PAP의 지지율은 다시 상승곡선으로 돌아섰다. 싱가포르는 공식적으로 다당제 민주제도하에 있지만, 이 나라는 교묘한 방법으로 야당이 최소한의 상징적인 의석을 차지하는 데 만족하지 않을 수 없도록 제도적 장치를 확고하게 해 놓았다. 1997년 1월에 실시되었던 총선에서도 야당은 총 83석 중 2석 확보에 그쳐 PAP 체제의 변화는 전혀 찾아볼 수 없었다.

1980년에 들어선 이후 지난 20여 년 동안 싱가포르는 아시아 신흥공업국의 선두주자로 눈부신 경제 발전을 거듭하여 선진국 대열에 들어섰지만, 정치적으로는 가부장(家父長)적 권위주의 체제하에 있다는 비판을 면치 못하고 있다. 또한 급속한 경제성장과 이에 따른 성숙된 국민의식은 이에 상응하는 민주적 정치제도와 정치의 민주화를 끊임없이 요구하고 있다. 청렴한 독재자 리콴유는 수상직에서 물러난 이후에도 건강상의 문제가 없는 한 상당기간 동안 수렴청정하여 복지국가 싱가포르를 실질적으로 이끌어 갈 것이 분명하다. 그는 310만 싱가포르 국민들에게 분명히 말한다. 사회안정 없이 정치안정 없고, 정치안정 없이 경제발전 없고, 경제발전 없이 싱가포르의 장래는 없다는 것을. 경제 발전과 정치의 민주화가 싱가포르에서 조화와 균형을 이루기에는 아직도 시간이 좀더 필요한 것 같다.

싱가포르식 사회민주제도는 리콴유의 생존방식이다

리콴유는 장기적인 국가목표로 다(多)민족주의·다문화주의·다언어주의·실적주의(meritocracy)·고도의 산업화 사회로의 추구 등 다섯 가지를 내세워 효율적인 국가 경영체제를 확립하는 데 국력을 집중해 왔다. 이를 바탕으로 이 나라는 독립 이래 35년 동안 국내외의 시련을 극복하고 동남아에서 가장 선진화되고 공업화된 복지국가를 만들어 냈다. 1965년 말레이시아 연방으로부터 분리독립한 싱가포르는 독립 초기부터 말레이공산당(MCP)의 공산화 위협, 인도네시아의 대결정책(Confrontation), 영국 군사기지의 철수, 심각한 실업문제, 노동자 소요, 주택난, 인종간의 불화 등으로 정치·경제·사회적으로 극심한 어려움을 겪었으나 이를 인내하여 잘 극복하였다. 뿐만 아니라, 이 나라는 지속적인 경제·사회 개발계획을 성공적으로 수행하여 산업을 다양화하고 생활 수준을 최대한으로 향상시키는 데 성공을 거둔 것이다.

정치체제로 사회민주주의를 내세우고 있는 이 나라는 경제정책의 기조로서 자본주의 체제의 전형적인 특징을 채택하고 있으면서도 사회정책은 철저하게 사회주의 체제를 따르는 이원론적인 접근방법으로 국가 건설의 목표를 달성할 수 있었다. 다시 말해서 싱가포르는 특수한 사회·문화·역사적 배경에 따라 위의 다섯 가지 국가목표를 바탕으로 천연자원이 전무하고 국가방위의 허점이 그대로 노출된 도시국가의 제약과 모순을 효과적으로 극복하고 독특하고 분명한 국가경영의 해결책을 찾아내었던 것이다.

싱가포르의 독특한 국가 경영전략은 대략 여덟 가지로 정리할 수 있다. 첫째는 정치면에서 의원내각제 민주주의 체제하에서의 일당 장기집권이며, 둘째는 경제면에서 토지와 기간산업의 국유화 등 사회주의적 요소를 가미한 자본주의식 경제운용 방식을 채택하고 있다. 셋째, 사회면에서 사회안정 정책을 최우선으로 하여 다종족간의 융화에 행정력을 집중하고 소수민족권익자문위원회 활용 등 제도적으로 이를 뒷받침하고 있다. 넷째로 싱가포르식 각종 복지제도를 부단하게 개발하고 있으며, 다섯째 문화면에서 각 종족의 고유문

인도네시아의 수카르노 대통령과 리콴유 수상 (1960년).

화 보존을 통해 복합문화를 창달하고 유교문화를 계승 발전시키고 있으며, 여섯째로 교육면에서 다언어정책과 효율적인 학제운영을 하고 있다. 일곱째로 정부와 노동자, 사용자 등 삼위일체의 공생체제를 확립하여 효과적으로 이를 운용하고 있으며, 여덟째로는 국민의식을 동양적인 정신관과 서양적인 물질관의 적절한 조화로 유도하고 있다.

싱가포르의 정치 이데올로기는 그러므로 매우 복합적이다. 이 나라는 사회주의 국가체제를 가지고 있으면서도 사유재산을 인정하고 개인과 다국적기업 활동을 장려하는 한편 파업을 법규로서 금지하고 실적주의를 철저하게 시행하고 있다. 사회주의 국가이면서도 싱가포르는 공산당 방식에 따라 중앙위원회와 기관요원으로 조직된 인민행동당(PAP)을 중심으로 독립 후 거의 매 4년마다 자유·공정(보통)·평등선거를 실시하여 국민의 재신임을 물으면서 장기집권 체제를 확고하게 구축해왔다. 이로 인해서 싱가포르 공화국은 일반적인 개념의 자유민주주의 국가라고 하기에는 많은 분야에서 국민의 기본권에 제약을 가하고 있다. 공산주의 파괴활동과 테러행위를 방지하고 국가안전과 공공질서 유지의 명목으로 국내안전법(ISA)을 근거로 혐의자는 영장 없이 체포 구금할 수 있는 악법(惡法)이 현존하고 있음이 그 증거이다.

뿐만 아니라 정부와 인민행동당(PAP)의 조직을 선거구마다 주민공동회관(CC: Community Center)을 통해 운영하고 있으며, 147개의 시민협의회(RC: Resident Committe)와 마을과 직장 단위마다 조직되어 있는 총 276개의 주민위원회(PA; People's Association)를 통해서 일반 국민과 완벽하게 그리고 유기적으로 연결시켜 놓았다. 1961년에 설립된 전국노동조합연합회(NTUC)의 주요 임원들도 PAP 당원 겸 국회의원으로 정치과정에 참여함으로써 당(정부)이 노조운동을 사실상 완벽하게 장악하고 있는 셈이다. PAP의 고위직 인사들이 25명으로 구성된 NTUC 중앙위원회의 위원직을 겸직하고 있기 때문이다. 언론은 공산주의에 이용되거나 이민족간의 융화를 저해할 목적으로 쓰여져서는 안 된다는 이유로 철저하게 통제되고 있다. 이러한 통제

방식은 때때로 체제 비판이나 반정부 선전을 효과적으로 봉쇄하는 데에도 이용되고 있음이 분명하다.

민주주의는 수단의 하나일 뿐 목적 그 자체가 아니며, 국가 이익을 보호하고 '사회의 공동선(Commonwealth)'의 유지가 우선이라는 것이다. 어느 시점에서 민주주의가 국가와 사회의 공동선에 유해(有害)한 경우 이를 과감하게 고쳐나가야 한다는 것이 이 나라가 내세우고 있는 싱가포르식 사회민주주의의 기본방식이다. 이 싱가포르식 사회민주주의는 PAP에 의해서 강력하게 유지·발전되어 왔다. PAP는 리콴유의 통치논리에 따라 철저하게 국가사회의 안정을 추구하는 사회주의 이념을 바탕으로, 협소한 국토 면적에 전무한 부존자원의 도시국가 싱가포르를 중계무역과 국제금융, 그리고 서비스산업의 국제화로 세계에서 가장 모범된 복지국가로 만들었다.

싱가포르는 생존전략 차원의 외교정책을 구사하고 있다

도시국가 싱가포르는 생존·질서·번영이라는 숙명적 국가과제를 가지고 있다. 부존자원이 거의 없는 $641km^2$의 협소한 국토 면적에 310만에 이르는 적지 않은 인구를 포용하고 있는 이 나라는 흔히 '말레이인들의 바다 속에 위치한 중국인들의 섬'으로 묘사되고 있다. 싱가포르 주변에는 말레이인들의 거대한 이슬람국가인 인도네시아와 전통적으로 말레이인 우위정책을 펴고 있는 말레이시아가 있다. 이들 두 나라는 전통적으로 반(反)화교·반(反)중국의 성향을 가지고 있으며, 역사를 통하여 싱가포르가 중국인들의 나라라는 확신을 가지고 있다.

싱가포르는 다종족국가로서 다양한 문화적 배경을 가진 종족들로 구성되어 있는 나라이다. 이들은 모두 종족 특유의 문화를 간직하고 있으나, '싱가포르 문화의 창출'이라는 싱가포르 정부의 끊임없는 노력으로 1980년대 이후 '싱가포르 국민'과 '싱가포르 문화'라는 인식이 사회 저변에 폭넓게 확산되고 있다. 도시와 농촌의 구별이 없는 도시국가에 살고 있는 싱가포르인들은 모두 고도의 문화적 혜택을 누릴 수 있는 쾌적하고 풍요로운 생활 환경을 향유하고 있다. 그러나 싱가포르의 영광스러운 오늘은 험난한 과거와 리콴유(李光耀)가 있었기에 가능하였다.

생존과 질서와 번영이라는 이 나라의 정치적 명제로 1959년 자치정부하에서 국방과 외교를 영국에 의탁했었고, 경제적 정치적 취약점을 보완하기 위해서 역시 영국 주도하의 말레이시아 연방(Federation of Malaysia) 결성에 참여하였다. 1963년 9월 싱가포르를 포함한 말레이반도와 사바(Sabah)·사라왁(Sarawak)으로 말레이시아 연방을 결성하면서 라만(Tunku Abdul Rahman) 수상은 싱가포르를 연방의 일원으로 받아들임으로써 싱가포르가 동남아의 쿠바로 전락하는 것을 방지했다고 믿었다.

그러나 싱가포르의 입장에서는 자국에 전무한 풍부한 농산자원을 보유한 말레이반도와의 합병은 생존과 번영에 필수적이었으며, 정치적으로도 중국계가 중심인 싱가포르가 말레이인들의 바다에 둘러싸여 완전한 독립 주권국가로 번영하기는 어려울 것으로 판단하고 연방 결성에 기꺼이 참여하였던 것이다. 하지만 싱가포르의 말레이시아 연방 참여는 1965년 8월 2년 만에 막을 내렸다. 라만 정부는 싱가포르의 중국인들이 전통적인 말레이인들의 정치적 우위를 심각하게 위협하고 있다고 판단하였으며, 리콴유도 자신이 주장한 '말레이시아인을 위한 말레이시아(Malaysian Malaysia)'가 '말레이인 우위의 말레이인들을 위한 말레이시아(Malayan Malaysia)'로 변질되고 있다고 확신하였기 때문이었다.

1965년 8월 말레이시아 연방에서 분리독립하면서 싱가포르는 또다시 생존의 위협에 직면하게 되었다. 싱가포르의 외교정책은 이와 같은 연속적인 위기상황하에서 발전되어 왔다. 도시국가의 안보적 취약성을 극복하기 위하여 자국을 동심원(同心圓)의 중심에 놓고 겹겹이 원으로 싸나가는 소국 브루나이(Brunei Darrusalam)식 외교정책과, 경제적 이익을 극대화하기 위하여 바람에 따라 구부러지되 꺾어지지 않는 태국의 유연한 외교정책(Bamboo Diplomacy)을 접목하였으며, 나아가 인도네시아와 같이 내치(內治)를 위한 외교정책을 배합하여 싱가포르의 외교정책은 발전되어 왔다.

싱가포르가 독립국가로 출발한 이래 가장 염두에 둔 문제는 국가의 생존을 어떻게 유지해 나가느냐 하는 것이었다. 리콴유 등 싱가포르의 건국 1세대 지도자들은 2차 세계대전 이후 많은 약소국들이 냉천체제하에서 강대국이나 혹은 구(舊)식민종주국에 의존하는 형태와 달리 자국의 생존이 바로 자신들에게 달려 있다는 것을 인식하고 있었다. 이들은 싱가포르의 지정학적(地政學的) 이점이자 특성이 국제분쟁으로 비화될 수도 있다는 우려를 가지게 되었다. 이런 상황에서 국가 존립이라는 대명제하에서 싱가포르의 지도자들은 개발도상국의 경우 국가사회의 발전과 경제적 안정을 누리면서 공산주의자들의 소요를 방지하기 위해서 국민 개개인의 부분적인 자유와 권리는 때때로 희생될 수 있다는 믿음을 갖게 된 것이다.

말레이시아 연방에서 분리독립하면서 싱가포르는 서둘러서 자국의 안보와 협소한 국토 방위를 위해서 독자적인 외교정책을 수립하였다. 싱가포르는 방위군을 창설하여 독자적인 방위체제를 강화하는 한편, 자국의 안보를 위하여 어느 특정 국가에 편중하지 않고 독립과 주권을 인정하는 어떠한 국가와도 체제와 이데올로기에 얽매이지 않고 정치적 경제적 유대관계를 수립하는 내용을 골자로 하는 비동맹 외교노선을 가지게 되었다.

이러한 싱가포르의 외교정책은 구소련을 비롯한 동(東)유럽의 사회주의 국가와 중동의 이슬람 국가, 이스라엘 및 남북한과 동시에 외교관계를 맺게 하였다. 또한 이웃 이슬람 국가인 인도네시아와 말레이시아에 대해서 특히 세심한 외교적 배려를 하였다. 이들 말레이인 우대정책 혹은 원주민 우대정책을 펴고 있는 이슬람 국가와는 경제적 관계뿐만 아니라 지리적·정치적·역사적으로 불가분의 관계를 가지고 있기 때문이다. 싱가포르는 이들 두 나라를 포함하여 태국, 필리핀, 브루나이와 함께 동남아국가연합(ASEAN)을 통하여 인접국가와 유대를 강화하고 협력관계를 심화 발전시켜 나가는 것을 외교정책의 근간으로 삼았다.

싱가포르는 역내의 어느 특정국가가 특별하게 강해지는 것보다 국력이 엇비슷한 2개국 이상의 국가가 서로 세력균형을 유지하기를 희망하고 있다. 정치·외교적으로는 중국과 미국이, 경제적으로는 일본과 미국과 EU가, 군사적으로는 미국과 러시아와 중국 및 베트남이 각각 동남아 제국들과 여러 분야에서 호혜적 관계를 유지함으로써 이들 국가들에 의해서 싱가포르를 포함한 동남아의 세력균형이 유지될 수 있다고 보고 있다.

싱가포르의 이와 같은 외교정책은 리콴유의 동지이자 오랫동안 이 나라 외교정책을 주도해 온 다나발란(S. Dhanabalan)에 의해서 확인되고 있다. 1981년 외무장관으로 재임 중 그는 싱가포르의 외교정책은 첫째, 우호관계를 원하는 모든 나라와 우호관계를 수립하며 둘째, 통치 이데올로기나 정부형태 혹은 정체(政體)에 관계없이 상호간에 이익이 되면 교역을 실시하며 셋째, 강대국들의 정치·외교적 블록화에 대항하여 비동맹노선을 견지하고 넷째, ASEAN 회원국들과 밀접한 관계 유지를 통하여 동남아지역의 평화와 안정을 유지하고 공동번영을 추구하는 데 있다고 말했다.

싱가포르의 대내외 정책은 모두 '생존의 개념'으로 귀결된다. 영국으로부터 자치권을 획득(1955년)하고 말레이시아 연방에서 탈퇴(1965년)함으로써 싱가포르는 자국의 안보와 독립을 지원할 후원국이 더 이상 존재하지 않는다는 것을 인식하였다. 분리독립 직후 이 나라의 가장 중요한 현안은 독립국가로 어떻게 생존하느냐 하는 것이었다. 토착종족의 사회가 형성되어 있지 않고 이주민들이 주류를 이루고 있던 싱가포르는 당연하게 국민의식의 뿌리는 없었고, 종족간의 상호경쟁과 갈등을 묵시적으로 조장한 영국의 식민정책 때문에 거주민들 사이에 화합이 큰 사회문제로 대두되어 있었다. 중국인 사회도 역시 대만(臺灣)의 국민당 정부와 북경(北京) 정부의 조종을 받아 크게 분열되어 있었다. 이 과정에서 등장한 PAP는 리콴유의 신념에 따라 사회안정과 정치안정의 몫을 확실하게 해낸 것이다.

　이와 함께 국가적 자긍심을 가지지 못한 국민들이 주체성을 가지도록 리콴
유와 PAP는 갖가지 정책을 시급하게 개발해 내었다. 싱가포르 정부는 사회
적 민족적 통합을 조속히 달성하기 위한 수단으로 독특한 언어정책과 교육정
책을 채택하였다. 다양한 언어와 문화적 전통을 유지해 가면서 이들 요소들
간의 공통점과 유사점을 개발하여 이를 통합시킨다는 목표 아래 '다양한 문
화를 바탕으로 한 하나의 공통된 의견(one voice from many cultures)'이라
는 정책목표를 설정하였다. 이에 따라 싱가포르 국민들은 동남아의 여러 다
민족 국가에서 성공하지 못한 '다민족을 위한 다언어주의(多言語主義)'를 실
현하였던 것이다. 종족집단 고유의 언어를 육성 발전시킴으로써 종족 특유의
사회 문화적 결합을 유지시켰으며, 영어를 의무적으로 채택하게 하여 싱가포
리언(Singaporean)으로서의 국민감정적 결집력을 강화하였다. 이를 위해서
각급 종족들이 운영하는 학교에서 해당 종족어 이외에도 필수적으로 영어를
배우도록 하였다. 이러한 다언어정책은 싱가포르의 세계화에 초석이 되었으
며, 이 나라 국민 중 중국계(系)가 압도적인 우세 속에서도 '제3의 중국'이
라는 주변 국가의 우려를 완화하는 데도 기여하였다.

　싱가포르는 분리독립 직후부터 비동맹(非同盟)노선을 추구하여 아시아·아
프리카의 제3세계 국가들과 적극적인 외교관계를 수립하였다. 아시아·아프
리카 약소국들의 반(反)제국주의 노선을 수용하는 싱가포르의 중립화와 함께
적극적인 독자성을 추구하기 위한 시도였다. 분리독립 직후 발표했던 '비동
맹선언'을 통해서 리콴유는 싱가포르의 비동맹노선 추구는 시대의 조류를 따
르는 것이 아니며, 어떤 이데올로기적 성향도 아닌 오로지 국가이익을 추구
하기 위한 것이라고 말했다. 비동맹 외교정책은 싱가포르 정부에 의하여 '자
국의 상황과 환경에 맞춘 적극적인 중립방안'으로 해석되고 수용되었다. 싱
가포르가 외교정책의 일환으로 추구하는 비동맹정책은 강대국들의 블록에서
단지 마찰을 피하는 소극적인 개념이 아니라 독립적이고 민주적이며 비공산

주의 국가인 싱가포르의 생존과 안전과 번영을 위한 적극적인 개념으로 해석되었다.

이와 같은 싱가포르의 비동맹 외교정책은 경제정책에 있어서도 생존전략을 바탕으로 싱가포르의 세계도시화(世界都市化) 개념과 맥락을 같이 하고 있다. 라쟈라트남(S. Rajaratnam) 외상(外相)은 1992년 싱가포르의 세계도시화 개념을 주장하면서 도시국가 싱가포르가 세계경제 체제와 긴밀한 상호 연관성을 가져야 하며, 싱가포르의 모든 생산품을 한정된 지역을 목표로 해서는 위험부담을 안게 되므로 세계 시장을 목표로 해야 한다고 했다. 분리독립 당시 싱가포르 외교정책의 생존적 의미가 싱가포르 경제의 해운·보험·중계무역과 영국군의 기지 사용에 관련된 서비스산업으로부터 관광·금융·통신산업 등과 같은 독자적이며 독창적인 분야로 확대 발전된 것이다. 이러한 싱가포르의 세계도시화 정책은 이제까지의 수입대체 산업으로부터 수출지향적 고도의 기술집약형 산업으로 지향하는 적극적인 경제외교 정책을 의미한 것이었다.

도시국가 싱가포르는 이웃 인도네시아와 달리 내치(內治)를 위하여 외부적 환경을 변화시킬 수 없었다. 이 때문에 싱가포르는 ASEAN에서 적극적인 활동을 전개하면서 나아가 국제 사태에 대하여도 명백한 태도 표명을 해 왔다. 국제 사회의 관심을 싱가포르에 유리한 방향으로 유도하여 여론을 조성하고, 이를 바탕으로 외교정책의 방향을 모색한다는 것이다. 다나발란은 '싱가포르의 외교정책을 마치 험난한 바다를 가로지르는 항해'에 비유하였다. 그는 멋진 항해보다 난파를 피해 최종적으로 살아남는 것이 너무나도 당연한 목표라고 밝혔다. 그러나 다나발란은 "우리는 조류와 바다에 의지할 수만은 없다. 끝까지 키를 조정해야만 한다. 그렇지 않으면 적자생존(適者生存)의 역사가 우리를 용서하지 않을 것이다"고 말함으로써 약소국의 궁극적 외교목표가 국가생존에 있음을 명백하게 밝혔다.

그러므로 국제적 사태를 접하여 리콴유의 싱가포르가 추구하는 외교정책의 방향은 언제나 예측이 가능했다고 말할 수 있다. 이 작은 도시국가는 항상 작은 나라답지 않게 외교적 톤을 높이고 원론적이며 원칙적인 해결을 요구해 왔다. 이러한 싱가포르식 외교적 제스처는 소극적인 대처가 적극적인 방어라는 것이다. 이러한 외교정책은 리콴유가 도시국가 싱가포르를 선진국가의 일원으로 이끌어 오는 동안 '싱가포르식 생존방식'으로 자리를 잡은 것이다.

고척통(吳作棟) 수상에 이어 리콴유의 장남 리 시엔 룽(李顯龍)이 이끌어 가게 될 것이 분명한 싱가포르는 이제까지의 생존·질서·번영이라는 생존차원의 정책을 벗어나 동남아와 국제 사회의 공동번영을 위하여 보다 성숙한 변화를 모색하고 있다. 그리고 리콴유는 오랫동안 그 안에 머물러 있을 것이다.

시인 대통령과 아프리카의 문화적 가치

이 한 규
한양대학교 정치외교학과 강사

한양대학교 정치외교학과를 졸업하고, 프랑스 파리 1대학(꿔자스)에서 정치학 석사학위, 파리10 대학(낭떼르)에서 정치학 박사학위를 받았다. 수차례 연구를 위해 카메룬에 체류하였으며 현재는 한양대학교, 숭실대학교에서 강의를 하고 있다. 역서(공동)로는 『20세기의 역사(아프리카)』(가지않는 길, 2000)와 〈카메룬의 정당발전에 관한 고찰〉, 〈아프리카 민주혁명〉, 〈한국의 대 아프리카 외교정책〉 등의 논문이 있다. 현재, 존 일리페의 『아프리카의 역사』(가지않는 길)를 번역중이며 11월에 출간될 예정이다.

◇ 국명 : The Republic of Senegal(세네갈 공화국)

◇ 수도 : 다카르

◇ 면적 : 196,200km^2

◇ 민족 : 총인구의 약 99%는 아프리카계 흑인으로서, 울로프족이 36%, 플라니족 17%, 셀레르족 17%,
뛰꿀뢰르족 9%, 디올라족 9%, 만딩고족 9%, 나머지 1%를 유럽인과 레바논인이 차지한다.

◇ 인구 : 약 840만 명

◇ 기후 : 세네갈의 기후는 우기(6월~10월)와 건기(11월~5월)로 나뉘어진다. 우기는 사하라사막을 향해 무더운 기운이
있는 계절풍이 불고, 세네갈 전국토에 비를 내린다. 건기에는 카나리아 한류로 찬 무역풍이 서북에서
불어오고, 반대로 해안부는 최고 기온이 30℃를 넘고, 최저 기온은 15℃ 가까이까지 내려가기 쉽지만,
내륙에서는 하마탄이라고 불리는 건조한 열풍이 사하라에서 불어오므로 기온은 내려가지 않는다.

우리에게 낯설기만 한 아프리카

"20세기를 개괄하기 위해서는 아프리카에 대해서 말하지 않을 수 없다. 특히 셍고르 대통령은 우리가 주의를 기울여야 할 몇몇 사람 중에 한 사람이다. 그는 세네갈 공화국의 건국자이며 전대통령일 뿐만 아니라 그는 20세기를 마감하는 대단히 지적이고 위대한 정치적 상징이다. 그는 아프리카와 세계역사와의 관계를 새롭게 정립하였으며 아프리카와 인간 가족세계와의 관계를 분명히 밝혀주었다."

이 글은 1900년 셍고르가 90세 된 것을 축하하는 불어권 사무총장인 장 루이스 로이(Jean-Louis Roy)가 쓴 글을 인용한 것이다[1].

아프리카에는 그들의 역사를 빛낸 많은 인물들이 있다. 그럼에도 불구하고 몇몇을 제외하고는 많은 사람들이 우리들에게 잘 알려지지 않고 있는 것은 아마도 아프리카에 대한 우리들의 무관심과 지정학적인 거리감 때문인지도 모른다.

우리가 알고 있는 아프리카의 대표적인 정치인은 1995년 7월 우리 나라를 방문한 남아프리카 흑인 대통령 넬슨 만델라로 기억할 것이다. 넬슨 만델라가 백인과의 투쟁을 통해 아프리카의 인권을 쟁취한 현대 아프리카의 대표적인 인물이라면, 셍고르는 식민지배를 겪은 다른 아프리카 지도자들처럼 식민지배로부터 혹은 신식민지배로부터 아프리카인들이 가야할 길을 제시하여 오늘날의 아프리카가 있게 한 훌륭한 정치적 인도자이며 사상가이다. 이 중에서 셍고르는 유독 아프리카의 문화와 유럽문화 사이에서 아프리카인들이 선택해야 할 방향을 제시하였다는 점에서 셍고르에 대한 조명은 오늘날 세계화로 인한 문명의 충돌(헌팅톤의 표현을 빌리자면)에 직면한 21세기의 아프리카를 새롭게 조명하는 데 중요한 일부분을 차지한다.

---

1) www. francophonie. org/lettre/no95/senghor. htm.

노예 수출의 나라에서 자유민주주의 세네갈까지

　매년 1월이면 광활한 사막으로 덮여진 대자연에 인간이 무모한 도전이라도 하듯이 세계 각국에서 300여 대의 자동차, 오토바이, 트럭들이 빨간 먼지를 일으키며 세네갈의 수도 다카르(Dakar)로 속속들이 몰려들어 온다. 88올림픽이 열린 곳이 서울인 것은 알아도 그 곳이 한국이라는 것을 잘 모르는 서구인이나 아프리카 인들처럼, 세네갈은 잘 몰라도 다카르는 우리에게 그렇게 낯선 곳은 아닌 것 같다.

　총면적 196.200km²의 남한의 2배, 인구는 850만('96), GNP('97) 1.850$, 아프리카 서쪽 끝에 위치한 세네갈은 대서양과 남아메리카로 연결되는 서아프리카 지역의 주요한 교통 중심지이다. 이러한 지정학적인 유리한 조건으로 세네갈은 서구인들에 의해 무참히 유린된 불우한 역사를 가진 나라가 되고 말았다. 노예무역이 극성을 부리던 16세기에는 길이 900m, 폭 300m밖에 안 되는 작은 고레(Goré) 섬에서 수많은(전체적으로는 연간 1천5백만 명) 아프리카인들이 서구인들과 아프리카 노예무역 상인들에 의해 팔려갔다. 지금도 고레 섬에 가면 당시의 노예들을 가두었던 건물과 노예에게 사용하였던 족쇄들이 그대로 보존되어 있어 그 당시의 참혹함을 그대로 보여주고 있다. 1998년 4월, 미국대통령으로는 20년 만에 아프리카를 방문한 클린턴이 역사상 처음으로 "미국이 노예제도로부터 이익을 얻은 것은 잘못이었다"며 노예무역에 대한 유감을 표시한 곳도 바로 이 곳이다.[2]

　이러한 지정학적인 조건으로 세네갈은 아프리카 대륙 중에서 비교적 유럽문화의 영향을 가장 빨리 그리고 많이 받은 곳이며 세네갈의 도시 다카르는 '아프리카의 파리'라고 불리울 정도로 유럽식의 건물과 시설이 눈에 띄게 많은 곳이기도 하다.

　17~18세기 프랑스 교역의 중심지인 세네갈의 공동체 마을인 고레, 생 루

---

2)『조선일보』, 2000년 3월 21일, 7면.

이스, 다카르의 원주민들은 프랑스인과 동등한 자격을 가질 수 있도록한 프랑스의 동화정책(Politique assimilatrice)으로 아프리카인들 중 최초로 프랑스인과 동등한 자격으로 파리 의회에 파견될 수 있었다. 이러한 동화정책은 세네갈인들에게는 프랑스 혹은 서구문명을 가깝게 접할 수 있는 기회를 제공하였지만 백인과 흑인간의 차별이 없어진 것을 의미하지는 않았다. 단지 이들 중에 몇몇만 프랑스인으로 귀화할 수 있었을 뿐이다.[3] 하지만 2차 대전 이후 프랑스연합제도, 한계법(loi-cadre), 프랑스-아프리카 공동체(France-Afrique communauté) 등 일련의 개혁이 실시되었다. 그러나 이러한 것들이 아프리카인들을 프랑스에 영원히 종속시킬 수는 없었다. 마침내 세네갈은 프랑스-아프리카 공동체로부터 탈퇴하면서 다른 16개국과 함께 그들의 독립된 정치체제와 행정기구를 갖춘 세네갈 민주공화국으로 1960년 8월 20일 탄생한다.

하지만 아프리카의 모든 국가들처럼 독립과 더불어 이들에게 주어진 중요한 문제는 식민지배로부터 물려받은 서구의 정치체제와 자신들의 현실적인 문제를 어떻게 풀어나가느냐 하는 것이었다.

세네갈은 다른 이웃 국가와는 달리 종족의 문제가 크게 대두되지는 않았지만 다양한 종족으로 구성되어 있다는 점에서 항상 종족 갈등의 불씨를 갖고 있었다. 특히 주변 국가들의 종족간의 갈등으로 인한 정치, 사회적인 혼란은 이웃 국가에게도 지대한 영향을 미친다. 결국 세네갈 정부는 정치적 안정, 국민 통합, 경제 건설의 다급한 목적을 단시일 내에 효과적으로 달성하기 위해 중앙집권 체제적인 개혁이 필요했다.

마침 1962년 겨울, 수상인 아마두 디아(Mamadou Dia)가 군을 이용한 왕정쿠데타를 시도하자 이를 계기로 강력한 대통령 중심제를 중심으로 한 단일 정당제도를 채택하여 독재정치를 실시한다. 하지만 세네갈은 다른 아프리카

---

3) 제2차 대전 이전까지 동화정책으로 프랑스 국적을 취득한 원주민은 900명밖에 되지 않는다. 실제로 휴머니즘과 문명화를 구실로 만든 동화정책은 식민지 관리 재정의 부담으로 거의 실시되지 않았다. 단지 개인이 원하면 개별적으로 프랑스인으로 귀화할 수 있었지 정책적으로 모든 원주민에게 일부러 장려되거나 강요되지는 않았다.

국가들과는 달리 오래전부터 서구 민주주의적 정치를 경험하였기 때문에 정부가 모든 정치·사회 세력을 완전하게 통제하기란 용이하지 않았다. 1990년대 말까지 수상제도의 부활과 폐지, 제한된 다당제도의 채택, 야당 지도자의 감금 등이 반복되는 정치적 불안정이 계속되었다. 이에 정치적인 타협과 협력을 위해 권위주의 정권은 일련의 자유화 조치를 실시하지만, 이것이 야당이나 사회 세력의 정치적 자유의 완전한 보장을 의미하는 것은 아니었다.

결국 셍고르는 1968, 1978년 선거에서 99%라는 지지를 통해서 20년 간 장기 집권을 할 수 있었다. 1980년 셍고르의 퇴임으로 디우푸(Diouf)가 정권을 위임받았지만 세네갈 정치에는 변한 것이 거의 없었다. 지도자의 이름만 바뀌었을 뿐 사회당이 여전히 장기 집권하였다. 특히 권위주의적인 디우프는 수상제도를 폐지하는 강력한 대통령중심체제를 통해 통치권을 확보하였다.

반면 야당 세력은 사분 오열되어 정권교체를 하는데 20여 년을 기다려야 했고 겨우 1995년 3월 제1야당인 민주당은 집권 사회당과 연립정권을 발족하였지만 오래가지 못하였다. 결국 올해 25년 간 다섯 차례나 정권에 도전한 민주당 지도자인 와드(Wade)가 대통령에 당선됨으로써 40년 만에 정권이 교체되고 신정부는 새로운 세네갈 건설 계획을 제시해놓고 있다. 하지만 아프리카의 사회구조적 특징으로 이번에 구성된 다당연립내각이 국민의 기대에 얼마만큼 부응할 것인지는 좀더 지켜보아야 할 것이다.

특히 세네갈 국민은 과거에 대한 애착보다는 미래를 위한 '변화(Sopi)'를 선택하였다는 점에서 민주정부에 많은 부담을 주고 있다. 뿐만 아니라 세계화로 인한 아프리카 전통문화(종족문제)와 서구문화(민주주의)의 갈등을 권위주의적인 방법이 아닌 민주주의적인 방법으로 해결해 나가야하는 중대한 문제가 와드 정권에 달려 있다.

19세기에 세네갈뿐만 아니라 아프리카 국가들이 유럽문명의 침입으로 혼란을 경험한 것처럼 이러한 오랜 기간 동안 아프리카인들의 주요 과제였던 문화적인 갈등의 해결은 21세기 아프리카의 새시대를 열어 가는 데 있어서 해결해야 할 중요한 문제로 남아 있다는 점에서 셍고르에 대한 관심은 결코 헛된 것이 아니다.

사제의 꿈에서 문학가로 변신한 셍고르

1906년 10월 9일 레오폴 세다르 셍고르(Léoplod Sédar Senghor)는 세네갈의 수도에서 남쪽으로 100km 떨어진 조알(Joal)이라는 조그만 마을에서 다섯째로 태어났다. 그가 태어난 해에 프랑스인들은 서아프리카의 대부분을 점령하고 있었고, 식민영토 관리의 비용과 인력을 충당하기 위하여 행정보조, 혹은 중개자로서 토착민을 이용해야만 했다.

당시 세다르의[4] 아버지는 이러한 시대적 요구에 잘 적응한 무리 중에 한 사람으로서 백인농장의 감독 일을 하며 생계를 꾸려나갔다. 특히 그는 이러한 부분에 있어서 우두머리가 되길 원했고 그의 노력으로 유능한 상술가로 성공할 수 있었으며 집안을 부유하게 일으켰다. 뿐만 아니라 그는 많은 유럽인들과의 친분관계를 유지하였고 서구문화의 근본인 기독교로 개종하였다. 그는 그의 아이들 모두에게 기독교 세례를 받게 하였으며, 이때 세다르는 레오폴이라는 세례명을 받았다. 유독 세다르를 사랑한 그는 세다르가 태어날 때 거대한 새가 하늘로부터 내려오는 꿈을 꾸었다면서 세다르가 아프리카에서 훌륭한 인물이 될 것이라고 믿었다.

세다르는 부모의 사랑으로 아무 문제없이 신식교육을 받을 수 있었다. 당시의 상황을 고려해 본다면 8살이 되던 해에 선교학교에 입학할 수 있었다는 것은 그리 흔한 것은 아니다. 그러나 그의 부모는 자식들이 그들의 전통을 완전히 무시하고 기독교화 되는 것을 원치는 않았다. 예를 들어 기독교인인 세다르 아버지는 그의 가족들에게 집안 번영의 상징인 뱀을 죽이거나 해롭게 하지 못하도록 가르쳤다.

---

4) 셍고르 집안과 고향에서는 그를 세다르라고 불렀다.

1923년 서구문화의 우월성과 아프리카문화의 가치에 대한 고민을 하게 한 다카르에 있는 리베르만 학교(오른쪽 맨 끝이 생고르).

이처럼 세다르는 비교적 넉넉한 가정에서 전통문화와 서구문화를 함께 공유하며 자라났다. 특히 선교학교에서는 불어와 토착어인 울로프(Wolof) 언어로 학생들을 가르쳤기 때문에 셍고르는 어려서부터 문화적인 이질성이나 단절을 크게 느끼지 못했다. 물론 세다르의 아버지가 그를 기독교학교에 보낸 목적은 자신의 상업을 이어 받게 하려는 데 있었다.

여하튼 세다르는 8살 되던 1914년 조알에서 북으로 약 9km떨어진 운가지빌(Ngazibil)이라는 선교학교에 입학하여 가톨릭 교리에 입문하게 된다. 하지만 아버지 뜻과는 달리 어린 세다르는 사제가 되는 꿈을 꾸며 우수한 성적으로 학교를 졸업한다. 무사히 초등학교를 마친 세다르는 부모의 권유로 다카르의 리베르맨(Liberman) 신학교에서 학업을 계속한다. 하지만 왕정주의자인 라루즈(Lalouse) 신부의 인종우월주의와 아프리카 문화의 존재에 대한 부정으로 심한 갈등 속에서 겨우 4년간의 학교생활을 마친다. 셍고르 자신의 존재와 부모가 항상 강조했던 아프리카 문화에 대한 갈등으로 고향에 돌아온 그는 교회도 가지 않고 심지어 외출도 하지 않고 방황한다.

2년의 세월을 그냥 보낸 셍고르는 아프리카 휴머니즘의 가치와 함께 서구사상을 깊이 있게 공부하기 위하여, 사제가 아닌 미래의 문학가로서의 꿈을 실현시키기 위하여, 그의 나이 22세가 되던 해인 1928년 파리로 유학을 떠난다. 프랑스에서 일류학교로 꼽히는 파리 루이 르 그랑(Louis-le Grand) 고등학교에 입학하여, 1969년 프랑스의 대통령이 된 뽕피두와 함께 졸업한다. 특히 그는 프랑스인들도 입학하기가 어렵다는 고등사범학교(Ecole Normal Supérieur)에 합격하여 본격적인 문학도의 길을 걷게된다.

졸업 후 그는 아프리카인으로서는 최초로 프랑스 교수자격증을 획득하여 제2차 세계대전이 일어나기까지 프랑스 중부 도시 뚜루에 있는 데카르트 고등학교에서 문학과 문법을 가르치며 순탄한 외국생활을 한다. 특히 아프리카 인류학을 열성적으로 가르칠 정도로 흑인-아프리카 문화에 대해서 집착을 한다. 따라서 그는 1936년경 SFIO의 열성당원으로 가입한 것을 제외하고는 정치적인 것에 커다란 관심을 가지지는 않았다. 전쟁에 참여하기까지 셍고르의 프랑스 생활 중 주목할 만한 것은 없다. SFIO의 가입을 제외하고는 평범한 그러나 그는 흑인-아프리카 문화에 대해 무언가를 찾으려는 그런 문학가였다.

하지만 제2차 대전의 발발은 셍고르의 문학세계에 일대 변화를 가져다 주었다. 제2차 대전이 발발하자 프랑스인 자격으로 군복무를 해야했던 셍고르는 전투 중 부상을 입고 독일군의 포로가 된다. 하지만 포로수용소에서 오히려 셍고르는 파스칼의 『명상록』 플라톤의 『대화』 괴테의 『파우스트』 등 고전문학을 정독하면서 문학적인 기초를 더해간다. 특히 유럽인들의 문제와 아프리카인들의 희생을 노래한 『검은제물』이라는 시는 군복무 기간에 쓰여진 것이다(맨 뒷장의 목록 참조).

그의 문학세계에서는 그가 어렸을 때 악몽 같았던 루이즈 신부의 인종차별에 대항하듯이 아프리카 전통에 대한 향수와 아프리카 문화의 가치 등 서구문명과 아프리카 문명을 소제로 한 작품들이 종종 보인다. 특히 정계 은퇴 3년 후인 1983년 6월 2일 정치가로서가 아니라 문학도로서 셍고르가 아프리카인 으로서는 최초로 프랑스 학술원 회원이 될 수 있었던 것은 그의 끈질긴 문학 에 대한 열정 때문이었는지도 모른다. 이러한 셍고르를 통해 많은 프랑스인들 은 그들의 문명화정책에 대한 승리감에 도취해 있기도 하였다.

셍고르는 정치가로서보다는 오히려 문학가로서 성공하였고 문학세계에 있 어서 그는 프랑스의 동화정책에 아주 잘 적응한 아프리카인 중의 한 사람이 다. 하지만 이러한 문학가로서의 성공이 있기까지 그를 지탱해 주고 힘을 실 어 주었던 정치적 영향을 무시할 수는 없다.

문학가에서 정치가로의 셍고르

셍고르의 문학세계는 대학에 들어가면서부터 정치적인 성향으로 조금씩 변 하기 시작하였다. 특히 셍고르는 그가 중학시절에 경험한 백인문명의 우월성 에 대하여 반감을 갖고 있었기 때문에 대학에서 여러 국가에서 온 학생들과 가깝게 지냈다.

특히 그의 거주지인 카블라디 8번지는 늘 소르본느 아프리카 학생들의 집합 장소로 사용되었다. 여기서 그는 연장자로서 젊은 학생들에게 용기를 불어넣 어 주고 아프리카 문화의 가치에 대해서 강조하기도 하였다. 이러한 활달한 성격 때문에 그는 프랑스 친구뿐만 아니라 많은 다른 민족의 학생들과 쉽게 사귈 수 있었다. 아프리카 문화에 대한 열정과 토론하기 좋아하는 그의 성격 으로 그는 1934년 세재르(Césaire), 다마스(Damas)와 함께 흑인의 의식을 새롭게 불러일으킨 『검은 학생(Etudiant noir)』을 창간한다.

이때부터 셍고르의 문화적 열정은 점차적으로 사회적 문제로 연계되기 시작 한다. 이때 만난 세제르와의 교류는 셍고르의 네그리튀드에 많은 영향을 미쳤 다. 특히 1939년 발표한 『흑인이 가져다 주는 것』(Ce que l' homme noire

apport)은 순수문학적 작품이라기보다는 정치적인 색채가 더 강하게 풍기는
작품이다. 하지만 셍고르가 정치에 매료된 것은 세네갈, 특히 흑인으로서 프
랑스 제헌의회 의원이 된 블래즈 디아뉴(Blaise Diagne)의 영향이 더 크다. 두
개의 다른 문화적 이질성 속에서 아프리카 문화의 가치에 대해 고심을 하고
있던 셍고르는 흑인이 백인과 동등하게 프랑스 국회의원이 되었다는 점에서
그를 존경하곤 하였다. 특히 그의 부모와 친분이 있던 디아뉴는 유학시절 종
종 그의 집을 방문하는 기회가 많아지면서 셍고르에게 정치적 영향을 주었다.

그 후 전쟁 참여는 셍고르의 문학활동에 공백기를 가져다 주었지만 전후 정
치환경의 변화, 특히 식민정책의 변화는 그를 정치세계로 눈을 돌리게 하는
데 충분했다. 전후 식민정책의 개혁은 셍고르와 같은 지식인이나 프랑스로 귀
화한 원주민에게는 귀화하지 않은 사람보다 정치적인 혜택(피선거권, 행정관리
채용 등)을 많이 주었다.

셍고르는 1944년에 개최된 브라자빌회의의 준비위원회(Monnervill
Commission)에 파리에 거주하는 아프리카인 대표로 참석하면서 그의 첫 번째
공식적인 정치활동을 시작하였다. 이를 시작으로 전후 프랑스와 아프리카 간
의 새로운 지배관계의 개선을 위한 여러 차례의 토론과 심의과정을 통해
1946년 10월 식민지령의 법적 지위를 격상시킨 제4공화국 헌법이 제정되었
다. 이 헌법에 의하면 프랑스는 해외영토의 국민들과 함께 종교와 인종의 구
분 없이 프랑스인과 같은 권리와 의무를 가지는 연합으로 형성된다고 하였다.
즉 프랑스는 프랑스 공화국과 프랑스 해외영토로 구성되는 것이다. 따라서 구
조상 프랑스 공화국과 해외영토를 대표하는 프랑스 연합의회(Parlement de l'
Union Francaise)가 최고 심의기관이다. 하지만 간접선거를 통해 프랑스 대표
50, 아프리카 대표 50으로 구성된 연합의회는 입법권한이 없는 심의기관이
다. 이처럼 정치적 의미는 별로 없지만 최초로 백인과 흑인이 동등하게 아프
리카 문제를 논의할 수 있었다는 점에서는 획기적인 변화라고 하겠다.

그러나 아프리카인들이 새 헌법에 의하여 정치권한을 행사할 수 있는 실질

적인 기관은 직접 보통선거로 선출된 의원으로 구성된 프랑스 하원이다. 프랑스 의회는 프랑스 연합의회와는 달리 입법심의 기관으로서 아프리카에 대한 정책이 실질적으로 결정되는 곳이다. 프랑스 정부는 그들의 각 식민지령에서 2명의 대표를 직접선거를 통해 선출하여 파견하도록 규정하였다. 하지만 선거제도는 이중선거인단으로 구성되어 있다. 첫째, 선거인단의 피선거권자의 자격은 원래 프랑스 혹은 유럽 국적을 지녔거나 귀화한 자로 한정한다면, 둘째, 선거인단은 토착민으로 제한하고 있다. 그러나 토착민이라도 11가지 조건 중 어느 한 가지에라도 해당되지 않으면 입후보하거나 후보에 투표를 할 수 없게 하였다.

- 개화된 지방토후
- 행정위원회나 지역의회의 현·구 의원
- 무역공사 현·구 회원
- 농업협동회 현·구 회원
- 농업개발협회의 현·구 회원
- 국가무공훈장을 받은 자
- 사기업 혹은 준공기업의 주주
- 동산 소유자
- 성직자
- 현역과 예비역
- 사냥 허가증 혹은 운전면허 소지자

이처럼 토착민이 그의 국적을 변경하거나 프랑스 문화에 동화되지 않고는 정치인 혹은 지식인 혹은 일반 국민으로서 정치적 활동을 하는 데 많은 지장을 받게 되어 있다. 따라서 교수자격증시험에 응시하기 위하여 프랑스 인으로 귀화한[5] 셍고르에게는 정치로 입문할 수 있는 기회였다.

---

5) 1935년까지 셍고르는 귀화하지 않고 세네갈 국적을 그대로 보유하고 있었다. 그러나 프랑스인들에게만 주어지는 교원자격시험에 응시하기 위해서는 귀화하지 않을 수 없었다. 귀화 이후 바로

첫 번째 선거인단에 입후보한 게이(Lamine Guéye)의 권고로 생고르는 거의 마무리 단계에 있는 문학박사 학위 논문을 포기하고 입후보하여 1946년 10월 21일 세네갈인으로서는 두 번째로 프랑스 제헌의회 의원으로 선출된다. 하지만 생고르는 처음부터 게이의 제의에 선뜻 응하지는 않았다. 그것은 게이와의 정치적 대립이나 이견이 있어서가 아니라 순수한 개인적 입장 때문이었다.

첫째는 사사로운 것으로 뽕삐두를 비롯한 파리의 많은 친구들과의 단절에 대한 두려움이었고, 둘째는 정치적인 사명의식이 없었기 때문이었다. 즉 그는 그가 가지고 있는 지성과 문학으로 얼마만큼 세네갈 국민을 위해 봉사할 수 있을 것인지 자신에 대한 의문이 있었던 것이다. 특히 일부 급진세력에서는 생고르가 너무 오랜 기간 동안 파리에 체류하였으므로 지역적 상황 등을 잘 모르기 때문에 세네갈 대표로서는 부적절하다고 반대했다. 마지막으로 브라자빌회의 준비위원회에서처럼 또다시 프랑스의 꼭두각시 노릇을 하는 것이 아닌가 하는 의구심이었다.

따라서 1945년에서 1948년 사이에는 정치와 문학 사이에서 방황하며 생고르가 국가에 대해 명확하게 정의 내린 것은 없다. 하지만 그의 정치적 성향은 그가 항상 고민해 오던 아프리카 문화의 가치적 현실화에 쏠려 있었다. 사르트르와 루쎄(Jean Paul Sartre, David Rousset)에 의해 창당된 작은 지식인 그룹인 민주혁명연합의 가입과 SFIO(국제노동자연맹 프랑스 지부)의 입당도 이러한 생고르의 기본 입장과 크게 다르지는 않았다. 특히 SFIO가 지나치게 식민정책에 대해 호의적이자 생고르는 SFIO에서 탈퇴하여 세네갈 민주전선(Bloc démocratiqu sénégalais)을 창당하였는데 그 목적도 유럽 서구문명 속에서 아프리카의 문화적 가치를 독자적으로 찾기 위해서였다.

여기서 생고르는 흑인-아프리카 문화의 가치와 서구사상을 접목시킬 수 있는 '아프리카 사회주의'를 선언한다. 그러나 생고르가 문학가이기보다는 정치

교원자격시험에 합격한 것이 결코 우연은 아니다.

가로 변화한 것은 프랑스 관료(정무차관)에 임명되면서 확연하게 드러났다.

1960년 8월 문학가이자 정치가인 셍고르는 세네갈의 초대 대통령으로 선출된다. 그는 한편으로는 정치가로서의 카리스마와 다른 한편으로는 문학가로서의 부드러움으로 20년 간 세네갈을 비교적 안정적으로 통치하는 데 성공하였다. 하지만 그는 1980년 12월 31일 대통령직을 사임했는데, 자신이 무엇을 해야 할 것인지에 대해서 이미 오래전부터 생각하고 있었던 것 같다.

당시의 아프리카 정치적 상황은 단일정당 체제가 본래의 목적 달성에 이르지 못하자 사회·정치적 불만이 점차 가중되었다. 이에 권위주의 정부는 정권의 안정과 보장을 위해서 정부에 대항하는 사회 세력과 야당 세력을 강압과 폭력으로 탄압하면서 권력을 강화하였지만 여기에 불만을 품은 군부가 정권을 장악하는 사례가 여러 국가에서 일어났다. 아프리카에서 한 국가의 정치적 변화는 곧바로 이웃 국가에 영향을 미치기 때문에 주변 국가의 정치적 변화에 항상 민감할 수밖에 없었다. 21세기에 들어서 처음으로 아프리카 정상, 말리 대통령이 한국을 방문하기로 되어 있었으나 이웃 국가 시에라리온에서 반군이 유엔군을 억류하는 비상사태가 발생하자 방문이 취소된 것도 이러한 연유에서 기인한다.

이와 같이 여러 가지 상황을 고려해 볼 때 셍고르의 퇴임은 아주 예외적인 것이었다. 그의 퇴임을 두고 곱게 보는 아프리카 지도자들(주로 장기 집권하고 있는)이 별로 없었던 것도 당시 상황과의 관계를 잘 입증해 준다. 물론 정권의 교체를 통해서 통치 엘리트와 피통치 엘리트의 순환이 이루어지고 일반대중과 정치적 리더와의 순환이 자연스럽게 이뤄져 공평한 가치의 배분이 일어난다는 점에서 정권 교체는 민주사회에서는 필요불가분한 것이다. 물론 1967년 암살 미수 사건, 1968년 학생데모, 1971년 두 번째 암살 위기모면, 1972년 학생시위 등 크고 작은 정치적인 사건들이 있었지만 다른 아프리카 국가에 비해서는 그렇게 심각한 것은 아니었다. 따라서 셍고르가 망령 들었다고 하는 혹평도 이해가 된다. 버트랜드 럿셀 경은 끊임없는 인간의 욕망에는 권력과 영광이 있다고 했는데 셍고르는 독재자의 비참한 말로를 가져다주는 권력욕보다는 영광욕을 택했는지도 모른다.

되돌아온 문학가, 셍고르

1980년 셍고르는 아프리카 지도자로서는 처음으로 정권을 자진해서 이양하고 정치에서 물러났다. 2년 후인 6월 2일 프랑스 학술원 회원이 된 것도 이와 결코 무관하지는 않는 것 같다. 정치에서 물러난 셍고르는 이후 다카르와 그의 부인 꼴레트(Colette Senghor)의 본가가 있는 프랑스 북쪽에 위치한 노르망디의 베르송(Verson)에 교대로 머물면서 문학활동에 전념하였다. 정치에서 물러난 이후 셍고르는 매년 5월과 11월경 두 차례 모국을 방문하지만 어떠한 정치적인 연설이나 모임에도 참여하지 않는다. 그의 방문 목적은 자신의 이름을 딴 셍고르 재단의 설립이었다.

그러나 90년 초부터 셍고르는 아프리카의 다카르보다는 프랑스 북부지역에 있는 베르송에 머물러 있는 시간이 많아졌다. 특히 셍고르와 꼴레트 사이에서 태어난 아들이 오토바이 교통사고로 죽고 자신 또한 큰 수술을 받은 후 아예 베르송에 정착하였다. 프랑스인으로서 프랑스에 사는 것은 당연하지만 그는 무엇보다도 세네갈 사람인 세네갈의 전 대통령이었다는 점에서 많은 사람들이 이를 이해하지 못하는 것은 당연했다. 커다란 부르조아식 저택을 둘러싸고 있는 담쟁이담 너머에는 계절과는 무관하게 많은 종류의 꽃들이 만발하게 피어 있는 정원이 보인다. 그가 베르송으로 온 이후 아침 일찍 나와 산책하고 사색하며 많은 시간을 보내는 장소이다. 현재 94세의 노령인 그는 거의 외출을 하지 않고 서재와 정원을 거닐며 문학가로서의 조용한 여생을 보내고 있다.

가끔 그는 모국의 정치인들의 방문이나 전화를 받기도 하지만 조국뿐만 아니라 아프리카 문제와 관련된 정치적 문제에 대해서 거의 관여하지 않는다. 정치적 언급이 필요하다고 인정될 때는 부정적으로도 긍정적으로도 단언하지

1983년 6월 2일 에드가 포르로부터 프랑스 학술원 회원이 된 것을 축하받는 모습.

않을 만큼 중립적이거나 방관하는 태도를 취한다. 최근, 18년의 정치적 투쟁 끝에 대통령에 당선된 와드(Wade)가 1988년 대통령 선거에서 디우프의 부정 선거에 대한 항의로 정부에 의해서 구금되었을 때, 와드는 그와 정적이었던 셍고르에게 국제적 여론의 호소와 중재로 해결해 줄 것을 요청했지만 셍고르 는 정치에 관여하지 않는다는 이유로 그의 요청을 단호히 거절하였다. 그것은 셍고르가 대통령이었을 당시 와드와 정적이었기 때문이기보다는 그가 이미 조 국에서 일어나는 정치에는 거의 무관심했기 때문이다.

철저하리만큼 정치 문제에 무관심한 셍고르가 일부 모국인들로부터 비난을

받는 것은 사실이지만 한편 일부 세네갈인들은 셍고르가 아프리카를 세계에
알리는 데 공헌하였다는 점에서 어느 정도 이해하고 있는 것 같다. 그도 그러
한 것이 백인들의 착취와 차별을 받아 온 아프리카인들에게는 셍고르가 유럽
의 지성인의 대표 중 한 사람으로서 프랑스 학술원 회원으로 선출된 것이 식
민지배의 아픈 과거에 대한 보상일 수도 있기 때문이다. 이디 아민[6]은 얼마나
많은 백인관료들에게 모욕을 주었는가?

하지만 한 국가의 대통령을 역임한 사람이 퇴임 후 타국에서 많은 시간을
보내고 있는 것을 어떻게 이해할 것인가? 특히 그는 군 쿠데타나 시민봉기로
인해 강제로 권좌에서 물러나 망명생활을 하는 것도 아니라는 점에서 더욱 그
렇다. 1996년 10월 유네스코 주체로 열린 네그리튀드에 대한 국제학술회의를
셍고르의 90회 생일에 맞추어 치렀다는 점에서 셍고르는 정치가보다는 문학
가로서 세계적으로 인정받고 있는 것으로 이해할 수 있을 것이다.[7] 이제 그는
프랑스에서도 아주 화려한 도서관 중 하나로 꼽힐만큼 잘 꾸며진 그의 조그맣
고 평화스러운 문학왕국에서 오늘도 흑인-아프리카 문화와 세계문명과의 융
화를 위해 열정을 쏟으며 조용히 보내고 있다. 이런 대통령이 전 대통령(특히
후진국에서) 중에서 과연 몇이나 될까?

네그리튀드, 서구문명과의 타협인가? 융화인가?

셍고르하면 네그리튀드, 네그리튀드 하면 셍고르를 연상할 만큼 네그리튀드
는 셍고르 자신과 그의 사상을 이해하는 데 없어서는 안 될 중요한 부분이다.
네그리튀드란 무엇을 의미하는가? 한마디로 아프리카의 문화적 유산이며 가치
라고 정의한다. 즉 지식과 영혼, 정신과 물질의 긴밀한 유대이고, 소망을 가

---

6) 편집자 주: 이디 아민에 대해서는 『시사인물사전 7』(인물과사상사, 2000)을 참고 하십시오.

7) Jean-Domonique Geslin, 『Senghor tel qu'en lui-meme』, Jeune Afrique n°, 1937, du
24 Février au amrs 1998, p. 39.

지고 살아가는 방법에 필요한 가치이다. 네그리튀드는 투쟁을 필요로 하는 정치적인 철학이나 행동 방침이라기보다는 아프리카인들이 서구문명의 침입에 대하여 지켜가야 할 하나의 문화적 과제라고 하겠다.

그러나 좀더 셍고르의 네그리튀드를 이해하기 위해서는 그의 가족관계와 어린 시절을 살펴보아야 할 것이다. 앞에서 이미 언급했듯이 선교학교에서 두 가지 언어를 동시에 사용한 어린 셍고르에게 두 문명(아프리카와 서구 문명)의 이질적인 차이점이 그렇게 심각하게 받아들여지지는 않은 것 같다. 뿐만 아니라 셍고르에게는 아프리카 올로프 종족인 아버지의 피와 터키인인 어머니의 피가 흐르고 있었으며, 그는 아버지의 가톨릭과 어머니의 이슬람 종교가 동시에 존재하는 가정에서 커다란 문제없이 성장하였다. 이처럼 셍고르는 어린 시절을 서로 다른, 그러나 공존하는 문명 속에서 성장하였다.

하지만 그의 아버지는 자식들에게 아프리카 전통문화에 대한 우수성과 가치를 항상 주장하였다. 이러한 어린 시절의 환경과 아버지의 영향으로 그는 라루즈 신부와의 갈등의 시기를 제외하고는 백인교육을 거부할 이유가 하나도 없었다. 따라서 그는 무사히 대학교육 과정까지 마칠 수 있었고 흑인으로서 최고의 지성인인 대학교수까지 올라갈 수 있었던 것이다. 오히려 그는 서구와의 진정한 동화 과정 안에서 흑-아프리카의 요소를 가치 있게 만들려고 노력하였다. 즉 동화되는 것이 아니라 동화함으로써 흑인을 미화시키려고 하였다.

그러므로 아프리카 국민의 각성은 그 존재 자체가 아니라 문화라는 것이다. 이것이 바로 셍고르의 네그리튀드 형성에 기본적으로 영향을 미쳤으며 차후 그가 참여한 『검은 학생』이라는 잡지가 가져야할 근본적인 성향이 되기도 하였다. 그는 이 잡지를 1935년 파리에서 다마스, 세자르와 함께 창간하였다. 창간의 목적은 아프리카의 근본으로 돌아가 흑인의 창조적 자유를 성취하는 것으로서 문화적 접근을 통해서 아프리카 문제를 해결하는 데 초점을 맞추었다. 따라서 초기의 네그리튀드 운동은 정치적인 요소보다는 문화적인 요소를 많이 내포하고 있다.

이러한 주장은 그의 문화 개념에서도 잘 나타나고 있다. 그는 문화를 머리 속에 넣어 두어야 할 어떤 인식의 저장품이 아니라 문명화된 것을 자랑하는 자들과의 전쟁이라고 한다.[8] 그러므로 문화는 생각하고 행동하는 것을 목적으로 하고 있기 때문에 인간과 환경 사이에서 정신적 지적인 균형을 이루면서 인간 자신이 처해 있는 환경에 대한 인간의 반작용이라는 것이다.[9]

이처럼 셍고르는 문화를 정치보다 더 중요한 요소로 간주하며 정치의 알파와 오메가로 간주한다. 특히 그는 아프리카 개성의 중시를 통해 정치·사회적 諸가치를 실현하는 것은 정치가 아닌 문화라고 주장한다.

이와 같은 네그리튀드는 아프리카 조상들의 가치의 비자발적이고 반강제적인 포기를 통해 아프리카인들을 통합하려는 프랑스의 동화정책에서 그 동기를 찾을 수 있다. 동화정책은 아프리카의 문화적 가치를 희생시켜 유럽식 사고방식과 가치를 주입시키는 것이다. 이러한 점에 있어서는 셍고르도 탈식민 정치인 동화정책에 대해 비판적이지만 동화를 통해서 아프리카인들에게 보다 가치 있는 무언가를 찾을 수 있다는 것이 그의 기본적인 입장이다. 따라서 그의 네그리튀드는 이념적 투쟁이라기보다는 서로 다른 문화간의 융합을-서구 문화와 아프리카 문화, 이슬람 문화와 아프리카 전통문화, 아프리카의 다양한 문화-통한 새로운 가치를 창조하는 문화적 절충주의(syncrétisme)의 사고라고 하겠다.

셍고르는 네그리튀드를 발전시키기 위해 기본적으로 수행해야 할 세 가지를 제시하는데 첫째는 전통문명을 조사하는 것이며, 둘째는 아프리카 전통문명과 프랑스 문명 사이에서 식민지배를 불러일으킨 원인을 조사하는 것이며, 셋째 아프리카인의 잠재력과 함께 아프리카의 경제적 자원을 조사하는 것이다. 즉 아프리카 문화의 근본적인 인식을 발견하고 정립시켜 다른 문화와의 문화적 교배(Métissage culturel)로 문화, 기술의 교환을 통해 아프리카문화의 가치

---

8) Léopaled Sébar Senghor, 『Libberé 1』, Seoul, Paris, 1964, p.149.
9) Léopaled Sébar Senghor, 위의 책, p.11~12.

를 재창조하는 것이다.

캐나다인들은 자신들의 언어를 말하고 사용하면서도 자연스럽게 프랑스와 문화적 유대관계를 아직도 갖고 있다. 아마도 선진국 중에서 문화적인 이유로 분리·독립(퀘백)의 문제가 제기된 나라는 캐나다밖에 없었을 것이다. 이는 다른 문화로부터의 영향력을 배제 혹은 희석시키면서 자신들의 문화를 보존, 육성시켜 왔기 때문이다.

집권 기간 중 네그리튀드에 대한 그의 집념은 "네그리튀드의 예증과 방어", "새로운 휴머니즘"이라는 슬로건과 함께 1966년 제3회 흑인예술 페스티발을 세네갈의 수도 다카르에 유치한 것만으로도 증명된다. 37개국에서 수백 명의 예술가들이 참여하였고 100여 개의 영화가 상영되었다. 이는 셍고르가 구상하려 했던 문화적 공동체의 첫 실험이었다. 하지만 셍고르 자신도 염려했듯이 아프리카의 문화적 가치가 얼마만큼 서구유럽의 문화적 우월을 극복할 수 있느냐는 것은 여전히 숙제로 남아 있다.

1972년 봄에 일어난 대규모 학생시위는 문화적 교배에 대한 모순이 단적으로 드러난 사건이다. 학교에서 프랑스 교과서 사용, 프랑스 기업의 생산 및 판매권의 독점문제, 프랑스 기술자와 아프리카 기술자 간의 극심한 임금 차이 해결, 프랑스 관료들의 세네갈 고위관직 사퇴 요구 등은-예를 들어서 내무부 장관인 쟝고 꼴랭(JeanéColin)은 프랑스인으로서 세네갈인으로 귀화한 백인임-본질적으로 셍고르의 네그리튀드에 대한 부적합성을 고발하는 것이었다.

이러한 점에서 쎄쿠 뚜레(Sékou Touré)를 비롯한 몇몇 아프리카 정치인과 지식인들은 셍고르의 네그리튀드를 신랄하게 비난하였다. 이에 엔쿠루마(Nkrumah) 같은 사람은 아프리카 왕국에서 그 가치를 찾아야 한다며 셍고르와 달리 전통사회에 가치를 둔 우자마(Ujamaa)를 주장한다.

그렇기 때문에 일부 지식인들은 셍고르가 프랑스 문화에 너무 길들여져 있다고 혹평을 한다. 근본적인 원인은 첫째, 네그리튀드가 서구에 의한 문화적 충격에 더 많은 고통을 당하고 있는 아프리카 대륙이 아닌 유럽에서 탄생되었다는 것이다. 둘째는 네그리튀드가 서구문명의 혜택을 받은 백인화된 브루즈와 흑인들에 의해서 주장되었다는 것이다.

노벨문학상 수상자인 올르 소양카(Wole Soyinka)가 '호랑이는 그의 발톱을 드러내지 않는다'면서 네그리튀드를 맹렬하게 비판하였듯이, 셍고르는 차후 자신의 권력을 합리화해주는 정치적 도구로 네그리튀드를 사용하기도 하였다.[10] 즉 셍고르는 세네갈이 이상적 목적인 네그리튀드를 달성하는 국가가 되기를 원한 것이다. 하지만 네그리튀드는 아프리카의 문화적, 사회적 요소와의 밀접한 연관성에도 불구하고 대중적 지지를 받지 못했다. 공무원의 반 이상이 네그리튀드가 무엇을 의미하는지 몰랐다고 한다.[11]

하지만 탈냉전 이후 아프리카 대륙에 불어닥친 민주화와 자유시장경제체제의 도입으로 아프리카 대륙은 제2차 대전 이후 두 번째로 서구문명과의 힘겨운 투쟁을 벌이고 있고, 21세기에도 아프리카는 이러한 문화적 충돌을 피할 수 없다는 점에서, 문화적 가치가 정치보다 우선한다는 네그리튀드의 내용은 다시 한번 음미해 볼 필요성이 있다.

아프리카 사회주의, 제3의 길인가?

셍고르는 처음부터 마르크시즘에 관심을 갖지는 않았다. 네그리튀드 운동의 동료인 세재르와는 달리 사회주의에 대해서는 부정적이었다. 셍고르에 의하면 마르크시즘은 유럽의 상황에서 발생한 것이기 때문에 아프리카의 특수한 문제를 해결할 수 없다는 것이다. 뿐만 아니라 문화주의자인 셍고르에게는 마르크스가 주장하는 무신론, 계급투쟁, 유물론 등은 아프리카 문화와 양립할 수 없는 것이었다. 하지만 셍고르 자신이 고백했듯이 그는 마르크스에 대해서 명확

---

10) C. Coquery-Vidrovitch, H. Moniot, 『L'Afrique noire』(Paris, PUF., 1984), p. 407.

11) Francois Zuccarelli, 『Un parti politique africain: lUPC』(Paris, Pichon and Durand-Auzia, 1970), pp. 223~235.

하게 아는 것이 없었기 때문에 마르크스에 대해 반대할 수밖에 없었는지 모른다.[12] 하지만 셍고르의 사회주의에 대한 관심은 그가 본격적으로 정치에 관여하게 된 제2차 대전 이후 프랑스 사회주의자들과의 접촉과 휴머니즘에 의해 영향을 받으면서부터 시작되었다.

특히 2차 대전 이후 반식민주의 운동이 활발히 전개되면서 마르크시즘은 아프리카 정치인과 지식인들에게 정치적 해방의 이데올로기로 등장하였다. 그러나 아프리카 정치지도자들이나 진보적 지식인들은 자본주의에 대한 마르크스의 비판을 수용하기는 했지만 투쟁이 아닌 자본주의로부터의 탈피를 추구하였다. 식민지배의 착취와 수탈의 근본적인 동기는 유럽자본주의에 있기 때문에 유럽의 자본주의에 의한 모든 행위는 아프리카를 구조적으로 빈곤과 갈등 속에 처하게 만들었다는 것이다. 그러므로 식민지배를 경험한 아프리카 사회에 있어서 문제를 발생시키는 것은 결국은 식민지배인 것이다. 따라서 아프리카인들이 또다른 혹은 유사한 모양의-예를 들어서 신자본주의-식민지배와 그 위험으로부터 벗어날 수 있는 것은 사회주의라고 생각한 것이다. 이런 맥락에서 사회주의를 신봉했던 대부분의 아프리카 지도자들과 지식인들은 마르크시즘 자체를 비판하기보다는 사회주의를 어떻게 아프리카 현실에 적용시키느냐에 몰두하게 된 것이다. 그것은 약간의 차이는 있지만 엔쿠루마, 가브랄(Cabral), 니에레레 그리고 셍고르에 의한 절충주의적인 '사회주의'를 탄생케 했다.[13]

하지만 셍고르는 앞서 언급한 것처럼 정치보다는 문화를 우선시 하였다. 당시의 아프리카의 정치적 상황은 식민제도와의 단절을 통해서 그들의 정치, 사회, 경제적 문제를 해결하는 것이었기 때문에 셍고르에게는 네그리튀드를 어떻게 정치적 요구로 연결시키느냐가 중대한 문제였다. 그의 고민은 마르크스

---

12) Babarcar Sine, 『Le Marxisme devant les sociétés africaines contemporaines』(Paris, Présence Africaine, 1983), p. 115.
13) Babarcar Sine, 위의 책, p. 15.

로부터 인간에 관련된 부분을 아프리카의 역사적, 사회적, 문화적 환경에 접
목시키는 것이었는데 그것은 1959년에 전당대회에서 선언된 '아프리카 사회
주의'로 나타났다.

마르크시즘을 하나의 이데올로기로 선택한 대부분의 아프리카 지도자들은
유럽의 자본주의 사회에서 발달한 사회주의를 독립 후에도 어떻게 아프리카
사회에 적용시키느냐의 문제에 직면하였다. 왜냐하면 아프리카 사회는 산업화
를 이루지 못한 단계이며 대부분의 국민들이 개인의 자율성에 의하여 모인 집
단이 아니라 혈족, 부족, 역사적 인과관계로 구성된 공동체적인 집단사회 생
활을 하고 있기 때문에 자본주의 발달로 인한 계급적 투쟁을 찾아볼 수 없었
다. 그렇기 때문에 문화적 가치를 중시하는 셍고르에게 마르크시즘과의 접목
은 매우 중요한 것이었다.

셍고르는 아프리카 사회주의를 아프리카의 문화적 가치, 즉 종교적 가치에
서 찾으면서 마르크스의 사회주의와는 다른 아프리카의 독특한 사회주의를 정
립하였다. 마르크스는 종교를 아편으로 규정하였지만 아프리카인들에게 있어
서 종교는 하나의 문화이고 사회적 규율이며 정치권력의 근원이다.[14] 따라서
마르크스의 무신론은 아프리카 사회와 모순되는 것이 당연하다. 하지만 마르
크스가 일방적으로 종교를 부정한 것은 아니다. 종교는 정치적 지배를 목적으
로 대중에 대한 종교적 몽매주의를 확산시키는 면도 있기 때문이다.[15] 이러한
점에서 마르크시즘의 기본적인 것으로부터 마르크시즘과 다른 아프리카적인
요소, 즉 종교적 가치와 함께 아프리카적 사회주의를 추구하려고 노력하였던
것이다.

뿐만 아니라 그는 마르크스의 사회계급을 부정하면서 아프리카의 계급 없는
전통사회를 토대로 전투적 사회주의(Socialisme de combat)가 아닌 일체주의

---

14) Hubert Deschamps, 『Les religions de l'Afrique noire』(Paris, Que sais-je? PUF.,
   1954), p. 5~22.
15) Babarcar Sine(『Le Marxisme devant les sociétés africaines contemporaines』(Paris,
   Présence Africaine, 1983), p. 123.

적 사회주의(Socialisme unanimiste)를 건설할 수 있다고 믿었다. 따라서 그는 1977년 사회당진보연합(UPS)을 세네갈 사회당(PS)으로 개명하면서 사회당 내에서의 어떠한 파벌도 용납하지 않았다.

또한 제한된 다원주의를 통해 민주주의적 사회주의(Socilaisme d mocratique) 체제를 공고히 한다면서 실제적으로는 정당이 국가의 모든 기관을 장악하였다. 제한적 다당제를 실시하였지만 형식적인 것이고 정당의 활동 금지와 정당 지도자의 구속 등으로 다당제는 거의 유명무실하게 되었다.

이처럼 셍고르의 아프리카 사회주의는 아프리카의 문화, 사회적 특성을 고려한 것으로 커다란 의미를 주지는 못했다. 특히 아프리카 사회주의는 아프리카의 문화적 가치를 이념화시키려고 했지만 서구, 아시아, 남미에서처럼 아프리카 사회주의는 이데올로기라기보다는 마르크스의 이데올로기를 이용한 하나의 정치제도처럼 간주되었다. 셍고르가 종교적 가치를 이용해서 사회주의의 아프리카화를 시도했지만 결국은 지배수단으로 사용했기 때문에, 그가 정치에서 물러남과 동시에 셍고르가 주장하는 아프리카 사회주의도 세네갈에서 더 이상 문화적 가치의 요구로 발전되지 못했다.

생고르 시집

후회 없는 시인
대통령 셍고르의 유산

부유한 가정에서 태어난 그는 투쟁보다는 타협을, 극단보다는 중도를 선택한 평화주의자였다. 아프리카에서 그는 아마도 최초라는 수식어가 제일 많이 붙은 지도자일 것이다. 최초로 평화적인 정권 이양, 아프리카인으로서는 최초로 교수자격증 획득, 최초로 아프리카인으로서 프랑스 학술원 회원 등등.

그럼에도 불구하고 셍고르가 오늘날 세네갈의 정치·사회발전에 미친 영향과 그 결과를 명확하게 밝혀내기란 쉽지 않다. 특히 셍고르의 퇴임은 아마도 세네갈을 통해서 이루려 했던 네그리튀드와 아프리카 사회주의의 실패를 인정한 것인지도 모른다. 뿐만 아니라 정치세계에서 문학세계로의 철저한 회귀는 문학가로서는 당연한 것이지만 한 국가의 대통령이었다는 점에서는 정치적 책임을 회피했다는 비난을 면치 못 할 것이다. 이것은 그가 그의 조국에서 여생을 마치기보다는 종주국인 프랑스에서 프랑스인으로 여생을 조용히 보내고 있기 때문에 더욱 그러한지도 모른다.

그러나 서구문화와 아프리카 문화 사이에서 아프리카적인 것을 찾으려는 그의 피나는 노력은 다른 아프리카 지도자들보다 많은 성과를 보였다. 셍고르는 아프리카 문화에 대한 가치와 서구문명과의 동등한 의식을 통해 아프리카인들의 자존심을 지켜주었다. 다른 한편으로 그는 정치일선에서 물러난 후 정치에 관여하지 않음으로써 신정권이 안정된 정치를 할 수 있게 하였다. 이러한 조치로 그는 정권을 이양한 후에도 카메룬의 아이조(Ahidjo)처럼 정권을 물려준 후임자에 의해서 정치적 수모를 당하지 않아도 되었다.

물론 그의 문학작품과 정치연설에서 나타나는 지나친 프랑스 중심은 진보적 민족주의자들에게 기회주의자로 비난을 받기도 한다. 하지만 셍고르의 네그리튀드와 제3의 길인 아프리카 사회주의는 오늘날 세네갈이 심각한 종족분쟁과[16] 그 흔한 군 쿠데타를 경험하지 않게 한 점에 있어서 어느 정도 정치적 성과로 인정해 주어야 할 것이다.

셍고르의 문화적 가치를 재조명하면서, 20세기 말부터 본격적으로 시작된

---

16) 1992년부터 세네갈 남부 카자만스(Casamance) 지역 기독교 세력의 무장반군인 카자만스민주세력운동이 분립독립을 요구하고 있지만 정권 유지에 큰 영향을 미치고 있지는 않다.

세계화로 인해 문화적 갈등이 심화되고 있는 후진국들과 강대국의 정치·경제에 영향을 받고 있는 중진국들은 자국의 문화적, 역사적 가치를 세계화에 대면하여 다시 한번 생각할 수 있어야 할 것이다. 생고르, 그는 정치가로서, 문학가로서 그리고 인간관계에 있어서도 성공한 사람이다. 아프리카인들은 그들의 문화적 가치만을 고집하여 21세기를 서구문화의 영향에서 완전히 벗어날 수 있을까? 어쩌면 이러한 질문은 구시대의 민족주의적 사고방식일지도 모른다. 그러나 분명한 것은 스스로 생각하고 변화되어 가는 과정을 통해서 생고르의 말처럼 동화되는 것이 아니라 동화할 수 있는 능력이 아프리카인들에게뿐만 아니라 우리에게도 절실하게 필요하다는 점이다.

셍고르의 주요 작품

『유령의 노래(시)』(Paris, Seuil, 1945).

『검은제물(시)』(Paris, Seuil, 1948).

『나에뜨를 위한 시(시)』(Paris, Séghers, 1949).

『에티오피아 사람(시)』(Paris, Seuil, 1956).

『야상곡(시)』(Paris, Seuil, 1961).

『자유1; 네그리튀드와 휴머니즘』(Paris, Seuil, 1964).

『자유2; 사회주의의 국가와 아프리카의 방향』(Paris, Seuil, 1971).

『겨울의 편지(시)』(Paris, Seuil, 1973).

『명언(시)』(Dakar, Les N.E.A., 1975).

『자유3; 네그리튀드와 만인의 문명』(Paris, Seuil, 1977).

『哀歌(시)』(Paris, Seuil, 1979).

『자유4; 사회주의와 계획화』(Paris, Seuil, 1983).

『시집』(Paris, Seuil).

『시 전집』(Avril, Point, 1990).

|참|고|문|헌|

• Abdoulatif Kane, 『Culture et politique danséla pens e de Léoporld Sé dar Sengor』Mémoire(Paris, Paris; Univer. 1, 1997).

• Amilcar Carbral, 『Culture et Combat pour l'indépendance』, Le courrier de l'Unesco, (Paris: novembre 1963.).

• Ba Sylvia Washington, 『The Concept of Negritude in the Poetry of L.S.Senghor』(Princeton: Princeton University Press, 1973).

• Babarca Sine, 『Le Marxisme devant les sociétés africaines contemporaines』(Paris, Présence Africaine, 1983).

• Guy Michaud(sous Dir.), 『Négritude; traditions et développement』 (Paris, Ed. Complexe, 1978).

• Huberte Deschamps, 『Les Religions de l'Afrique noir』(Paris, PUF., 1954).

• Joiane Nespoulous-Neuville, 『Léopold Sédar Senghor』(Paris, Seuil, 1988).

• Léopold Sédar Senghor, 『Négritude, Arabisme et Francité』(Béyrouth, Dar Al-Kitab Allunbani, 1967).

• Marcel Merle(sous Dir.), 『L'Afrique noire contemporaine』(Paris, Armain Colin, 1972).

• Maurice Ahanhanzo Glélé, 『Religion, culture et politique en Afrique noire』(Paris, Présence Africaine, 1981).

• Maurice A. Lubin, 『Afrique et politique』(Paris, La pensée universitaire, 1973).

• Mongo Beti-Odile Tobner, 『Dictionnaire de la négritude』(Paris, L' Harmattan, 1989).

• Philippe Decaraene, 『Le Sénégal』(Paris, PUF., 1985).

루퍼트 머독

머독의 디지털 제국주의

김 승 수
전북대 신문방송학과 교수

한양대 신문학과, 서울대 신문학과 석사, 영국 래스터 대학 언론학박사, KBS 책임연구원, 방송개혁위원
회 실행위원, 언론개혁시민연대 방송개혁특위위원장, (현재)전북대학교 언론심리학부 신문방송학 전공

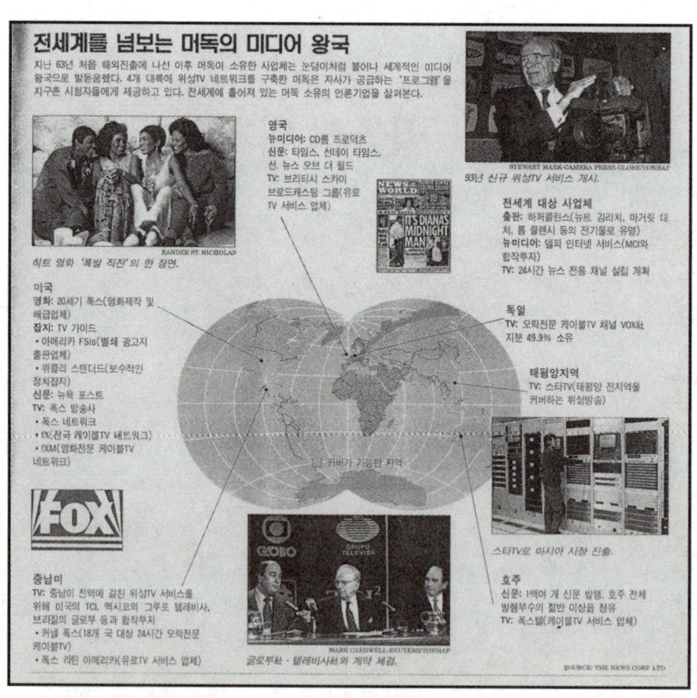

◇ 『뉴스위크』(한국판), 1999년 7월 21일

왜 머독이 문제인가?

머독이 쳐들어온다. 왜 머독이 문제인가. 필자는 이 점을 말하고자 글을 쓴
다. 여기서 필자는 머독을 비롯한 글로벌 매체의 한국 침투를 디지털제국주의
의 침략으로 간주하여 이에 대한 비판과 대안을 찾고자 하였다.[1] 1999년 방
송법이 개정된 후 외국의 방송사들이 한국 시장을 기웃거리는 가운데 루퍼트
머독이 거느리고 있는 뉴스 코프, 일본의 대중문화 자본은 경계의 대상이다.
이들이 방송시장에 진출한다면 한국 문화산업은 빠른 속도로 이들을 중심으로
재편될 전망이다. 머독의 방송시장 진출에 민감한 이유는 제국주의 문화 침략
의 속성을 갖고 있기 때문이다. 더구나 한국 방송의 미래에 중대한 영향을 줄
수 있는 위성방송 사업자 선정이 한국통신이냐 아니면 DSM이냐 하는 이권
문제로 쟁점이 비화된 것은 매우 불행한 일이다. 사업자 선정은 극히 부분적
인 문제일 뿐 정작 우리가 관심을 두어야 할 문제는 머독의 침략이다.[2]

영국은 머독이 일간지, 주간지, 위성방송 시장을 사실상 점령한 나라다. 머
독의 폐해가 얼마나 큰지 영국 최대의 시민언론운동단체인 '언론자유를 위한
시민운동'(CPBF)은 머독이 소유한 뉴스 코프사가, 전 지구적 매체기업으로
서 언론권력을 남용하는 현상을 '머독화 현상'(Murdochisation)이라 부르고
이 단어가 옥스퍼드 사전에 새 낱말로 올라가야 한다고 말할 정도로 강력한
반머독 운동을 펼치고 있다.[3] 이 단체를 비롯한 많은 시민단체, 매체, 학계

---

1) 디지털제국주의란 신문이나 영화와 같은 전통적인 매체 즉 오프라인 매체와 인터넷, 디지털과 같
   은 온라인 매체를 겸비한 세계 규모의 글로벌 매체가 전지구적 매체소유-경영-제작-유통-소비
   를 통합하여 세계 문화시장을 지배하는 새로운 방식의 제국주의를 말한다.
2) 한국 대중문화 시장에 대한 외국 자본과 상품의 침투는 이미 위험 수위를 넘었다. 이렇게 된 배경
   에는 오프라인 매체와 온라인 매체를 겸비하는 거대한 디지털제국주의가 추구하는 힘과 규모의
   논리가 뒷받침이 된다. 동시에 한국과 같은 약소국 정부의 매체정책 실패 등 다양한 요소들이 디
   지털제국주의의 발호를 조장하였다. 머독을 비롯한 디지털제국주의를 경계해야 되는 까닭은 일본
   의 대중문화까지 디지털제국주의 침략에 동승하여 한국 문화시장을 박살내고 있기 때문이다. 이
   들은 단시일에 한국의 문화시장 지배권을 탈취하기 위해 대대적인 공세를 벌일 것으로 예상된다.
3) CPBF발행, 『Free Press』, March~April 1998.

등에서는 반머독 운동이 활발하다. 그러한 머독이 한국 방송에 진출하고자 틈을 엿보고 있다.[4]

외국 자본의 방송시장 진출은 1999년 개정된 방송법에 따른 것이다.[5] 이제 외국 자본은 위성방송국 소유와 운영, 채널을 이용한 방송 서비스의 제공 등 모든 사업을 할 수 있게 되었다. 19세기 제국주의가 날뛰던 시대에 있어 조선을 침략하던 흑선 또는 이양선을 대신하여 외국 위성방송이 직접 한국에 진출하여 자신이 원하는 프로그램을 제공할 수 있다.

이들의 진출은 한국 방송을 근본적으로 변화시킬 가능성이 높다. 한국 시장에 진출을 원하는 외국 방송사는 연간 10조 원이 넘는 수입을 올리는 회사도 많고 5조 원의 수입은 일반적이다. 한국 전체 매체시장의 규모가 5조 원이 안 되는 점을 감안한다면 규모에서부터 우리가 뒤진다. 더구나 방송 3사의 지배가 오랫동안 지속되어 조직과 프로그램의 혁신을 하지 않아 품질 면에서도 이들과 경쟁하면 한참 뒤진다. 여기에 우리의 고민이 있다.

그런 가운데 루퍼트 머독이 운영하는 뉴스 코프가 위성방송을 통해 한국 진출을 기도하였다. 이에 시민언론운동 단체, 언노련, 학계 일부에서 머독의 침입에 반대하는 운동을 5년째 지속해 오고 있다. 그는 누구이기에 가는 곳

---

4) 한국 방송이 여전히 정권 중심적이고, 시청률 지상주의를 신봉하고, 국민의 일반적 이익을 제대로 보호하지 못하고, 공익적 기능이 취약한 것은 사실이다. 그렇다 해도 이것이 머독 등 외국 자본을 끌어들여 시장 경쟁을 강화시키자는 일부의 발상은 전혀 대안이 되지 못한다. 이런 식의 사고는 식민지, 사대주의 생각에 불과하다. KBS, MBC, SBS와 같은 지상파 방송이 취약하고 상당한 문제점이 있는 것은 사실이다. 그러나 이것은 방송개혁을 단행해서 해결하면 될 일이지 일각에서 주장하는 바와 같이 외세를 끌어들이면서 수용자에게 선택의 폭을 넓히고, 선진 문화를 받아들이자는 논리는 구한말 일본 등 외세에 철도부설권 등을 송두리째 바쳤던 행위와 다를 바 없다.
5) 방송법에 의하면 외국 자본은 위성방송 사업에 33%, 채널사용 사업에 33% 투자가 허용된다. 위성방송 산업은 위성체 사업자, 위성방송 사업자, 채널사용 사업자로 구성된다. 위성체 사업자란 위성체를 소유·운영하는 사람을 말하며, 무궁화 3호 위성의 주인은 한국통신이다. 위성방송 사업자가 제일 중요하다. 이 사업자는 편성, 마케팅, 고객 관리 등 업무를 하고 있어 위성방송국이라 할 수 있다. 채널사용 사업자는 위성방송 사업자로부터 채널을 임대하여 방송하는 사람을 말한다.

언론재벌 머독 국내 위성방송사업 조인

세계적 언론재벌인 루퍼트 머독이 국내 위성방송사업에 진출한다. ㈜디에스엠(대표 유세준)은 11일 오전 10시 뉴스코퍼레이션(대표 루퍼트 머독)을 비롯해 중소기업협동조합중앙회, 에스케이텔레콤㈜, 롯데, 동원그룹, 동아일보사 등 10여개사와 ㈜한국위성방송 설립 합작투자 조인식을 연다.

이에 앞서 뉴스 코퍼레이션과 디에스엠은 지난달 20일 위성방송사업 투자 합의서에 서명했으며, 두 회사와 에스케이텔레콤이 주축이 되고 나머지 10여개 업체가 주주로 참여하는 합작법인 설립에 합의했다. 두 회사는 그 뒤 디에스엠과 양해각서를 체결한 82개 협력사 가운데 추가로 주주를 모아 그랜드 컨소시엄을 구성할 예정이다.

머독쪽의 지분은 외국자본의 진출을 33% 이내로 제한한 통합방송법에 따라 10~15%선의 공동대주주로 알려졌으며, 초기자본금을 1500억원으로 볼 때 자본투자는 150억~225억원 수준으로 예상된다.

디에스엠과 뉴스 코퍼레이션은 96년 10월 사업양해각서를 나눈 뒤 채널편성·방송기술·마케팅 등과 관련한 공동연구를 진행해왔으며, 머독 회장은 98년 2월13일 당시 김대중 대통령 당선자를 만나 국내 위성방송사업 진출길을 모색해왔다.

뉴스코퍼레이션은 홍콩의 스타티브이를 비롯해 영국의 위성방송인 비스카이비, 미국의 네번째 네트워크인 폭스텔레비전과 5대 영화사의 하나인 20세기 폭스사, 대형출판사 하퍼 콜린스, 영국의 〈더 타임스〉와 미국의 〈뉴욕포스트〉 등 굴지의 미디어 매체와 함께 엘에이다저스 등 체육문화 사업체를 세계 각지에서 150여개 갖고 있거나 투자중인 세계 최대 미디어그룹이다. 지난 3월 첫주 이 회사의 총 자산은 620억달러(한화 약 70조원)에 이른다.

디에스엠은 머독을 끌어들인 데 대해 "머독쪽의 세계적인 네트워크는 국내 프로그램을 세계시장에 유통시킬 수 있는 경로가 될 수 있으며, 그들의 선진 경영기법을 빠르게 접목시킬 수 있다는 것도 커다란 강점"이라고 설명했다.

그러나 머독의 진출에 대해 취약한 국내 방송시장을 외국자본에 넘겨주는 상황이 오는 것 아니냐는 우려의 시각이 불거지고 있다. 또 머독의 실질적인 한국진출을 위해서는 하나만 허용하기로 되어 있는 위성방송사업 그랜드 컨소시엄을 ㈜디에스엠이 주축이 된 ㈜한국위성방송이 따내야만 가능하다.

그랜드 컨소시엄 자리를 놓고 디에스엠과 각축을 벌여온 한국통신은 머독 진출에 대해서도 공식입장은 내놓지 않았지만 곱지 않은 시선을 보내고 있다.

한국통신 관계자는 "우리도 에쿠스타와 월트디즈니, 엠아이에이치사, 스페인티브이 등 10여개 외국회사와 컨소시엄 참여문제를 놓고 접촉중이긴 하지만, 이들의 지분은 중소기업 수준이어서 외국자본의 경영지배는 처음부터 배제하고 있다"며 "외국자본이 공동대주주로 참여한다는 것은 정책취지와 걸맞지 않으며, 특히 머독의 이미지가 세계 최대 미디어그룹이라는 것말고도 세계 언론의 독점, 진출한 현지와의 갈등 등으로 평가가 엇갈리고 있는 점도 고려해야 할 것"이라고 지적했다. 박근애 기자 pgaroot@hani.co.kr

10여개사와 합작법인 설립

150억~225억원 수준 투자

그랜드 컨소시엄구성 예상

"국내시장 외국자본 잠식"우려

머독화 현상; 머독이 소유한 뉴스 코프사가 전 지구적 매체기업으로서 언론권력을 남용하는 현상. (『한겨레』, 2000년 4월 11일).

마다 말썽을 일으켜 세계 시민의 반감을 사는가. 그가 한국 매체시장에 들어오면 어떤 행태를 보일 것인가. 머독의 축적사를 눈여겨 보아야 겠다.

머독의 돈벌이 역사

1931년 호주의 조그만 지방에서 루퍼트 머독이라는 문제의 인물이 태어났다.[6] 장로교 집안이자 아버지가 신문사 사주인 배경을 갖고 태어난 머독이

---

6) 머독에 관해서는 다음 책을 참조. 스튜어트 크레이너 지음, 오세영 옮김, 『루퍼트 머독: 성공에

호주, 영국, 미국은 물론 전 세계 매체시장의 강자가 될 것이란 사실을 아무도 몰랐을 것이다. 더구나 그가 한국 시장에 진출하여 파문을 일으킬지 누가 짐작이나 했겠는가. 루퍼트 머독의 아버지인 키스 머독은 『애들레이드 뉴스』와 『선데이 메일』을 발행하는 사주였다. 호주 부호의 아들이 그랬듯이 키스 머독은 큰물이라 할 수 있는 영국 옥스퍼드 대학에 아들을 유학 보냈다. 거기서 루퍼트 머독은 레닌에 심취되어 친구들로부터 '빨갱이 머독'이라는 비아냥거림을 받았다. 그런 머독이 후에 가장 앞장 서서 노동자를 탄압하고, 정부나 의회를 상대로 때로는 협박으로, 때로는 위협하면서, 자신의 이익 팽창에 수단과 방법을 가리지 않는 거대한 매체 제국의 주인이 될 줄 누가 알았겠는가. 그래서 자본가들은 너나 할 것 없이 호주 촌뜨기가 어떻게 했길래 세계 유수의 거대한 매체기업을 만들었는가에 대단한 관심을 기울인다. 이런 관심을 반영하듯이 머독 평전만 해도 10여 종에 이른다. 기업가나 매체자본가에게는 부러움과 존경을 한 몸에 받고 있는 루퍼트 머독이 세계 여러 나라의 시민들에게는 왜 그토록 혐오의 대상이 되고 있는가?

부친의 부음을 받고 호주로 돌아가 가업을 이은 머독은 인생의 전환기를 맞았다. 아버지의 유산이라고 해봤자 작은 지방 일간지였다. 당시 호주 신문계는 몇 개의 신문 재벌이 전국 시장을 독과점하고 있었다. 이들과는 경쟁 상대가 되지 않는 중소 규모의 신문사 사주로서 머독은 인수와 합병이라는 고전적인 방법으로 몸집 불리기에 나섰다. 그는 닥치는 대로 신문사를 사들였다. 머독은 1960년 시드니에서 발행되는 『데일러 미러』를 인수하였다. 그 후 호주 최초 전국 일간지인 『더 오스트레일리언』을 발행하였다. 이 신문은 부자 편에 서서 이들의 이익을 보호하는 한편 노동자를 탄압하는 논조로 유명하다.

머독 소유 신문사들의 인기는 계속되어 1969년에는 신문의 본고장이라 할 수 있는 영국으로 건너가 대중지인 『뉴스 오브 더 월드』를 인수하였고, 곧 『선』을 사들였다. 그러나 이것은 시작에 불과하였다. 머독은 미국으로 손을

감추어진 10가지 비밀』(영언문화사, 2000).

뻗쳐 『뉴욕 포스트』를 헐값에 사들였다. 이로써 미국 진출의 교두보를 마련할 수 있었다. 머독이 세계적인 주목을 받은 것은 영국 최고의 일간지인 『더 타임스』와 주간지인 『선데이 타임스』를 인수하면서부터였다. 이 신문을 인수한 후 머독은 신문재벌 반열에 올랐다.

머독의 사업은 방송으로 이어졌으며, 영국에서 위성방송인 BSkyB를 개국하여 BBC, ITV가 양분하고 있던 방송시장을 뒤바꿔 놓았다. 이후에도 매체 인수와 합병은 계속되었다. 이런 과정을 거쳐 거대한 뉴스 코퍼레이션사(약칭 뉴스 코프)가 형성되었다. 뉴스 코프는 전 세계에 걸쳐 760개에서 780개에 이르는 매체를 운영하고 있다. 이들 매체의 총매출액은 연간 250억 달러에 이른다. 머독 가계는 뉴스 코프의 36.2%를 소유하고 있는데 아들인 라클란, 제임스와 딸인 엘리자베스는 뉴스 코프의 경영에 참여함으로써 족벌 체제를 이루었다.

그가 한국 방송시장에 진출하고자 명함을 내민 것은 1998년 초였다. 경제위기와 정권교체의 틈을 타 머독은 느닷없이 김대중 당선자를 만나 방송시장 진출을 요청하였다. 이때부터 머독은 한국 방송산업에 영향을 미치는 독립변수로 부각되기에 이르렀다.

머독의 파괴력

한국 방송시장은 국제적 매체기업이나 자본의 투기 대상이다. 단기 차익을 노리고 들어오는 자본도 많고 투자 이익을 기대하고 들어오는 자본도 많다. 외국 자본 가운데 루퍼트 머독의 행보는 주목할 가치가 있다. 머독은 뉴스 코프의 소유자이다. 이 회사는 연간 220억 달러의 수입을 올리는 다국적 회사다. 머독은 기업을 삼등분하여 운영하는데, 미국·호주·영국에 각각 폭스 엔터테인먼트, 뉴스 코프, BSkyB를 별도로 운영한다. 이들의 연간 수입은 상상을 초월한다.

<표 1> 루퍼트 머독의 매체제국(1999)　　　　　(단위: 백만 달러)

매체사업체	본거지	매출액	순이익
뉴스 코프	호주	12,422	839
폭스 엔터테인먼트 그룹	미국	8,057	205
BSkyB	영국	2,309	67

　뉴스 코프, 폭스, BSkyB는 머독의 주력 사업체다. 이 세 회사의 1999년 매출 총액은 무려 227억 달러에 이른다. 이 밖에 머독이 지분을 갖고 있는 매체사업체의 실적까지 합치면 그 규모는 250억 달러가 넘는 초대형 다국적 기업이다.

　뉴스 코프사는 전 세계에 걸쳐 방대한 매체, 오락, 스포츠 제국을 형성하여 각 나라 민족의 피땀을 짜낸다. 이 회사는 방송, 신문, 잡지, 서적, 영화, 음반, 인터넷 등 문어발식으로 투자하고 저인망식 수익 전략으로 악명이 높다. 그 중 유명한 매체로는 『더 타임스』·『더 선』·『뉴욕 포스트』 등 일간지와 폭스 네트워크, 폭스 엔터테인먼트, 폭스 스포츠, 스타 TV 등이 있으며 이 외에도 수백 개에 이르는 채널을 운영한다. 박찬호가 활약하는 LA다저스, 영국의 맨체스터 유나이티드 등 4개 축구 구단도 머독 소유다. 머독의 관심사는 역시 방송시장이다(방송에 대한 투자는 <표2> 참조). 엄청난 채널과 컨텐츠를 확보하여 세계 방송시장을 손아귀에 넣으려는 것이 머독의 야망이다. 스타 TV는 국가별로 언어를 달리하여 프로그램을 공급하는 거대한 방송 정보망이다. 스타 TV는 산하에 STAR Chinese Channel, 스타 Plus, STAR Plus Japan, STAR World, STAR Movies North, STAR Movies South, STAR Movies Japan, STAR Movies Southeast Asia를 두었다. 일본, 중국, 인도네시아에서 스타 TV는 무시할 수 없는 세력으로 성장하였고, 이제는 한국 시장으로 눈을 돌리고 있는 중이다. 한국에도 뉴스 코프의 팽창은 지속되고 있다. 이 회사의 계열인 폭스사가 진출하여 영화, 비디오, 음반 시

	채 널
미국	Fox/Liberty Media joint venture(50%) (괄호 이외의 것은 폭스/리버티가 100% 소유) - Fox Sports Net - Rainbow Sports - National Sports Partners(50%) - National Advertising Partners (50%) - Staples Center(40%) - Outdoor life and Speedvision Networks(34%) - FIT TV - FX Fox Sports World (50%), The Golf Channel(33%) 　Fox Family Worldwide(50%) - Fox Family Channel - MTM Entertainment - Fox kids Channel Fox News Channel fXM : Movies from Fox Prevue Networks
일본	News Broadcasting Japan(80%) - Star Plus - Fox News Channel- Channel(V) - Fox Family - Fox Sky Perfect TV! (뉴스 코프가 11.375% 소유)
라틴아메리카	Canal Fox, Fox sports Americas (50%), Fox Kids, Telecine(12.5%), Cinecanal(21.5%), Sky Latin America DTH Platforms - 멕시코/Innova(30%) - 브라질/Netsat(36%) - Balance of Latin America(30%)
호주	FOXTEL(50%) (괄호 이외의 것은 FOXTEL이 100% 소유) - Arena(50%) - FOX8 - Fox History - Fox soap - Fox Talk - Fox Travel - FOXTEL Weather - FX - Nickelodeon(25%) - Channel(V)(50%) - thecomedychannel(80%) - UKTV(60%) - FOX sports - Sky News Australia(BSkyB가 33.3% 소유) - National Geographic Channel(BSkyB가 50% 소유)
아시아	- Star TV - ESPN Star Sports(50%) - Star Chinese - Star Sport - Star Plus - Channel(V)(50%) - Star Movies - Viva Cinema(50%) - Star plus Japan - Phoenix Satellite TV(45%) - Star Movies South - Phoenix Chinese - Star World - Star News - STAR Movie South - STAR Movie South East Asia Channel(V) Music Networks(50%) VIVA Cinema(50%) ESPN STAR Sports(50%) - STAR Sports - ESPN phoenix Satellite Television Company Ltd. (45%) - Phoenix Chinese Channel Tianjin Golden Mainland, Development Company Std. (60%)
인도	I sky B Asia Today Ltd. (50%) - ZEE TV Program Asia Trading Co. Pvt. Ltd. (50%)

	- ZEE Cinema - ZEE india TV Siticable Network Pvt. Ltd. (50%)
인도네시아	Indovision (45%), Bahasa Programing Limited(50%) - Flim Indonesia
독일	VOX (49.9%)
영국	British Sky Broadcasting(40%) (괄호이외의 것은 B sky B가 100%소유) - Sky Multi-Channels = Sky One = Sky News = Sky Sports News = Sky Soap = Sky Travel = .tv = National Geographic Channel UK(50%) = Paramount Channel (25%) = Nickelodeon UK(50%) = The history Channel (25%) = QVC(20%) = Sky Music Choice(49%) - Granada Sky Broadcasting(49.5%) = Granada Plus = Granada Greeze = Granada Men & Motors - Fox kids (폭스 패밀리 월드와이드가 소유) - Premium Channels = Sky Premier = Sky MiovieMax = Sky Sports 1 = Sky Sports 2 - Premium Bonus Channels = Sky Cinema = Sky Sports 3 - A la Carte Channels = Playboy Channel(30%) = MUTV(33%) - Sky Box Office

장에서는 이미 주도적인 위상을 차지하였다. 이미 스타 TV는 우리 안방에 침투하였다. 이들은 LG계열인 DSM, 디지털조선일보를 비롯한 10개 기업과 한국 위성방송을 설립, 위성방송 사업에 진출하였다. 머독은 국내 가요시장을 겨냥한 사업의 역량을 강화할 목적으로 한국의 주도적인 음반사인 도레미 미디어와 제휴, 채널V 코리아를 세울 것이다. 채널V는 홍콩에 거점을 두고 아시아 음악시장을 잠식해 들어가고 있다.

이 회사는 미국, 유럽, 아시아, 중남미에 걸쳐 세력을 급속히 확대하였다. 한국을 비롯한 아시아 시장은 뉴스 코프사가 심혈을 기울여 투자하는 지역이다. 이렇게 하는 이유는 국가보호주의 아래서 안주하는 매체산업은 경쟁력이 없어 자신들의 서비스가 잘 먹혀 들어가기 때문일 것이다.

아시아 지역에서는 루퍼트 머독의 뉴스 코프사가 스타 TV를 앞세워 시장을 선점함으로써 가장 영향력이 크다. 한국, 홍콩, 대만, 싱가포르 등이 글로벌 매체의 영향권에 완전히 들어갔다. 일본은 비교적 시장이 넓고 깊어 글로벌 매체의 영향을 덜 받는다. 미국 다우 존스사는 뉴스와 정보 시장에서 많은 활동을 한다. 이들은 『아시아 월스트리트 저널』을 발행하여 아시아 경제 정보를 유포하며 시사주간지인 『파 이스트 이코노믹 리뷰』를 발행하고 있다. 영상 비즈니스에도 다우 존스사는 관심을 기울여 Asia Business Network를 운영하고 있다. 이것은 위성과 케이블을 이용하여 비즈니스 정보를 공급하는 채널이다. 미국 NBC는 홍콩에 아시아 전역을 대상으로 하는 위성채널을 운영하고 있다.

글로벌 매체기업들은 대부분이 홍콩에 아시아 지역 본부를 차려 놓았다. 여기에는 이유가 있다. 홍콩은 영국의 식민지였던 곳으로 정보 유통이 자유롭고, 세금이 거의 없기 때문이다. 홍콩 옆에는 중국이라는 거대한 시장이 있어 이를 노리고 홍콩에 많은 투자를 했다. 하지만 중국이 홍콩에 대한 주권을 회복한 이래 아시아 지역 정보 센터의 지위가 흔들리고 있다. 그 대신 일본이나 한국이 유력한 정보 센터로 각광을 받게 되었다. 따라서 글로벌 자본의 한국 시장 진출은 아시아 시장 진출과 긴밀히 연결된 것으로 이해해야 한다. 일본과 홍콩이 아시아 침투의 교두보였다가 지금은 한국이 포함되었다는 것을 인식해야 세계 시장의 흐름을 파악하는 데 도움이 될 것이다.

뉴스 코프는 아시아 시장에서 주로 위성방송과 컨텐츠 판매에 집중한다. 이것이 강점이자 취약점이기도 하다. 즉 위성채널 위주의 배급망 확보는 성공한 편이지만 인터넷을 이용한 매체 전략은 소홀히 한 것이다. News Interactive와 PDN Xinren Information Technology Co. Ltd.(50%)가 고작이다. 그래서 한때 뉴스 코프사는 미래가 없다는 말까지 나왔다. 그러나 머독의 아들이 경영에 참여하면서 인터넷과 디지털은 가장 역점을 두는 사업이 되었다. 뉴스 코프사는 Open을 인수하였다. 18억 달러를 투자하여 지분을 32.5%에서 80.1%로 끌어올리면서 경영권을 장악하였다. Open은 영국 최대의 텔레비전 쇼핑 채널을 운영하며 양방향 서비스를 제공하는 매체사업자이다.

뉴스 코프는 머독의 축적에 발판을 마련해 준 회사이다. 뉴스 코프사는 오로지 상업주의 전략으로 경쟁지를 하나하나 무너뜨리고 신문계를 장악한 후 방송, 출판, 인터넷 사업을 시작한 지 얼마 안 된 호주 매체시장을 석권하여

〈표 3〉 뉴스 코프 계열 매체

영역	계열
텔레비전	Star TV, Sky Latin America, Fox Sports Net, BSkyB, Fox Broadcasting, FX, Foxtel, Fox Family Channel, Sky PerfecTV, Fox News, Fox Television Stations, Fox Sports Latin America, Channel (V)Asia, The Health Network
영화	20th Century Fox, Fox Searchlight, Fox Music, Fox 2000, Fox Animation Studios, Fox Home Entertainment Fox Studios, Blue Sky Studios
서적	HarperCollins, HarperCollins UK, HarperCollins Australia, ReganBook, Zondervan.
신문	The Times, News of the World, Herald Sun, The Sun, New York Post, the Sunday Times, the Australian Independent Newspapers, Post-Courier, The Daily Telegraph
잡지	TV Guide, The Weekly Standard, News America Marketing, SmartSource, Times Education Suppl, Times Higher Ed, Suppl, Times Library Suppl, Maximun Golf, Inside Out
기타	LA Dogers, National Rugby League, Fox Interative Mushroom Records News Interactive NDS, ChinaByte, Kesmai, Nursery World, Kesmai, BroadSystem

거대한 머독 왕국을 만들었다. 그는 여론과 대중문화 시장을 지배하는 '밤의 대통령'이 되었다. 머독의 야망은 여기서 그치지 않았다. 미국 시민이 아니면 매체산업에 진출하기 어렵다는 점을 인식한 머독은 영국 매체시장에 뛰어들었다. 강자가 수두룩한 영국 시장에서도 머독은 『더 타임스』, 『더 선』, 『선데이 타임스』를 거느린 뉴스 인터내셔널 그룹을 일으켰다. 그리고 BSkyB를 만들어 방송시장에서도 두각을 나타냈다.

머독은 드디어 소망하던 미국 시장에 진출하였다. 그는 영화사와 일간지를 사들였다. 여기서도 머독의 저질 상업주의 경영 전략은 엄청난 성공을 거두었다. 미국에 진출한 지 10년도 채 안 되어 머독은 전국 네트워크인 폭스 TV를 만들었다. 매체 종주국이라 할 수 있는 미국 매체시장에서도 머독은 연간 매출액이 80억 달러에 이르는 폭스 엔터테인먼트사를 거느린다. 영국,

호주, 미국은 머독이 표적에 둔 시장이었다. 그리고 부가적 수입을 위해 일본, 인도, 홍콩 등지로 진출하였다. 그리고 머독은 스타 TV를 무기로 아시아 방송시장에 독자적인 세력을 형성하고 기수를 한국 시장으로 돌렸다. 이제 한국은 머독이라는 거대한 그러나 저질스러운 매체사업자를 만나 승산 없는 싸움을 벌여야 하는 상황이 되었다.

머독은 스타 TV를 앞세워 한국 위성방송 시장에 진출하기 위해 DSM 등과 함께 한국 위성방송사를 만들었다. 일종의 투자회사인 셈이다. 머독은 이 회사의 실질적인 통제자가 될 가능성이 매우 높다. 그는 위성방송에 필수적인 컨텐츠, 기술 그리고 경영 기법을 갖고 있다. 상대적으로 한국통신, 재벌, 신문사업체 등은 투자만 하고 별다른 힘을 갖지 못할지도 모른다. 위성방송 사업의 지배자가 위성채널 사업에서도 주도적인 위치를 차지하는 것이 분명한 것으로 보아 한국 위성방송 시장은 사실상 머독의 시장이 되지 않는다는 보장이 없다.

이렇게 다국적이고, 방대한 뉴스 코프사가 전형적인 족벌 경영 조직이라는 사실은 놀랍다. 아버지 루퍼트 머독이 회장이고, 딸과 두 아들이 회사 경영권을 통제하는 전근대적인 기업지배 구조는 비판을 받고 있다. 뉴스 코프는 어떤 매체를 소유하고 있는가?

머독은 신문, 방송, 영화, 비디오, 음반, 인터넷 등 거의 모든 매체를 거느리고 있으며, 박찬호 선수가 소속된 LA다저스의 구단주이기도 하다. 머독은 비대해진 뉴스 코프를 분리하기로 결정하였다. BSkyB·Star TV·Stream·Sky Brazil·Sky Mexico·Sky Multi-Country Partnerships·SkyPerfecTV와 같은 위성방송, 셋탑 박스 부품 제조업체인 NDS 그룹, 미국의 텔레비전 주간지 『TV 가이드』를 한데 묶어 일종의 지주회사인 Sky Global Networks를 설립할 예정이다.

머독은 "팽창하지 않으면 망한다"는 경영 철학을 실천하고 있는 것이다. 한국에서도 이 전략은 관철될 것이다. 머독이 위성방송 서비스만 할 것이라는

〈표 4〉 머독 계열 위성방송의 전지구적 도달 규모　　　　(단위:천 명)

채 널	인 구
Star TV	300,000
BSkyB	8,404
SkyPerfecTV	2,000
SkyLatin America	931
Stream	500

*출처 : News Corp.

것은 순진한 생각이다. 이미 한국 시장에서 활동하고 있는 20세기 폭스사와 KSkyB는 유선방송 사업에도 적극 진출할 것이며, 국내 가요음반과 비디오 제작에까지 사업 영역을 확장할 것이고, 인터넷 영역에도 손을 댈 것이 분명하다.

뉴스 코프사는 전세계적인 다양한 매체사업에 손대고 있다. 그래서 이 회사의 매출액 구성은 매우 다양하다. (아래 자료 참조)

뉴스 코프사는 텔레비전, 영화 등 영상 사업에 주력하여 세계 시장을 지배하려는 의도를 드러냈다. 우리와 직접 관련이 있는 뉴스 코프사의 사업은 20세기 폭스사와 음반사이며, 스타 텔레비전은 특히 위협적인 존재이다. 위성

〈표 5〉 뉴스 코프사의 매출액 구성

매체총매출액 대비	(%)
텔레비전	35
신문	25
잡지	22
영화	15
서적	2
기타	1

* 출처 : 『Fortune』, October 26, 1998, p.70.

방송 시장이 개방됨으로써 스타 TV는 한국 시장에 직접 투자할 것으로 예상
되는데 그 규모와 운영실적을 보면 아래와 같다.

<표 6> 스타 TV 연간 운영 비용

항목금액(달러)	
- 20개 이상 채널의 중계기 임차비용	5,500만
- 스타TV 구입비용	8억 7,100만
- 프로그램 제작·및 구입비용	1억 3,000만
- Asia Today의 주식 50% 인수비용	5,000만
- 홍콩의 새 사무실과 업링크 시설비용	3,500만
- 인건비 (1,500명)	4,500만~6,000만

* 출처 : 『뉴미디어 저널』, 1999년 6월, 37쪽.

　앞에서 뉴스 코프사가 세계 3대 매체기업으로 성장하였지만 인터넷과 디지
털 사업에 관심을 두지 않아 어려움이 있다고 말했다. 그런데 뉴스 코프사는
이런 약점을 줄이기 위해 Sky Global Networks를 새로 만들었다. 이 회사
는 뉴스 코프사 산하의 디지털, 위성방송, 인터넷 사업을 따로 떼어낸 것이
다. Sky Global Networks는 『TV 가이드』와 NDS Group을 포함한다.
『TV 가이드』는 미국에서 발행되는 최대의 주간 프로그램 안내지이며, NDS
Group은 위성방송용 셋탑 박스를 판매하는 회사로서 주로 머독 계열인
BSkyB 가입자에게 싼값으로 셋탑 박스를 임대해 준다. 이로써 뉴스 코프는
전지구적 디지털 양방향 멀티미디어 서비스(global digital-interactive multi-
media service)기업으로 재탄생하였다.

한국 매체시장을 노리는 머독

　뉴스 코프는 거대한 자본이면서도 제조업이 아닌 언론, 오락, 정보, 스포

츠, 교양 등 정신적·문화적·정치적 영역을 대상으로 서비스를 공급하고 있어 그 영향력은 엄청나다고 할 수 있다. 뉴스 코프가 진출한 나라에서 수용자들은 머독이 내보내는 뉴스, 오락, 스포츠의 영향권에서 벗어나기가 어렵다. 그래서 머독이 진출한 나라마다 경계와 비판의 눈초리를 보낸다. 더구나 머독은 독특한 정치적 수완이 있어 내정에도 간섭하는 등 분란과 분쟁을 일으킬 소지를 항상 안고 있다. 여기서 우리는 머독이 단순한 기업가가 아니라는 점에 주목해야 한다. 그 자신도 이렇게 말한 적이 있다.[7]

"매체기업은 여느 기업과는 다르다. 왜 그런고 하니 우리처럼 매체기업을 소유한 사람은 다음과 같은 특권(special powers)을 갖고 있기 때문이다.

- 우리는 정치적 의제를 설정하는 데 도움을 줄 수 있다.
- 우리는 정부의 잘못을 찾아 폭로할 수 있다.
- 우리는 어린이에게 어떠한 프로그램을 제공할지 결정할 수 있는 권한을 가진다.
- 우리는 특정한 행위를 미화시키거나 비난함으로써 문화에 영향을 끼칠 수 있다.

머독 자신은 돈벌이에만 관심이 있는 자본가가 결코 아니며 정치에도 관여하고, 어린이에게도 큰 영향을 줄 수 있는 힘을 가졌다고 큰소리를 친다. 그로서는 솔직한 말일지 모르겠으나 참으로 방자하다. 자본가들은 여간해서는 정치에 대해서 말을 하지 않으려 한다. 그런데도 머독은 자신의 속내를 모두 말했다. 돈 있다고 일간지, 방송사, 잡지사, 인터넷 매체를 운영하면서 여론을 조작함으로써 정치에 개입하고 각종 국가 정책에 대해서도 멋대로 논평하고 있다

머독의 방송 진출을 걱정하는 이유는 여러 가지 까닭이 있다. 그는 약소국인 한국에서 국내 정치, 경제, 대외 관계, 문화와 의식 등 모든 것에 대하여

---

7) Murdoch, R. 〈Balancing Interests and Profits〉, 『Media Asia』, Vol. 26, No. 1, 1999, p. 40.

방송시장 개방과 위성방송

김 승 수
전북대 교수·신문방송학

무궁화 3호를 이용한 디지털 위성방송사업자 선정을 두고 논란이 분분하다. 채널이 50개 이상 허가되는 데다가 외국자본과 신문재벌, 재벌도 사업에 참여할 수 있어 방송산업의 장래는 물론 정치, 경제, 대중문화, 국제관계 등에서 심대한 변화를 몰고 올 것으로 예상된다. 또한 국가의 보호막 속에 안주해 왔던 방송산업은 미국, 일본, 유럽의 거대한 글로벌 매체의 진입을 눈 앞에 두고 있는 실정이다. 따라서 위성방송산업을 어떻게 구성하느냐는 한국 방송의 미래가 걸린 것이라는 것을 쉽사리 인식할 수 있다.

위성방송산업의 형성과 발전에서 위성방송사업자의 역할은 특히 중요하다. 위성방사업자란 편성, 채널 묶음, 가입자 관리, 마케팅 등을 담당하는 실질적인 위성방송국이다. 미국의 타임 워너와 디즈니의 분규에서 알 수 있듯이 플랫폼 사업자가 특정 채널이나 프로그램 송출을 중단하면 수용자들은 보고 싶은 프로그램을 볼 수 없게 된다. 그만큼 전송망 통제자의 위력은 대단하다.

전송망·채널사용사업자 이원화

위성방송사업자는 이와 같은 막강한 전송망 통제기능을 하게 된다. 따라서 위성방송사업권을 따내려는 사업자간의 경쟁도 지열할 수밖에 없다. 나는 디지털 위성방송은 공적 자본이 지배적으로 소유, 운영하되 채널사용사업은 자유로운 경쟁을 할 수 있도록 함으로써 공익성과 상업성을 살릴 수 있는 이원적 지배 모형이 바람직하다고 생각한다. 위성체 운영과 위성방송사업의 지배적인 역할은 공적 자본이 맡고, 프로그램 서비스는 다양한 자본의 참여를 허용함으로써 자본의 다원화를 피하자는 것이다. 위성방송산업의 이원적 지배 모형이 성공하려면 다음과 같은 점이 고려되어야 할 것이다.

첫째, 위성방송은 국가적으로 치밀한 전략과 정책적 뒷받침이 필요한 사업이므로 너무 성급하게 허가해서 쓸데없는 문제를 일으키지 말아야 한다. 위성방송 허가문제를 놓고 의견이 대립하여 무려 5년이나 방송법 개정이 연기되었던 점을 상기해야 한다.

둘째, 투명성 원칙을 지켜야 한다. 허가 과정을 완전히 공개하여 공정하고 투명한 과정이 되어야 하며, 허가에 관하여 민·형사상 책임을 지는 사람과 기구를 명확히 해야 한다. 문제가 일어날 경우 끝까지 추적하여 허가주체와 허가 과정에 참여한 사람에게 책임을 묻는 허가책임제의 도입은 필수적이다. 시장 진입과 퇴출을 자유롭게 할 수 있도록 기준과 장치를 만들어야 하고 이를 철저히 운용해야 할 것이다.

셋째, 외국자본, 신문재벌, 재벌의 참여에 대해서는 여전히 국민적 비판이 높고, 많은 문제점이 있다는 점을 고려하여 사업자 선정 과정에서도 이를 감안해야 한다. 특히 루퍼트 머독이 문제이다. 머독의 뉴스 코프사는 더 타임스, 스타TV를 이용하여 경쟁자를 마구잡이로 공격할 수 있는 무기를 가진 데다가 계열사인 20세기 폭스사가 한국의 영화, 비디오, 음반시장을 통제한다.

이런 회사에 단 몇 %의 지분을 허용하는 것은 다른 기업의 20% 지분 이상의 위력을 발휘한다고 보아야 한다. 일부 논평자들은 방송위원회가 머독을 비롯한 외국자본이나 신문재벌을 잘 감시하고, 규제한다면 문제가 없을 것이라고 낙관한다. 머독의 출신지인 호주는 물론 미국이나 영국에서조차 머독의 공격적 매체경영에 정치인이든 관리든 모두 굴복시키고 자기 이익을 챙기고 있다는 사실은 어떻게 설명할 수 있을 것인가. 머독은 강대국에서도 내정간섭을 일삼고, 자기 이익을 위해서라면 물불을 안 가린다. 그가 한국에서 어떻게 행동하리라는 것은 물어보나 마나이다. 머독이 한국의 법을 지키고, 규제기관의 말을 순순히 들을 것으로 기대하는 것은 대단한 착각이다. 넷째, 위성방송은 소수 채널이다. 온 국민이 함께 보는 방송이 아니라는 뜻이다. 그런데 소수 채널이 국민들이 보편적으로 관심을 가진 스포츠나 이벤트를 독점 중계하도록 허용하지 말아야 한다.

국내진출 외국기업 지분 최소화해야

따라서 디지털 위성방송이 국가적 대사업을 인식하여 국민적 토론과 동의를 거쳐야 하며, 밀실에서 사업자 선정이 이루어지는 전철을 밟아서는 안될 것이다. 그리고 위성방송 허가는 공익성 심사가 되어야 한다. 독점과 불공정 경쟁 억제, 과잉투자의 억제, 프로그램 다양성 확보에 대한 심사가 되어야 할 것이다. 또한 외국 위성방송에 대한 세부적 규제장치를 마련하는 일도 시급하다.

뉴스 코프는 한국의 여론 시장과 대중문화 시장을 장악할 것이다. 여기에 반대하는 정권이나 재벌은 물론 신문재벌에까지 마구잡이 폭로기사를 써댈 것이다. ……그럼으로써, 20년 넘게 '밤의 대통령' 자리를 차지하였던 『조선일보』 사주는 머독에게 자리를 내주어야 할 것이다. (『대한매일』, 2000년 5월 13일).

영향을 주기 위해 마음대로 떠들어댈 것이기 때문이다. 그리고 한국에 이미 구축해 놓은 막강한 사업체를 기반으로 문화산업을 송두리째 삼킬지도 모른다. 머독은 20세기 폭스사를 통해 이미 한국의 영화, 음반, 비디오 시장에서 지난 10년 간 1천억 원이 넘는 수익금을 가져갔다. 뉴스 코프는 계열 매체들이 자신들의 생산물을 홍보할 목적으로 서로가 서로를 이용할 것이다. 뉴스 코프가 뉴스 코프사를 취재하고 보도하는 일이 벌어질 전망이다.

여기에 위성방송까지 운영한다면 그 파급력은 상상을 초월할 것이다. 머독이 다수의 위성방송 채널을 운영할 수 있도록 허가를 받는 순간부터 52개 국가에 걸쳐 800개의 매체사업 조직을 거느린 뉴스 코프는 일사불란하게 움직여 한국의 여론시장과 대중문화 시장을 장악할 것이다. 여기에 반대하는 정권이나 재벌은 물론 신문재벌에까지 마구잡이 폭로 기사를 써댈 것이 분명하다. 머독과의 더러운 싸움에서 견뎌낸 정치가도 없고, 매체사업체도 없다.

그럼으로써 20년 넘게 '밤의 대통령' 자리를 차지하였던 『조선일보』 사주는 머독에게 자리를 내주어야 할 것이다.[8] 돈과 정보를 훨씬 더 많이 갖고 있을 뿐 아니라 정치적으로 더 교활한 머독이 『조선일보』 사주를 그대로 둘 리가 없다. 그는 '밤의 대통령'을 몰아내고 자신이 그 자리를 차지하려고 할 것이다. 이것은 시간문제다. 이토록 머독의 방송시장 진출은 간단하지 않은 문제가 내포되어 있다. 왜 그런지 그 배경과 원인을 좀더 상세히 짚어 보도록 하겠다. 머독의 방송시장 진출이 안고 있는 문제점을 요약하면 다음과 같다.

1. 극심한 언론 통제와 탄압이 예상된다

뉴스 코프는 언론을 통제하고 탄압하는 파시스트 조직이다. 사주인 머독은 편집권이나 편성권 그리고 언론의 자유를 인정하지 않는다. 모든 것은 자본의 이익, 자신의 이득을 위해 존재할 뿐이다. 여기에 장애가 되는 사람은 정치인이건 기업이건 사정없이 몰아친다. 물론 종업원들에게도 오로지 이윤만을 위해 일하라고 한다.

그래서 머독의 언론 탄압은 국제적으로도 악명이 높다. 가장 대표적인 사건은 영국 『더 타임스』 인수와 그에 따른 신문 사유화를 들 수 있다. 1981년 머독이 『더 타임스』와 『선데이 타임스』를 매입할 때 기자를 비롯한 거의 모든 종사자들은 머독의 신문 인수에 격렬히 반대하였다. 상당수의 종업원이 해고당했다. 언론 탄압은 집요하게 진행되었다.

언론 탄압은 무자비한 노동자 해고와 연결된다. 『뉴욕 포스트』 인수시 고용 보장 약속을 깨고 직원의 1/4을 해고하였다. 『더 선』지 직원도 1/4을 잘라냈다. 가장 악명 높은 것은 1981년 『더 타임스』를 인수할 때 상당수의 직원을 해고한 것이다. 이때 머독은 호주 본사에서 신문 배달부까지 데려와 고용하였다.

---

8) '밤의 대통령'이니 그런 말들은 완전히 없어져야 한다. 만약 국민으로부터 직접 선출되지 않은 누구든 '밤의 대통령'처럼 막강한 힘을 행사하고 있다면 그 힘을 철저히 꺾어 버려야 한다.

1986년 머독은 『더 타임스』의 건물이 있던 프릿 지역(Fleet Street)을 떠나 런던 외곽 지역에 있는 왜핑(Wapping)으로 이전할 때 다시 종업원을 대량 해고하였다. 새 본사 건물에는 레이저 감시 장치를 설치하여 종사자의 일거수 일투족을 감시할 수 있게 만들었고 이를 알고 있는 기자들은 온몸을 던져 저항하였다. 종사자들의 거센 반발을 폭력으로 누르고 본사를 이전하는 데 성공하였다. 머독의 야만적인 언론인 해고와 탄압은 영국 언론계와 국민에게 큰 충격을 주었다. 그 충격파가 얼마나 컸던지 머독의 『더 타임스』 사유화 등 매체에 대한 극단적인 사유화를 두고 서구의 시민단체와 학자들은 '문화적 체르노빌'(cultural Chernobil)이라 부르며, 머독의 행태를 비판하였다. 머독이 그만큼 언론과 대중문화를 획일화, 저질화시키고, 종사자를 탄압했다는 뜻이다. 본사 이전을 둘러싼 노사 대립이 극심한 상황에서 정치권도 재빠르게 움직였다. 보수당 정권은 당연히 『더 타임스』 노동자의 행동을 비판하고 머독의 편에 섰다. 그런데 야당인 노동당도 머독의 손을 들었다는 것은 놀라운 일이었다. 당시 블레어 노동당 당수는 『더 타임스』의 본사 이전이 영국 신문사의 분기점이며, 상식의 승리라고 추켜세웠다. 더구나 권력욕과 권력 남용을 넘어서는 훌륭한 조치였다고 찬미하였다. 어떻게 이런 일이 생겼을까. 블레어 당수는 『더 타임스』-『선데이 타임스』-『더 선』-BSkyB로 이어지는 머독의 언론권력을 두려워한다. 그래서 머독의 이익이 걸린 문제에 관해서는 거의 예외 없이 머독의 편에 선다.

아직도 『더 타임스』와 『선데이 타임스』 기자들은 영국 기자 노조인 기자연맹(National Union of Journalist)에 가입하지 못한다. 사주의 엄명이기 때문이다. 이들은 머독이 이 신문을 인수할 때 노조를 탈퇴해야만 고용을 승계한다는 사주의 방침을 따른 사람들이다. 신문사 조직이 이렇게 사주 멋대로 운영되고, 자율성이 없으니 고급지를 유지하기가 불가능해졌다. 머독이 『더 타임스』를 인수하기 전만 해도 이 신문은 미국의 『뉴욕 타임스』와 함께 세계 최고의 신문으로 평가받았다. 『더 타임스』는 특종도 많이 했고 불편부당한 입장에서 논평하는 등 국제적인 신망이 매우 높았던 신문이었다. 그러나 이런 명성은 머독이 인수한 후 하루아침에 무너졌다. 머독의 계열 매체에서 편집권 독립이니 언론의 자유니 하는 것은 잠꼬대와 같은 것이다. 오로지 돈만 알고, 정치 · 문화를 상업주의화 하여 사주의 이익만을 챙기는 개인 '찌라시' 비슷하게 되어 2류 신문으로 전락하였다.

1994년 머독은 스타 TV가 BBC 월드 서비스를 방송하지 못하도록 금지하였다. 중국 시장에 진출하려고 준비하던 머독에게 중국 정부는 BBC 월드 서비스에서 마오쩌뚱에 대해 비판적으로 보도하는 것을 방송하지 말 것을 요구하였고, 머독은 스타 TV의 편성권을 악용하여 월드 서비스의 방송을 제외시켜 버렸다.

이 회사 계열 출판사인 하퍼 콜린스사는 홍콩 총독을 지낸 크리스 패턴의 총독 시절 이야기를 담은 책을 출판할 예정이었다. 이미 저자와 계약을 맺어 출판을 눈앞에 두고 있었는데 갑자기 출판이 취소된 사건이 벌어졌다. 이 과정에 사주인 루퍼트 머독이 개입하였다. 머독은 스타 TV의 중국 진출을 눈앞에 두고 사전 정지 작업을 벌이고 있는데 패턴 전 총독의 책을 발행할·경우 중국 정부에 비판적인 내용이 중국 당국자를 자극할까 우려하여 출판을 금지시켰다. 문제는 명백한 출판 탄압이다. 그런데 문제는 또 일어났다. 영국은 신문과 방송들이 이를 대대적으로 보도하여 머독의 언론 탄압을 비판하였지만 유독 『더 타임스』만이 이를 보도하지 않았다. 며칠이 지난 후 『더 타임스』는 〈뉴스 코프사가 그에 관한 기사를 보류시켰다〉는 제목의 기사를 내보냈을 뿐이다.

뉴스 코프 산하 매체는 머독의 이익만을 쫓다 보니 기본적인 언론의 기능이 무엇인지조차 모른다. 이들은 머독을 위해 존재할 뿐 공익이나 문화적 다양성과는 아주 거리가 멀다. 영국에서 발행되는 머독 계열의 『더 선(The Sun)』지는 영국 정부가 야심 있게 추진한 밀레니엄 돔의 건축에 대하여 완강히 반대하였다. 그런데 '선' 가는 갑자기 입장을 바꿔 찬성으로 돌아섰다. 왜 바꿨을까. 답은 뻔하다. 형제 회사라 할 수 있는 BSkyB가 돔 사업의 주요 투자자로 결정되었기 때문이었다. 이런 것을 어떻게 언론이라 할 수 있겠는가.

한편 머독의 영국 사업체인 뉴스 인터내셔널사는 블레어 정권을 압박, 시장 규제를 완화시키고 있다. 머독은 방송법에 의해 전체 신문시장의 20% 이상을 점유하고 있어 지상파 방송에 투자할 수 없다. 그러자 머독은 블레어 총리에게 '시장 점유율'을 폐기하고, '여론 점유율'(share of voice)을 채택할 것을 요구하였다. 이에 블레어 총리는 머독이 소유한 『더 타임스』, 『선데이 타임스』, 『더 선』, 『뉴스 오브 더 월드』와 같은 신문과 BSkyB와 같은 방송이 총선에서 유리한 환경을 조성해 줄 것이라는 판단 아래 법을 개정하려고 한다. 영국 정부도 블레어 총리의 뜻을 간파하여 여론 점유율 기준을 채택할 계획이다. 머독 산하 신문사업체가 시장 점유율이 높은 반면 여론 시장에서 차지하는 비중은 매우 낮다. 그래서 시장 점유율을 포기함으로써 몇 개 거대한 매체복합 기업에 힘을 실어주어 국제적 매체시장에서 경쟁하도록 하자는 것이 영국 정부의 생각이다.

2. 국가 주권을 유린한다

뉴스 코프사의 방송 진출을 비판적으로 볼 수밖에 없는 이유는 멋대로 내정에 개입하고 간섭하여 국가 주권을 위협할 가능성이 많기 때문이다. 머독이 한국에 진출한다면 뉴스 코프사는 막강한 매체를 이용하여 한국 내정에 멋대로 간섭할 것이고, 정치인이나 관료들도 이들의 주장이나 요구를 무시하기가 쉽지 않을 것이다. 뉴스 코프사가 자신들의 비리를 폭로할 경우 손 쓸 수가 없기 때문이다. 매체산업법도 정부나 여야가 독립적으로 주관할 수 없게 될지도 모른다. 머독이 일거수일투족을 감시하면서 정권이 자신에게 손해가 되는 쪽으로 법과 제도를 고치려 할 때 매체를 총동원하여 반대자를 무자비하게 공격할 것이다. 영국, 호주, 미국에서 머독이 흔히 쓰던 수법이다.

국가 주권의 유린까지 걱정을 할 수밖에 없는 이유는 여러 가지를 들 수 있다. 뉴스 코프 계열인 『더 선』지는 1998년 6월 24일자 기사에서 당시 노동당 토니 블레어 당수를 마구잡이로 공격하였다. 유럽 단일 통화에 찬성한 블레어를 집요하게 물고 늘어진 것이다. 외국인이 소유하는 신문사업체가 국가 정책에 이래라 저래라 간섭하는 일은 있을 수 없다. 그럼에도 뉴스 코프사는 계열 매체를 총동원하여 밥 먹듯이 내정에 간섭해 왔다.

외국 자본 특히 뉴스 코프사와 같이 저질 문화 상품을 만드는 글로벌 매체의 진출은 한국의 대중문화 시장만을 오염시키는 데 한정되지 않는다. 이들은 국가 주권까지 유린할 위험이 많다. 이미 다른 나라에서 머독의 행태는 국가 주권을 현저하게 위협하고 유린해 왔기 때문에 이에 대한 경계심이 대단히 높다. 머독의 정치적 영향에 대한 야심 때문이다. 그는 오랫동안 호주나 영국 등지에서 '밤의 대통령'이라 불릴 정도로 정치집단과 긴밀한 관계를 맺어 왔다. 머독은 자신의 사업을 위해 이들을 관리하고 통제해왔다. 한국에서는 『조선일보』 사주가 '밤의 대통령'이라고 할 정도로 정치 사회적으로 엄청난 영향을 끼쳐 왔는데 머독이 한국에 진출하는 순간부터 밤의 대통령 자리를 빼앗아 갈 것이다.

마하티르 말레이시아 총리는 머독이 스타 TV에 투자하여 아시아 지역을 공략하기 시작할 무렵 이렇게 경고하였다. "루퍼트 머독은 왜 5억 달러나 주고 스타 TV 지분의 64%를 매입했을까. 뉴스를 통제할 목적이 없다면 무슨 딴 목적이 있는가?" 마하티르 수상의 의문은 곧 풀렸다. 머독이 아시아 지역에서 위성방송을 시작한 것은 경제적인 이익에만 관심을 둔 것이 아니었다. 내정 개입은 이들이 진출할 때부터 기대한 노림수였다. 싱가폴에서 스타 TV를 비롯한 외국 위성방송의 행태는 우려를 자아내기에 충분하다. 스타 TV를 비롯한 외국 위성방송은 프로그램을 통해 싱가폴 내정에 개입하고 간섭하는 바람에 정치적 파장을 일으킨 적이 한두 번이 아니다. 외국 방송사는 싱가폴의 총선을 비롯하여 국정 현안에 대하여 이러쿵 저러쿵 보도하면서 사실상 내정 간섭을 서슴지 않았다. 총선 과정에서 외국 매체의 보도 행태는 유권자들에게 상당한 영향을 끼칠 개연성이 많다. 외국 위성방송사가 유권자의 투표 행위에 영향을 끼칠 만한 정보를 내보내자 일부 후보자들이 외국 위성방송사를 상대로 로비를 하거나 그도 안 되면 방송 시간을 사서 정견을 발표하는 광고를 내보내기도 하였다.

머독은 영국에서 뉴스 인터내셔널사를 차려 일간지, 방송 등에서 상당한 영향력을 갖고 있다. 이들의 영향력이 날로 커지면서 내정에 깊이 관여하고 있다는 비판을 받아 왔다. 뉴스 인터내셔널사는 정치적·이념적으로 수구파, 보수당, 시장주의자를 지지한다. 머독의 정치적 영향력이 어떤지 상징하는 사건이 하나 있다. 1992년 영국은 총선을 치렀다. 오랫동안 보수당 일당 독재였던 정치 구조를 바꾸기 위한 노동당의 노력은 번번이 수포로 돌아갔다. 이에 토니 블레어 노동당 당수는 언론계 특히 머독의 환심을 사려고 갖은 시도를 다하였다. 그리하여 블레어 당수는 뉴스 코프사의 본사가 있는 호주로 달려간 적도 있다. 이렇게 열심히 구애하였음에도 머독 계열 매체는 노동당이 집권당이 되는 것보다는 보수당이 집권하는 것이 나았고, 여론조사에서도 보수당이 우세하다고 나오자 보수당을 지지하였다. 그러다 1997년 총선에서는 노동당의 편에 섰다. 당시 여론조사에서 보수당의 지지도가 20% 가량 떨어지자 머독은 재빨리 노동당 지지를 선언하고 블레어의 집권을 도와주었다.[9] 머독이 이렇게 필사적으로 정치에 매달리는 이유는 거의 모든 영국 매체와 시민단체가 머독의 몰상식과 반언론-반문화적인 행태에 염증을 느껴 이들을 견제하자 정당이나 정치인과 연대하지 않고서는 자신의 이익을 관철하기 어렵게 되었기 때문이다.

이것만으로는 머독의 힘을 이해하기에 미흡하다. 다음 사건은 무소불위의

---

9) 머독은 특정한 정당이나 정치인을 함부로 밀지 않는다. 치밀히 계산하여 돈이 된다고 판단되면 무섭도록 찬양함으로써 상대방의 환심을 사려한다. 뉴스 코프는 특정한 사안에 대하여 여론조사가 실시되면 결과가 나온 지 3~4개월 정도가 지나야 행동에 나선다. 이때가 되면 문제의 실마리가 보이기 때문에 선택이 틀릴 가능성이 높지 않다. 선거에서 머독은 이런 수법을 많이 쓴다. 그리하여 선거가 끝나면 자신들이 밀어서 승리했다고 주장하고 그 대가를 꼭 챙긴다.

머독 파워를 알 수 있게 한다. 노동당이 집권한 후 머독의 영향력은 더욱 강해졌다. 재무장관인 G. Brown은 어느 날 갑자기 미국 오하이오주로 날아갔다. 영문을 모르고 있던 직원들과 매체들은 그것이 뉴스 코프 계열의 신문사 간부에게 특강하기 위한 것이라는 것을 알고 경악하였다. 이렇게 머독이 진출하여 지배적인 힘을 가진 나라에서는 정부, 정치인 등 너나 할 것 없이 머독과 그 계열 매체의 눈치를 보는 것이 현실이다.[10)]

보도니 정보니 대중문화니 하면서 다양한 장르를 통해 우리의 정치, 경제, 이념, 문화, 제도에 대하여 멋대로 논평하고 평가할 것이 분명하다. 이것은 다른 나라에서도 흔히 볼 수 있는 현상이다. 영국에서 발행되는 『더 선』지나 『뉴욕 포스트』지는 극우파 이념을 퍼뜨리는 데 선봉 역할을 할 뿐 아니라 극우 또는 우파 정치인을 부각시켜 선거를 유리하게 돕거나, 그들이 대중 정치인으로 크는 데 도움을 준다. 이런 식의 매체 운영은 분명한 내정 간섭이며 국가 주권에 대한 유린 행위이다.

미국 의회는 매체와 통신에 대한 기존의 소유 규제 조항을 개정하라고 연방통신위원회에 명령하였다. 루퍼트 머독은 집요하게 로비하여 연방통신법에 규정된 소유제한 규정을 아주 허약하게 만들어 사실상 이 조항은 무용지물이 되고 말았다. 한국 시장에 본격적인 진출을 모색하고 있는 머독의 이러한 행위는 약소국인 한국에서는 극심할 것이라고 예상된다. 학계와 시민단체 그리고 노조 등 시민사회는 사력을 다해 이 문제에 대처해야 할 것이다. 머독 계열의 매체가 정책, 대외 관계, 정치, 문화 등에 관해 뉴스나 정보를 공급할 수 있는 상황이 오면 이는 곧 내정 간섭과 직결된다고 해도 과언이 아니다. 일부 논자들은 보도채널이나 전문채널 운영권을 주지 않으면 되지 않느냐고 반문할 것이다. 참으로 한심한 생각이다. 수십 개 채널을 거느리고 시장에 들어오면 뉴스가 아니라도 얼마든지 특정한 정치인, 정당을 지지하거나 비판함

---

10) Branston, G., & Strafford, R., 『The Media Student's Book』(London: Routledge, 1999), p. 300.

'영리' 위해서라면 어떤 원칙도 희생

미디어, 머독에겐 도구일 뿐인가

루퍼트 머독 뉴스 코퍼레이션 회장은 신문, 방송, 잡지, 출판, 영화 등 150여개의 다양한 미디어를 보유한 세계 굴지의 다국적 미디어그룹 경영주다. 지난 2월 중순 데이콤과 함께 디지털 위성방송사업을 벌이기로 했다는 소식으로 방송계에 충격을 안겨줬던 인물이다. 끝없는 사업확장욕으로 '미디어계의 조스'란 별명까지 얻은 67세의 머독은 위성방송에 관한한 개척자이자 지배자란 평가를 받으며 세계 각지에서 '스카이 시리즈'를 추진중인 것으로 알려졌다. 그는 1990년 영국에서 B스카이B를 출범시킨데 이어 홍콩의 스타TV, 인도의 I스카이B, 일본의 J스카이B를 개시 또는 준비하고 있고 이제 한국시장까지 넘보면서 데이콤샛 위성방송 참여를 모색했던 것이다. 국내의 방송환경이 제대로 정비되지 않은 상황에서 외국자본의 위성방송 진출을 허용해선 안된다는 방송단체, 시민단체의 거센 반발로 이런 시도는 일단 무산되었지만 완전히 종결되었다고 보기는 어렵다.

그동안의 사업추진 행태로 미뤄보면 머독은 미디어그룹의 방대한 영향력을 활용해 경쟁자와 반대세력을 밀어붙이고 자신의 이익을 추구하는 데 거리낌이 없던 인물이다.

그래서 미디어를 도구화하고, 언론의 윤리나 원칙보다 영리를 앞세운다는 세찬 비난을 받고 있다. 특히 프리랜서 러스 베이커의 머독 비판은 자못 신랄하다. CJR(Columbia Journalism Review)98년 5/6월호에 실린 그의 글을 소개한다.

편역·홍수원
전 한겨레 논설위원

(『신문과 방송』, 1998년 9월호)

으로써 여론 형성에 영향을 줄 수 있다.

머독의 진출을 허용하자는 사람들도 이 점에 대해서는 상당히 우려한다. 그래서 방송위원회와 같은 규제 기구가 이러 저러한 규제를 엄격히 할 것을 주문한다. 물론 그러한 규제는 필요하다. 그러나 점차 효력이 없어질 것이다. 그 이유를 보면 이렇다. 머독이 한국 시장에 진출할 때는 기존 방송사, 노조, 시민단체 등의 반발을 우려해 마치 일본 대중문화가 살며시 한국 시장에 진출하여 야금야금 시장을 잠식하고 있듯이 아주 조심스럽게 시장에 접근할 것이다. 일단 시장 진입에 성공하면 머독은 필연코 더 많은 이익을 내어 시장 지배력을 높이기 위해 법과 제도를 자기 뜻대로 바꾸려 할 것이다. 법을 만들고, 규제를 담당하는 국회, 정부, 방송위원회는 하루아침에 종이 호랑이가 되지 말란 보장이 없다.

3. 이윤 지상주의 전략으로 한국 문화시장에서 엄청난 외화를 빼갈 것이다

시장 지배와 이윤 극대화 추구는 머독의 경영 목표이다. 이윤을 올리려는 머독의 시도는 매우 끈질겼다. 일본과 중국이 일차적인 표적이었다. 스타TV와 같은 글로벌 매체 독점체는 일본과 중국을 제외한 약소국에서는 해당국 정권과 밀착하여 자기 멋대로 시장을 유린한다. 말레이시아는 예외이다. 글로벌 매체가 만드는 컨텐츠는 대부분이 미국 등 서방 국가에게 적합한 것들이다. 그런데도 이런 회사가 아시아, 중남미 등 세계 전역에서 주인 노릇을 하고 있으니 한심한 일이다. 뉴스 코프는 오로지 이윤을 위해서라면 무엇이든지 한다.

그런데도 일부에서는 머독이 큰돈을 투자하니 막을 필요가 없다고 태연히 말한다. 그것은 머독을 전혀 모르고 하는 소리다. 머독은 신규 사업에 투자할 때 증시에서 돈을 끌어다 쓰고 다른 나라에 진출할 때는 제 돈은 거의 쓰지 않는다.[11] 대신 국내 자본과 공동 투자니 공동 지배주주니 해서 돈 몇 푼 안 들이고 거대한 공동 투자 기업의 주주가 되어 끝내는 통제권을 획득한다. 이 때 두 가지 문제가 돌출한다. 첫째는 공동 투자 기업이 실패하는 경우다. 이 때 머독은 그 사업에서 빨리 손을 떼 손실을 최소화한다. 많은 돈을 투자한 기업만 손해본다. 둘째는 기업이 성공했을 경우도 많다. 이 경우 머독은 재빨리 경영권을 장악한다. 투자대비 수익이 보장되는 공동 기업에 대해서는 결코 경쟁 투자자가 경영권을 갖지 못하도록 해왔다. 이런 방식으로 머독은 위험이 많은 초기 투자는 최소화하고, 투자한 매체기업이 성공하면 경영권을 인수하는 방식으로 '위험은 최소화, 이익은 극대화'라는 고전적인 자본주의 원리에 충실하였다. 이렇게 되면 한국과 같은 나라는 머독에게 옥토와도 같은 문화시장을 그대로 넘겨줄 위험이 많다는 점은 이미 많은 사람들이 지적한 대로이다. 머독의 자금력, 컨텐츠, 기술, 위협적인 정치 영향력 등 국내 매체나 기업이 갖지 못한 힘을 확보한 머독이 한국에서 못할 일이 없을 것이기 때문이다. 그에 따른 경제적 손실은 천문학적인 규모가 될 것으로 예상된

11) McChesny, R.W., 『Rich Media, Poor Democracy』(Urbana:University of Illinois Press. 1999), p.96.

다. 뉴스, 스포츠, 오락에 이르기까지 거의 모든 정보를 생산, 공급할 능력을 갖고 있는 이들이 한국이라는 조그만 시장에서 지배자가 되는 일은 어렵지 않다.

　머독의 스타 TV를 중심으로 보면 다음과 같다. 1980년대 후반부터 사업에 무리하게 투자한 후 심각한 재정난을 겪었던 머독은 주식시장을 이용하여 현금을 조달하는 원칙에 철저하다. 어떻게 하면 주가를 상승시킬 수 있을까. 이것이 머독 계열 매체의 경영 목표이다. 머독은 규모의 경제를 중시, 닥치는 대로 매체를 인수·합병해 왔다. 인수와 합병 방식도 매우 치밀하다. 유통망과 컨텐츠의 수직적 통합을 이루어 시장 지배력을 제고하는 데 역점을 둔다. 머독은 스포츠 중계권을 매우 중시한다. 미국에서는 전국 풋볼대회(National Football League)의 방송권, 영국에서는 축구 프리미어 중계권, 일본에서는 럭비 선수권 중계권을 따냈다. 각종 프로 스포츠단 운영에도 적극적이다. 박찬호가 소속된 LA 다저스도 머독의 소유이다.

〈표 7〉 머독의 한국 시장 침투 현황

계열사	사업영역
20세기 폭스사	영화, 비디오
폭스	뮤직음반
하퍼스 콜린스	출판
LA 다저스	미국 프로야구 중계

　머독이 운영하는 뉴스 코프사는 이미 한국 매체시장에 침투하여 상당한 실적을 올리고 있다. 여기에다 위성방송 사업까지 허용한다면 날개를 달아주는 셈이다. 뉴스 코프사는 아래 자료에서 보듯이 국내 영상, 음반 등 각 영역에 고루 침투하고 있다.

　뉴스 코프와 바이애컴이 투자한 폭스/파라마운트사는 『타이타닉』의 예에서 볼 수 있듯이, 한국 영화와 비디오 시장에서 주도적인 위치에 있다. 이 외에도 음반시장까지 진출하여 상당한 영향력을 확보하고 있다.

머독의 아시아 전략은 현지화(localization)이다. 소재, 출연자 등을 내국인으로 하여 수입을 올리는 방법이다. 대표적인 것이 머독 계열회사인 폭스사는 『텔미 섬딩』이다. 인기배우인 심은하, 한석규를 출연시킨 이런 류의 영화는 관람객에게 마치 한국 영화인 것처럼 착각하게 만든다.[12] 머독이 이끄는 뉴스 코프사는 규모의 경제와 범위의 경제를 실현할 수 있는 경제적 기반을 갖고 아시아 지역을 위협하고 있다. 이들은 시장에 들어갈 때 기존 매체와 손잡거나 성과를 내고 있는 신흥 매체를 고가로 매입하는 전술을 쓴다. 이런 글로벌 매체 독점체가 위성방송 사업에 진출할 경우 파괴력은 상당할 것으로 예상된다. 뉴스 코프사가 위성방송 사업자로 선정되거나 채널 사업자가 될 경우 그 파괴력은 상상을 초월하는 수준이 될 것이다. 뉴스 코프사는 DSM이 설립한 회사의 지분에 참여하여 위성방송 사업에 진출할 예정이다. DSM은 뉴스 코프, SK 텔레콤, 중소기업협동조합 중앙회, 롯데, 『동아일보』와 합자회사를 차리는데 뉴스 코프사는 200억 원 가량 투자할 것으로 예측된다. 이렇게 글로벌 매체가 기껏 몇십억 원에서 몇백억 원을 투자하고 2조 원이

12) 머독은 아시아에서 매체제국을 건설하는 데 사활을 걸었다고 해도 과언이 아니다. 아시아 지역에서 머독의 투자 현황을 보면 그러한 가설을 충분히 증명한다.

<아시아 지역에서 머독의 투자현황>

영역	머독의 투자회사
텔레비전	STAR TV, 페닉스 위성방송사(45%, 페닉스 중국채널, 페닉스 영화채널), 텐진 Golden Mainland Development Company Ltd. (60% ESPB STAR Sports(50%), Channel〔V〕Music Networks(60%), VIVA Cinema(50%), News Broadcasting Japan(80%), Sky Entertainment Corporation(50%), Sky Movies Corporation(50%), Sky PerfecTV(11%)
출판사	하퍼 코린스
영화	폭스사
음반	폭스음반사
뉴미디어	News Interactive, PDN Xinren Information Technology Co. LTD(70%), Newspoll(50%)

* 영화나 음반의 경우에는 한국에 계열사를 차려 시장에 진출하였다.

넘는 한국 방송시장에 진입하여 영업을 한다는 것은 우리 나라가 지난 수십 년 간 투자하여 구축한 방송시장을 한 순간에 자신들의 시장으로 만드는 것을 의미한다. 국내 방송사업자는 온갖 규제와 의무적 기능이 부과되어 팔다리가 묶인 형편인데 비해 뉴스 코프 등은 마음대로 활동할 것인 바 규제의 형평성이 문제가 되어 불공정 경쟁이 심각할 것이다.

머독은 엄청난 자본과 방대한 컨텐츠를 기반으로 성장하였다. 이를 기반으로 한국 매체와 오락시장에 진출하는 머독을 저지할 만한 매체가 한국엔 많지 않다. 연간 200억 달러가 넘는 매출액을 올리는 뉴스 코프사라는 메뚜기 떼가 한국의 방송, 영화, 음반, 오락, 출판 등 전 영역의 대중문화라는 벼 이삭을 훑고 지나가면 남는 것은 막대한 외화 유출에 따른 매체재정의 부족뿐이다. 뉴스 코프사가 막강한 영향력을 갖게 되자 여기에 편승하여 돈을 벌자는 기업도 생겼다. 공기업까지 BSkyB와 사업을 같이 하지 못해 안달하는 형편이다. 영국의 사례가 재미있다. 영국통신(BT)은 BSkyB, 마쓰시다, 미들랜드 은행과 함께 British Interactive Broadcasting을 만들었다. BSkyB는 BT의 고객망을 이용하여 유료 TV에 가입하지 않은 가정에 접근하기 위함이요, BT는 케이블 회사들이 무료에 가까운 전화요금 공세에 시달리다 못해 BSkyB와 연합, 경쟁자를 누르기 위한 것이었다. 공기업, 사기업, 공공 매체, 사유 매체 할 것 없이 머독의 전략에 말려들고 마는 것이 현실이다.

어떤 사람은 머독이 위성방송 사업에 10% 정도의 지분으로 참여하고 투자액도 몇 년간에 걸쳐 200억 원으로 그치기 때문에 한국 위성방송의 경영권을 지배하거나 시장을 통제하기는 어렵다고 낙관한다. 과연 그런가. 내가 생각하기에는 전혀 그렇지 않다. 생각해보자. 돈, 인력, 조직, 기술, 정보를 다 갖고 있는 재벌이 중소기업 10개와 공동 투자 회사를 설립한다고 가정하자. 재벌의 투자 지분이 10%이고 나머지 10개 중소기업이 90% 정도의 지분을 갖는다고 하자. 그럼 누가 경영권을 장악하겠는가. 중소기업인가. 물론 아니다. 당연히 재벌이다. 재벌은 10%가 아니라 단 1%를 투자한다 해도 99%를 소유하는 중소기업을 물리치고 경영권을 장악할 것이고 중소기업은 재벌의 눈치나 볼 것이 뻔하다. 이것이 자본의 생리다. 그러므로 머독이 10%의 지분으로 위성방송 사업에 참여한다면 그 회사의 경영권은 물론 전체 위성방송 산업의 통제권이 연간 25조 원의 수입을 올리고 엄청난 컨텐츠를 보유하고 있는 머독에게 돌아갈 것이다. 간단히 말해 머독의 위성방송 진출과 투자를 허용하는 것은 조선 후기 일본, 미국 등 서구 열강이 한국에 들어와 철도 부설권, 전신전화 부설권, 금광 채굴권, 학교 설립권을 따낸 것 이상의 심대한 손실을 줄 것이다.

4. 영세한 케이블, 지역 민방, 비디오 등 대중문화 시장을 심각하게 위협할 것이다

지상파방송을 제외한 방송은 아직 터를 잡지 못해 전전긍긍하고 있는 실정이다. 1997년 외환위기를 거치면서 50% 가까운 인력이 해고되고, 많은 채널이 경영난으로 수없이 지배주주가 바뀌었지만 경영이 호전될 기미를 보이고 있지 않다. LG홈쇼핑을 비롯한 한두 개 채널을 제외하고는 대부분의 유선방송, 지역 민방은 매년 수천억 원의 적자에 허덕여 왔다. 전국적으로 2만 개에 이르는 비디오 가게는 중산층의 붕괴와 매체 소비력의 축소로 대부분이 존폐의 위기에 이르렀다. 여기에 최소 50개가 넘는 위성방송 채널이 허가를 받으면 기존 방송 채널은 재기 불능 상태에 빠질 것이다. 머지 않아 100개에 이르는 위성 채널이 오락과 스포츠 프로그램을 내보내는 경우 한국의 방송 채널은 괴멸적인 타격을 입을 것이 분명하다. 특히 인기가 많은 국제 스포츠의 생중계, 기존 시장에서 금지된 성인 섹스 프로그램까지 허용된다면 외국 위성방송은 지상파방송까지 위협하려 들 것이다. 이럴 경우 위성방송 운영비는 국내 자금에서 나오고, 수익은 루퍼트 머독 등 외국 기업이 가져가는 꼴이 된다. 그리하여 국내 방송사업자들은 수입원을 잃어버리고 결국에는 프로그램 제작 능력을 잃는 사태까지 예상된다.

5. 머독의 계열 매체는 서로를 선전, 홍보함으로써 시너지 효과를 극대화할 것이다

이윤 극대화를 확보하고, 자신들의 사업에 유리한 정보를 흘려 수용자의 소비 방식에 영향을 줄 것이다. 한 조사에 따르면 머독이 호주에 투자한 뉴스 리미티드 산하의 매체는 같은 계열의 사업체인 캐리어 원(Career One)을 판촉하기 위해 무려 42건의 기사를 다루었다. 이뿐이 아니다. 뉴스 리미티드 계열 매체는 머독이 소유하는 고우 피쉬(Go Fish)를 선전할 목적으로 총 61건의 홍보성 기사를 실었다. 그리고 폭스 스튜디오를 선전하는 데 단 6개월 동안 무려 100여 개에 이르는 기사를 실었다. 머독의 매체는 오로지 자신의 물건을 파는 데만 혈안이 되었을 뿐이다. 1998년 3월 9일자 『뉴욕 포스트』지는 중국 최고 지도자들까지 『타이타닉』을 극찬하고 있으며, 중국인들도 이 영화를 흠모한다고 보도하였다. 『뉴욕 포스트』지는 머독이 소유하고 있는 일간지이고 『타이타닉』 역시 머독 계열의 20세기 폭스사가 만든 것이다. 재미있는 일은 이 보도가 나갈 때 『타이타닉』은 중국에서 상영 계획조차 없었고, 중국 매체는 한국과 달리 할리우드 장사시켜주는 보도를 거의 하지 않기 때문에 중국인들이 『타이타닉』이라는 영화가 무엇인지 알 길이 없었다는 사실이

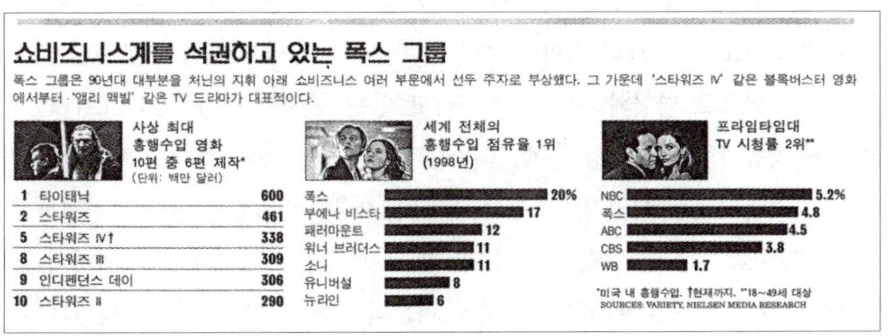

(『뉴스위크』(한국판), 1999년 7월 21일(통권 388호))

다. 그런데도 최고 지도자와 국민이 이 영화에 관심이 있다느니 하는 엉뚱한 소리를 한다. 이들은 이렇게 자기들끼리 밀어주고 당겨주고 하는 사업 방식

을 '시너지 효과'(synergy effects)라고 부르면서 애용한다. 이렇게 계열 매체끼리 밀어주고 끌어주고 함으로써 물건의 질과 상관없이 긍정적인 이미지를 부각시켜 일종의 사기극을 벌이는 일이 다반사다. 이런 보도를 접한 수용자는 왜곡된 정보에 의해 부당한 취급을 받게 되는 것이다.

머독은 한국에 진출해서도 유사한 행태를 보일 것으로 짐작된다. 뉴스 코프 계열 매체를 총동원하면 그 영향은 엄청날 것이다. 더 많은 이익을 얻기위해 때로는 무리수를 쓸 것이고, 그렇게 된다면 한국 시장 질서는 커다란 혼란에 사로잡힐 것이다.

6. 한국 정치의 부패를 심화시킬 것이다

머독은 극우파 정치인들에게 자금을 주고 포섭한다. 흔히 쓰는 수법으로는 정치인에게 정치 자금을 주거나 회고록을 쓰는 대가로 거액의 돈을 지불하는 것이다. 상당수의 할리우드의 영화사, 영화배우는 정당이나 정치인에게 자금을 대주고 있으며, 매체 사주도 유망하거나 자신과 이해가 걸린 정치인에게 아낌없이 돈을 쓴다. 회고록 집필도 정치인에게는 독약이다. 가장 많이 비판을 받는 사례는 미국 뉴트 깅리치 하원의장에게 물경 450만 달러의 선금을 주고 책을 쓰라고 요청한 건이다. 머독이 이 돈을 건넸을 때는 연방통신법 개정안이 하원으로 넘어와 심의를 기다리고 있는 중요한 시점이었다. 이 당시 머독은 방송산업에서 겸영 문제, 외국인 소유 제한 등의 완화를 요구하면서 애타게 기다리던 중이었다. 그래서 깅리치 하원의장에게 자서전을 집필하는데 선수금조로 상당한 돈을 주었다. 법 개정 과정에서 이런 돈이 머독에게 불리하게 작용했을 까닭이 없다. 다행히 여론의 집중 포화를 맞은 깅리치는 이돈을 머독에게 돌려주어야 했다.

영국의 대처와 메이저도 수상 재임시 막대한 선금을 받고 회고록 집필 계약을 맺은 바 있다. 매체산업에서 독점에 대한 규제를 완화하라는 머독의 신호였다. 대처 수상은 회고록 집필 대가로 300만 달러 이상을 받은 것으로 알려졌다. 실제로 대처를 비롯한 보수당 정권과 블레어 현 수상 모두 머독의 이익에 반하는 행동을 할 엄두도 못 냈다. 반대는 고사하고 어떻게 하면 혜택을 줄 수 있을지 전전긍긍하는 실정이다. 예를 들어보겠다. 1981년 머독은 세계 최고 신문으로 인정되는 『더 타임스』, 『선데이 타임스』를 매입하였다. 그런데 머독은 영국에서 몇 개의 일간지를 소유하고 있었다. 거기에 시장 점유율이 높은 일간지와 주간지를 한꺼번에 매수하자 독점을 금지한 독점금지법에 위반되는 것이었다. 그리하여 당연히 반독점위원회(Monopolies and Mergers Commission)가 이 문제를 거론하여 결론을 내도록 되었다. 그러나 이 위원회는 그렇게 하지 않았다. 대처 수상은 선거에서 머독 계열 신문의 적극적인 지지를 받았고, 이에 대한 보상의 차원에서 반독점위원회에서 『더 타임스』와 『선데이 타임스』 매수 문제는 거론조차 되지 않았다.

머독은 실력자의 가족에까지 손을 뻗치는 경우도 있는데, 중국의 최고 지도자인 등소평에게 환심을 살 목적으로 딸에게 아버지에 대한 책을 내게 하고 인세로 무려 100만 달러를 주었다. 출판사는 당연히 머독이 운영하는 하퍼 콜린스사였다.

이렇게 자신에게 이익을 줄 수 있는 사람에게는 돈을 주고, 호의적으로 보도하는 등 아첨하지만 대립되는 쪽에 있는 사람에 대해서는 약점을 폭로하는 등 비열한 행위를 서슴지 않는다. 권력형 간신배 같은 행동이다. 뉴스 코프는 미국에서 일간지 운영과 출판사업으로 톡톡한 재미를 보았고, 정치적 영향력의 교두보를 마련할 수 있었다. 그러나 성이 차지 않은 머독은 방송에 진출하려고 했지만 외국인 투자를 금지한 연방통신법 때문에 애를 태웠다. 이에 머독은 사생결단의 각오로 달려들었다. 그는 자신이 운영하는 『뉴욕 포스트』를 비롯한 계열 매체를 총동원하여 방송통신 정책을 좌우하는 연방통신위원회(FCC)를 공격하기 시작하였다. 머독은 비판의 초점을 연방통신위원회의 비대성, 비효율성에 맞추었다. 연일 『뉴욕 포스트』에 연방통신위원회의 문제점을 지적하고, 예산 삭감을 요구하는 기사를 싣자 연방통신위원회는 머

독에 굴복하여 신문과 방송의 겸영, 외국인의 방송시장 진출을 허용하기에 이르렀다. [13]

연방통신위원회는 통신법 개정을 요구하는 사방팔방의 압력을 받고 있는 터에 머독까지 가세하니 견디다 못한 5명의 위원들이 손을 들고 말았다.

머독은 이렇게 경쟁자나 비판자 또는 자기의 뜻에 어긋나는 사람이나 기관을 무차별적으로 공격하고 비판하여 사회분위기를 조성해 갔다. 머독은 채찍으로만 접근해 들어가지 않았다. 자신에게 이득을 주는 정치인에 대해서는 지면과 방송 프로그램을 통해 적극 지지하였다. 그 반대 급부는 엄청난 것이었다. 영국의 예를 보자. 대처는 수상으로 있을 때 머독과는 밀접한 정치적 관계를 유지하였다. 어떻게 보아도 이들은 서로 후견인이라 할 정도로 밀착되어 있었다. 대처는 머독의 사업을 돕는 데 적극적이었고, 머독은 대처의 정치적 입지 안정을 위해 매체를 총동원하여 선전해 주었기 때문이다. 대처 수상은 재정적으로도 머독에게 막대한 불로소득을 안겨 주었다. 대처 정부는 엄격한 금융서비스 규제를 대폭 완화하여 매체사업체도 금융서비스를 할 수 있는 길을 터주었다. 매체재벌에게는 횡재였다. 머독이 소유하는 뉴스 인터내셔널사는 무려 1억2천5백만 파운드의 불로소득을 얻었고, 경제 정보를 취급하는 로이터사도 막대한 이득을 얻었다. [14] 이렇게 특정 정치인이나 정당과 유착한 매체자본은 상당한 이권을 받기 마련이다. 이 점을 노려 매체자본가들은 정치인과 기꺼이 한몸뚱이가 되려고 한다.

이런 여러 가지 사례를 두고 볼 때 머독은 정치권과 밀착하여 이권을 얻었고, 사업을 팽창하거나 이익을 극대화하기 위해 인수와 합병, 종업원의 대량 해고와 같이 수단 방법을 가리지 않았다. 머독의 이런 행태는 한국에서도 재현되리라 본다. 한국의 정치구조와 관행이 영국, 호주, 미국보다 훨씬 뒤떨어

---

13) 미국에서는 연방통신위원회가 방송과 통신시장을 규제한다. 그런데 뉴스 코프사는 폭스사에 상당한 지분을 갖고 있음에도 연방통신위원회는 1985년까지 그 지분율이 얼마인지 몰랐다. 이것은 머독이 치외법권 지위에 있다는 것을 극명하게 보여준다.

14) Tunstall, j., 『Newspaper Power』(Oxford; Clarendon Press, 1996), p. 22.

져 있고, 음성 거래가 난무하는 상황이어서 정치권과 머독은 악어와 악어새 관계가 될지도 모른다.

　머독은 한국에서 뉴스, 오락, 스포츠 사업에 적극 진출할 것으로 보이는데 국내에 정치적인 후원자가 없으면 불가능하다. 그래서 머독은 국내 정치권과 음양으로 부도덕한 관계를 맺을 가능성이 크다. 그리하여 이권을 따고, 막강한 정치적 영향력을 행사하려고 시도할 전망이다. 그에게 매체는 이윤 획득의 수단을 넘어선 정치적 영향력을 발휘하는 도구이다. 그리하여 『조선일보』 사주가 갖고 있던 '밤의 대통령'이란 '영예(?)'가 머독에게 넘어가지 않으리라는 보장이 없다.

7. 머독이 운영하는 매체는 저질, 퇴폐문화를 대량 공급함으로써 대중문화의 하향 평준화를 조장한다

　머독 계열 매체가 가장 관심을 두는 분야는 범죄, 섹스, 정치적 추문, 스포츠이다. 오락형 정보(infotainment)라는 쓰레기 장르를 만들어 낸 것도 머독이다. 그 배경을 보면 이렇다. 머독의 미국 텔레비전 네트워크인 폭스 텔레비전은 『A Current Affair』란 30분짜리 뉴스 프로그램을 만들었다. 이 프로그램은 뉴스를 가장하여 명사의 스캔들을 주요 정보로 만들어 내보내 시청률을 높이고자 하였다. 여기서 그치지 않고 폭스 방송의 제휴사인 WSVN-TV는 범죄사건을 보도할 때도 시청자를 자극시키려고

범죄, 섹스, 정치적 추문, 스포츠 등 오락형 정보(infotainment)라는 쓰레기 장르를 만든 것도 매독이다. (『대한매일』, 2000년 4월 21일)

배경음악을 까는 치사한 수법도 쓴다. 말초신경을 자극하는 프로그램을 외면하기가 쉽지 않은지 시청자들이 이런 프로그램에 상당한 관심을 보이자 다른 네트워크도 덩달아 이를 모방하기 시작하였다. 머독이 추구하는 대중문화는 의식과 가치 등 정신적인 측면에 긍정적인 영향보다는 부정적인 영향이 클 것이다. 시민과 노동자의 민족 주체적인 의식은 물론 소비 양태에 이르기까지 심각한 영향을 줄 것이다. 다국적 광고주를 위한 프로그램과 광고로 한국 시청자의 소비 의식을 통제할 것이다.

8. 무차별적 가격 인하, 스포츠 구단 매입, 프로그램 중계권의 독점 등을 통해 불공정한 거래를 한다

불공정 거래 행위로 눈에 드러나는 것은 역시 한 부당 800원이었던 『더 타임스』를 200원으로 깎아 『인디펜던트』를 거의 몰락시키고 『더 가디언』이나 『데일리 텔레그라프』에도 심각한 충격을 준 것이었다. 머독이 경영하는 『선데이 타임스』에 대한 가격 할인도 계속되었다. 한 부당 1천 원에 팔던 『선데이 타임스』를 절반이나 깎아 신문 가격을 640원으로 내렸다.[15] 독자에게는 값싼 신문을 제공해 준다는 장점이 있지만 이러한 가격 경쟁은 경쟁지를 힘으로 눌러 구석에 몰아넣고 시장을 지배하려는 야욕이 있었기 때문이다. 그래서 이런 불공정 거래가 사회적인 문제로 비화되었지만 정부가 할 수 있는 일은 없었다.

아래 자료에서 보듯이 미국에서만 해도 뉴스 코프사는 프로 스포츠 사업에 다각적으로 투자하였다. 중계권을 따내기 위한 거의 도박성 투자였다.

뉴스 코프사는 약삭빠르게 특정 스포츠의 특정 구단의 경기를 독점하여 다른 방송사와 공정한 경쟁을 하지 않으며 시청자에게서는 볼 권리를 강탈한다. 뉴스 코프가 독점 중계하는 경기를 보려면 시청자는 유료 채널에 돈을 더 내고 보거나, 경기가 벌어지는 현장에 돈을 내고 가야 한다.

---

15) 파운드와 원화의 환율 변동이 심하다는 것을 고려해야 함.

〈표 8〉 머독이 확보한 독점 중계권

구단	분야
애틀랜터 브레이브스	프로야구
뉴욕 양키스	프로야구
텍사스 레인저스	프로야구
뉴욕 매츠	프로야구
애틀랜터 호크스	프로농구
셀럿 호니츠	프로농구
뉴욕 닉스	프로농구
댈러스 매버릭스	프로농구
LA레이크스	프로농구
뉴저지 네츠	프로농구
내슈빌 프레더터스	프로 아이스하키
캘로라이나 허리케인스	프로 아이스하키

이탈리아에서도 뉴스 코프사는 불공정 행위를 하였다. 케이블 TV인 Stream사 지분을 80% 인수하였는데 이를 통해 특정 프로축구 중계를 독점하였다. 잉글랜드에서 뉴스 코프는 약 1조4천5백억 원을 지불하고 잉글랜드 프로축구 1부 리그의 5년 간 중계권을 확보하였다.

9. 문화 주권을 위협하고 파괴할 것이다

머독의 한국 방송시장 침투는 국가 주권의 일부이며, 우리 민족이 수천 년 간 애써 지켜왔던 문화 주체성을 파괴할 것이다. 거기에다 문화적 편견까지 첨가되어 문화적 인종차별(cultural apartheid)이 확산될 것이 분명하다. 머독의 위성방송이 침투하면 사실 가장 위협을 받는 것이 방송문화에 대한 부정적인 영향과 민족문화를 위협하고 대중문화를 한국식에서 자기식으로 만들어 버릴 것이다. 머독이 진출한 나라에서는 예외 없이 이 문제가 심각하게 제기되었고 사회적 두통거리로 인식되고 있는 실정이다.

영국에서 문화에 대한 머독의 파괴 행위는 심각한 사회 문제로 비화된 바 있다. 영국에서 축구는 가장 사랑받는 스포츠다. 이를 간파한 머독은 BSkyB를 통해 프로 스포츠 리그인 프리미어 리그 중계권을 사실상 독과점하였다. 머독은 BSkyB를 통해 4년 간 41개 게임을 중계하고 그 대가로 6억 7천4백만 파운드의 중계료를 지불하기로 하였다. 그러나 문제는 소수의 시청자만이 보는 BSkyB가 중계를 독점하는 바람에 BBC 등 국민 보편적인 방송사는 비싼 중계료를 지불할 능력이 없어 모든 국민이 즐기는 스포츠 중계를 하지 못하게 되었다. 눈 뜨고 당할 수밖에 없는 일이 벌어졌다. 이 당시 BBC가 할 수 있는 일이란 7천3백만 파운드를 내고 프리미어 리그전의 주요 대목만 간략히 방송하는 것이었다. 영국 시청자들은 가장 저렴한데다가 국민적 담론을 이끌어낼 수 있는 축구 중계를 볼 권리마저 일개 사영 방송사에게 빼앗겨 버린 것이다.

10. 탈세, 회계조작 문제도 심각하게 대두될 것이다

탈세 또는 절세 방법을 동원하여 세금을 내지 않으려는 것이 장사하는 사람이라는 점은 인정한다 해도 거대한 기업을 거느리면서 많은 이익을 내는 글로벌 매체가 탈세하는 것은 참을 수 없는 일이다. 뉴스 코프가 대표적이다. 이 회사는 세금을 탈루하기 위해 다양한 방법을 고안하였다. 첫째, 부채 이자의 상환에 따른 세금 면제 혜택을 받는다. 둘째, 각국의 세제 기준의 차이를 적극적으로 이용한다. 미국, 영국, 호주에서는 기업의 법인세율이 수입의 30 ~36%인데 비해 케이맨 제도(Cayman Island) 등과 같이 세금이 없거나 조세 제도가 느슨한 곳에 기업을 만들어 조세 피난처로 이용한다. 조그만 섬나라에 간판만 세운 기업을 차려 놓고 회계처리를 함으로써 탈세하고자 조세 도피처(offshore tax haven)에 기업을 차린다. 케이맨 제도, 피지 등에 사실상 유령회사를 세워 세금을 교묘하게 피한다.[16] 하물며 쿠바에까지 손을 뻗친 결과 머독은 전 세계 52개 국가에 세금 회피용 회사를 설립, 운영 중이다.

---

16) 『해외방송정보』, 1998년 3월호, 6쪽.

이곳에서는 세금이 거의 없으니 절세 효과가 엄청나다. 그러나 사실은 탈세다. 다른 매체복합기업들의 연간 세금이 순이익의 32.5% 가량 되는데 비해 뉴스 코프사는 7.8%에 불과하다. 다른 기업을 보면 월트 디즈니가 28%, 바이어컴은 22%, 타임워너사는 17%이다. 뉴스 코프사는 월트디즈니, 타임워너사나 바이애컴과 비교하여 세금이 1/5에 불과하다.

세금 문제로 인해 머독은 영국이나 호주에서 물의를 일으킨 적이 한두 번이 아니다. 머독이 지배주주인 뉴스 인터내셔널사는 외부 차입금을 상당히 끌어 썼다. 차입금이 많으면 세금이 감면되기 때문이다. 그런데 돈을 빌려준 기업은 영국 밖에서 머독이 소유하는 매체기업이라는 데 놀라움이 있다. 1999년 영국『이코노미스트』보도에 따르면 머독은 지난 11년 간 영국에서 총 14억 파운드(한화 약 3조) 가량 순이익을 냈다. 이런 정도의 수입이면 3억 5천만 달러의 세금을 내야 하지만 단 한푼도 내지 않았다. 회계 처리를 멋대로 하여 사실상 탈세했다는 비판을 받았다. 이뿐이 아니다. 1998년 기준으로 뉴스 코프사는 지난 4년 간 54억 호주 달러의 수입을 올렸지만 세금은 이 중 6%인 고작 3억2천5백만 호주 달러밖에 내지 않았다. 이것은 일반 봉급자가 내는 세금 비율보다도 못한 것이다. 이에 영국 시민언론운동 단체들은 탈세 혐의에 대하여 집중적으로 성토한 바 있다. 머독의 돈벌이 역사는 여기에 그치지 않는다. 탈세나 절세를 목적으로 잘 알려지지 않은 섬나라에 유령회사도 만들었다. 뉴스 코프사는 버뮤다에 News Publishers라는 회사를 차렸다. 그런데 이 회사는 종업원도 없고, 수입원도 없는데 무려 16억 파운드의 연간 순이익을 올렸다. 이것은 세계 시장에서 돈을 벌고 각국 정부에 합당한 세금을 내야하는데 조세법을 악용하여 유령회사를 차려 이를 통해 막대한 이익을 빼돌리고 있을지 모른다는 비판이 영국에서도 나온 바 있다.

회계 조작도 비판을 받아 왔다. 미국 회계기준이라면 1억5천5백만 달러의 손실을 냈을 회사가 회계 방식을 다르게 하여 5억6천1백만 달러의 흑자를 냈다. 이렇게 실적으로 부풀리면 주가에 영향을 준다. 그래서 머독은 또 이득을 얻을 것이고, 투자한 사람은 손해를 볼 것이다.

뉴스 코프사 계열 방송이나 프로그램은 질적으로 열등한 것이 많다. 그런 컨텐츠를 갖고 한창 자라나는 어린이에게 정신적인 악영향을 줄 것이 뻔하다. 다른 나라의 정치에 관해서도 의제를 설정하거나 방향을 제시할 힘이 있고, 그 힘을 자신의 이익을 극대화시키는 데 악용하고 있다는 것은 여러 사례에서 그대로 드러났다. 우리는 이 점을 각별히 유의할 필요가 있다. 그리하여 마하티르 총리는 이런 각오의 말을 했는데 우리에게는 금과옥조와도 같은 것이다. "우리가 무엇을 해야 하는지를 머독이 결정하도록 결코 내버려 둘 수 없다."

머독은 풍부한 자금 동원력, 막강한 컨텐츠, 전 세계적인 정보망, 그리고 정치적 막후 협상력이 강점이다. 이런 배경으로 다른 나라에 침투하는 머독은 기존 매체 질서를 송두리째 흔들어 놓을 힘을 갖고 있다. 막대한 자본의 투입을 통한 경쟁사 고사 전략, 채널 등 매체의 인수와 합병, 경쟁력 있는 매체 낚아채기, 시청률이 높은 스포츠나 이벤트의 독점 중계 등 공격 경영으로 일관할 뿐 아니라 선거 등 정치에도 깊숙이 관여한다. 머독의 진출과 기존 정치, 문화, 이념 질서에 대한 부정적인 충격을 머독의 위협 효과(Murdoch Threat Effect)라 부를 수 있다.

머독의 한국 시장 진출은 결국 언론 통제, 내정 간섭, 문화 지배, 경제적 수탈을 목적으로 한다는 것은 이미 밝혀진 바 있다. 우리는 머독의 침략에 대하여 비상한 관심을 갖고 대처하지 않으면 안 된다. 학계, 노동계, 시민단체는 물론 정부와 여야도 정치적 이해 관계를 떠나 이 문제에 대해서는 심각하게 고민해야 할 것이다. 우리가 이렇게까지 머독의 진출에 대하여 반대하는 이유는 위성방송을 비롯한 방송은 국가 자주권이 걸린 중대한 문제이며 문화적, 정치적, 경제적으로도 상당한 충격을 주기 때문이다. 방송은 일종의 영토이다. 그럼으로 주권 국가에 외국 방송이 침투하면 규제를 받는 것이 당연하다. 하지만 현실적으로는 거의 불가능하다. 엄청난 물량을 일일이 규제하기 어렵거니와 규제 비용도 상당하다. 이뿐 아니다. 글로벌 매체의 배후에는 강대국 정부가 뒤를 받치고 있어 약소국 규제 기관이 법대로 규제하기란 쉽지 않다. 루퍼트 머독과 함께 우리가 감시해야 되는 상대는 일본 대중문화자본이다. 이들도 머독과 같이 위성방송에 진출하고자 할 것이다. 이들은 국내법이고 나발이고 무용지물로 만들면서 오로지 돈 빼내 가는 데 혈안이 될 것이 뻔하다. 이들이 법이나 방송 규제 기관인 방송위원회의 말을 따를 것이라고 생각한다면 커다란 착각이다. 여기에 문제의 심각성이 있다.

머독과 일본 대중문화자본은 한국의 위성방송 시장 진출을 통해 자신의 이익 극대화라는 최대 목표를 달성하기 위해 수단 방법을 가리지 않을 것이다. 이들은 더 많은 이윤, 광고주와 강대국의 이익을 위해서라면 정치적·이념적·문화적으로 우리가 도저히 받아들일 수 없는 내용까지 멋대로 유포시킬 것이며, 상대적으로 우리는 이를 억제할 수단을 갖고 있지 못하다. 이들은 언론과 표현의 자유 운운하면서 돈 되는 것이라면 무엇이라도 할 것이다. 민족문화와 대중문화의식 그리고 사회 여론에 심대한 왜곡을 초래할 가능성이 크다. 이렇게 강대국의 가치와 이념을 반영하는 프로그램이 위성방송을 통해 국내에 전파되고 있어 문화적 테러리즘(cultural terrorism)은 심각해진다.[17] 이런 문화적 탄압과 억압 현상은 이미 나타나고 있다. 우리는 이를 어떻게 대처할 것인가. 과연 이런 현상이 나타날 때 효과적인 대응책이 있을 것인가.

머독 반대 운동은 첫째, 일본 대중문화의 침략에 대한 문제와 묶어서 '머독과 일본 대중문화의 침탈에 반대하는 시민연대(가칭)'를 만들어 조직적으로 대항해야 한다. 둘째, 국민들에게 머독의 침략에 따른 문화적, 정치적, 경제적 손실이 얼마나 큰지 알려야 한다. 셋째, 위성방송 사업자 선정 과정을 공개화·투명화하고 시민과 노동자의 참여 보장 등을 통해 머독의 진출을 적극

---

17) 문화적 테러리즘은 강대국이 막강한 전송망과 컨텐츠를 무기로 약소국 국민에게 문화적 탄압을 가해 그들의 가치나 신념 등을 파괴하고 자신의 것을 일방적으로 확산시켜 지배적인 지위를 차지하는 것이다.

막거나 최소화해야 한다. 넷째, 머독 반대는 전세계 시민 단체, 노동 단체, 언론인, 방송인들이 공통적인 정서이니 만큼 '머독 반대'(Stop Murdoch) 사이트를 개설, 세계 여론을 모아야 한다. 다섯째는 방송위원회를 비롯한 규제 기구가 국가 주권의 수호 차원에서 머독의 진출 문제를 다루어야 한다. 머독이 한국의 고유한 매체시장에 침투하고, 준동하는 상황이 올 것인데 그 일차적 책임은 문화관광부, 정보통신부, 방송위원회에게 물어야 할 것이다. 여섯째, 위성방송 시장에 스타 TV만 진입을 허용해서 얻는 것보다는 잃는 것이 훨씬 많으므로 매체의 신뢰도나 명성 그리고 품질과 경영 등에서 양호한 글로벌 매체의 진입을 허용하여 우리가 선택할 수 있는 길이 무엇인지 심각히 모색해야 할 것이다. 시민사회단체가 강도 높게 머독 진출을 반대하면 최소한 주도권이 머독에게 넘어가지 않을 수도 있을 것이다. 경영권이나 시장 통제력을 행사하지 못하는 수준에서 억제해야 민족문화 생존의 터전을 잃지 않을 것이다.

　이상의 내용을 간추려 보자. 전 세계 국민들은 이미 수십 년 전부터 진출한 악덕 사주 머독으로 인해 민족적인 모멸감과 자괴감도 맛보고 상당한 경제적 손실도 보았다. 이러한 고민과 충격은 위성방송 사업에 진출하는 시점부터 남의 일이 아닌 우리 일이 될 것이다. 뉴스 코프는 한국에 KSkyB를 만들어 위성방송, 케이블, 인터넷을 통합하는 방송을 만들 것이고 이미 진출한 20세기 폭스사와 연합하여 거대한 매체 독점체를 만들어 한국에서 지배적인 매체가 될 것으로 예상된다. 이 회사는 방송, 컨텐츠, 스포츠, 오락, 뉴스, 인터넷 등에서 철저한 상업주의로 무장하여 단시일에 많은 수익을 올리고, 국내 매체 사업체를 도산시킬 파괴력을 갖고 있다. 연간 수천억 원대의 이익을 국내에서 빼갈 것이고, 한국의 문화 주권, 국가 주권까지 주무르는 '밤의 대통령'이 될 것이다. 분명히 말하건대 머독의 방송시장 침입은 '문화적 포름알데히드'요 '사상적 독극물'이다. 누가 이를 막을 수 있는가? 그래서 세계의 모든 언론계 종사자, 학계, 시민과 노동자들은 한 목소리로 이렇

게 외쳤다. "머독을 반대한다. 머독은 물러가라". (Stop Murdoch!) 우리도 이
렇게 외쳐야 한다.

'악덕사주, 언론 통제자. 문화 파괴자, 내정 간섭자 머독의 침략을 반대한
다. 머독은 물러가라!'

|참|고|문|헌|

• 강남훈, 〈정보혁명과 노동가치론〉, 『사회경제평론』(2000, 풀빛).

• 구문모 외, 『문화산업의 발전 방안』(을유문화사, 2000).

• 김영석, 『영화마케팅 비즈니스』(문지사, 1999).

• 김승수, 『한국언론산업론』(나남, 1995).

• _____, 『매체경제분석』(커뮤니케이션북스, 1997).

• _____, 『디지털 제국주의』(나남, 2000).

• 김승현, 〈세계화와 국제 커뮤니케이션연구의 새로운 문제틀〉, 『한국언론정보학
  보』, 2000년 봄호.

• 심상민, 〈세계미디어 시장 재편과 전망〉『삼성경제연구소 연구보고서』, 2000년
  4월, 22쪽.

• 문화관광부, 『문화산업비전21』, 2000년 2월.

• 유세경, 정윤경, 〈국내 지상파 텔레비전 프로그램의 해외 판매 결정 요인에 관한
  연구〉, 『한국방송학보』, 2000년 봄호.

• 전규찬, 〈문화개방의 시대 미디어-문화 연구와 문화정책〉, 『한국언론학보』,
  1999년 봄호.

• 초성운 외, 『한국 애니메이션 산업의 IT개발을 통한 육성 방안』(정보통신정책연
  구원, 1999), 19쪽.

• 칼 마르크스, 프리드리히 엥겔스 저, 김재기 편역, 『마르크스-엥겔스 저작선』(거
  름, 1991). • 허동현, 『일본이 진실로 강하더냐』(당대, 1999).

• 한국문화정책개발원, 『일본대중문화 개방 정책의 심사분석』, 2000년 6월.

• Croteau, D., & Hoynes, W., 『Media Society』(Pine Forge Press, 2000).

• Harnett, R.J., & JCISS Study Group, 〈The Risks of a Networked

Military〉, 『Orbis』(Winter, 2000).

• Schiller, H. I. 〈Striving for communication dominance〉, Thussu, D. K. 편집, 『Electronic Empires』(London: Arnold, 1998), p. 25.

권력과 리더십1

후안 카를로스/ 민주 스페인의 건설자
에르네스토 세디요/ 집권당의 기득권을 포기하다
마하티르 빈 모하마드/ '아시아적 가치'의 대변자
코피 아난/ 유엔의 개혁은 가능한가
피델 카스트로/ 쿠바 혁명의 신화와 실화
사담 후세인/ 아랍 세계의 패권을 꿈꾸며
소니아 간디/ 평범하게 살고 싶었던 여인의 평범하지 않은 삶
빌 클린턴/ 이미지 정치와 '섹스 스캔들'

권력과 리더십2

유고 차베스/ '차베스 혁명'과 '신베네수엘라'
아우구스토 피노체트/ 얼룩진 칠레의 얼굴
폴 크루그먼/ 경제는 언론플레이가 아니다
랄프 네이더/ 시민운동에 인생을 걸다
캐서린 그레이엄/ 『워싱턴 포스트』와 그녀의 80년
빌 게이츠/ 탐욕으로 이룬 신화?
마더 테레사/ 사랑의 정부(政府)
마거릿 대처/ 대영제국 부활을 꿈꾼 철의 여인
무하마르 엘 가다피/ 아랍민족의 통일과 해방을 위하여
존 레논/ 사랑과 평화의 이상주의자
유진 뎁스/ '미국 신화'의 어두운 이면
잭 런던/ 미국적인, 너무나 미국적인
에바 페론/ 성녀인가 창녀인가
이사도라 던컨/ 자유의 또 다른 이름
콜린 파월/ 할렘에서 팬타곤까지
사파티스타와 마르코스/ "오늘 우리는 말한다, 이제는 그만!"
마키아벨리/ 비극적이고 희극적이며 역사적인
『일본을 이끌어온 12인물』/ 한국, 일본, 그리고 21세기
『독선과 아집의 역사』/ 권력의 사슬, 독선정치의 망령과 폐해
『로마인 이야기7: 악명높은 황제들』/ 역사는 흐르고, 또한 반복된다
『최고경영자 23인의 리더십을 배우자』/ 훈련과 열정이 리더를 만든다

권력과 리더십3

역경극복형 만델라/ 크레티앵/ 아라파트/ 후세인
계몽군주형 시아누크/ 하타미
유아독존형/ 마하티르
기업형/ 루퍼트 머독/ 앤드류 그로브/ 손정의
문화형/ 루쉰/ 마르케스/ 미야자키 하야오
대중지향형/ 말콤 엑스/ 체 게바라
폭군형/ 마오쩌둥/ 에드거 후버/ 밀로셰비치

권력과 리더십4

프란츠 파농/ '식민화된 인간의 소멸'을 위하여
윌리엄 페리/ 11개월만에 나온 '페리 보고서'
조지 소로스/ 인류의 미래를 걱정하는 '환투기꾼'
페로와 벤추라/ 매스 미디어는 '제3의 정당'인가?
잭 웰치/ GE 100년 신화와 그림자
조디 윌리엄스/ '눈 없는 무기', 대인지뢰와 싸우는 여전사
사나나 구스마오/ 동티모르 독립 운동 이끄는 '시인 투사'
수하르토/ '절대 왕정'을 건설한 시대의 독재자
압둘라 오잘란/ '유럽의 집시', 쿠르드족의 '희망봉'
파드/ 사우디 왕정의 '파수꾼'
케말 파샤/ 터키 건국의 아버지
베나지르 부토/ 파키스탄 사원에 우뚝 솟은 또 하나의 첨탑
나세르·사다트·무바라크/ 이집트의 세 마리 용

권력과 리더십5

마치/ 파라과이의 '신데렐라' 마치(Macchi) 대통령
데 라 루아/ 21세기 아르헨티나와 '준비된 대통령'
김정일/ 알 수 없는 인물
오부치 게이조/ 과거사 청산 없이 군사대국화를 지향하는 '일본호' 선장
지앙 쩌민/ 평범한 기술관료에서 일약 13억의 통치자로
달라이 라마/ '생불'(生佛)로 불리는 티베트의 정신적 지도자
에스트라다/ 울가망한 필리핀 하늘에 나타난 미확인 물체
카다피/ 20세기 아랍 민초의 선동가
에후드 바라크 · 이츠하크 라빈 · 시몬 페레즈 · 베냐민 네타냐후
/중동 평화와 이스라엘 총리들
헬무트 콜/ 독일 통일과 유럽통합의 주역
바츨라프 하벨/ 동토(凍土)에 씨를 뿌리는 유토피언(Utopian)

권력과 리더십6

미레야 모스꼬소/ 파나마 최초의 여성대통령
블라디미르 푸틴/ 포스트 옐진시대의 개막
리콴유(李光耀)/ 싱가포르의 리콴유, 리콴유의 싱가포르
비쎈떼 폭스/ '멕시코 주식회사'의 새 사장
레오니드 쿠츠마/ 슬라브권의 '이단아'
루퍼트 머독/ 머독의 디지털제국주의
아딸 비하리 바즈페이(Atal Bihari Vajpayee)/ 정객은 오늘만을
생각하지만 정치인은 다음 몇 세대를 생각한다
레오폴 세다르 셍고르/ 시인 대통령과 아프리카의 문화적 가치